高等职业教育汽车类专业规划教材

Qiche Baoxian yu Lipei
汽车保险与理赔

（第5版）

梁 军 主 编

人民交通出版社股份有限公司
China Communications Press Co.,Ltd.

内 容 提 要

本书是高等职业教育汽车类专业规划教材。本书介绍了汽车保险与理赔的基本理论和方法,结合最新的《机动车辆保险条款》和发达国家汽车保险的相关规定,对汽车保险险种、保险实务、保险费率、理赔及案卷制作、定损方法、现场查勘技术等实用保险理赔知识进行了详尽地阐述。本书还针对典型案例进行了分析,以培养读者综合运用专业知识解决实际问题的能力。

本书可作为高等职业院校汽车、交通、保险类专业学生的教材,还可作为汽车保险业的岗位培训教材或供从事汽车保险与理赔工作的有关人员参考。

图书在版编目(CIP)数据

汽车保险与理赔 / 梁军主编. —5 版. —北京:
人民交通出版社股份有限公司, 2019.8
ISBN 978-7-114-15694-6

Ⅰ.①汽… Ⅱ.①梁… Ⅲ.①汽车保险—理赔—中国
Ⅳ.①F842.634

中国版本图书馆 CIP 数据核字(2019)第 138579 号

书　　名:	汽车保险与理赔(第 5 版)
著 作 者:	梁　军
责任编辑:	时　旭
责任校对:	赵媛媛
责任印制:	刘高彤
出版发行:	人民交通出版社股份有限公司
地　　址:	(100011)北京市朝阳区安定门外外馆斜街 3 号
网　　址:	http://www.ccpcl.com.cn
销售电话:	(010)59757973
总 经 销:	人民交通出版社股份有限公司发行部
经　　销:	各地新华书店
印　　刷:	北京市密东印刷有限公司
开　　本:	787×1092　1/16
印　　张:	15
字　　数:	340 千
版　　次:	2004 年 1 月　第 1 版 2007 年 8 月　第 2 版 2010 年 5 月　第 3 版 2015 年 1 月　第 4 版 2019 年 8 月　第 5 版
印　　次:	2021 年 8 月　第 5 版　第 3 次印刷　总第 27 次印刷
书　　号:	ISBN 978-7-114-15694-6
定　　价:	36.00 元

(有印刷、装订质量问题的图书由本公司负责调换)

第5版前言

近年来,我国经济社会快速发展,人民生活水平大幅度提高,汽车保有量迅速增长。截至2018年底,全国机动车保有量已达3.27亿辆,其中小型载客汽车首次突破2亿辆;机动车驾驶人达4.09亿人,其中汽车驾驶人3.69亿人。伴随而来的是道路交通伤害已经成为我国伤害死亡的第一原因,统计表明,2017年,全国共发生道路交通事故203049起,造成63772人死亡,直接经济损失超过121311.3万元。道路交通事故给当事者和受害人造成了巨大的经济损失或精神伤害,也造成了一定的社会负担和压力。汽车保险事业的持续发展将有助于充分地发挥保险在汽车风险分担和损失补偿两方面的基本职能。

2011年以来,有关道路交通和汽车保险方面的法律法规等相继修订和出台,如2011年修订了《中华人民共和国道路交通安全法》,2012年中国保险行业协会出台了《机动车综合商业保险示范条款》,2015年修订了《中华人民共和国保险法》,2016年修订了《机动车交通事故责任强制保险条例》和《中华人民共和国道路运输条例》等,这些法律法规的修订,对道路交通运输、汽车保险都提出了新的要求。本书的第5版完全按照新的法律法规和条款进行了全面的修订,尤其是对第四章、第六章、第七章、第八章进行了大幅度的修改,第十三章的全部案例进行了更新。

本书内容新颖、图文并茂、立足实际,并结合我国汽车行业和机动车保险业务的最新情况,穿插了大量的计算题和案例,融知识性、实用性、趣味性为一体,特别适合高等职业院校汽车、保险类专业作为教材使用,也可作为汽车4S店的汽车从业人员、保险公司的车险与理赔人员及广大汽车爱好者、购车者与驾驶者的学习工作参考书。

本次修订由宁波工程学院梁军教授负责并担任主编,新疆大学科学技术学院徐海峰、代磊担任副主编。梁军重新编写了第四、六、七、八章,徐海峰编写第十三章,代磊编写第五、九章,天津交通职业学院刘俊萍编写第一章,安徽交通职业技术学院疏祥林编写第二章,天津交通职业学院王学成编写第三章,河北交通职业技术学院骆孟波编写第十、十一章,安徽交通职业技术学院杨柳青编写第十二章。

修订过程中,参考借鉴了有关专著、教材、报纸、杂志及网站的相关资料,在此对原作者表示由衷的敬意和衷心的感谢。

汽车保险与理赔涉及内容广泛,实践操作性强。恳请同行和广大读者提出宝贵意见,便于在今后的修订中不断完善。

编 者
2019 年 2 月

目 录

第一章　保险的基础知识 ⋯⋯⋯⋯⋯⋯⋯⋯⋯⋯⋯⋯⋯⋯⋯⋯⋯⋯⋯⋯⋯⋯⋯⋯⋯⋯ 1
　第一节　危险的概念与特征 ⋯⋯⋯⋯⋯⋯⋯⋯⋯⋯⋯⋯⋯⋯⋯⋯⋯⋯⋯⋯⋯⋯⋯ 1
　第二节　风险的概念与种类 ⋯⋯⋯⋯⋯⋯⋯⋯⋯⋯⋯⋯⋯⋯⋯⋯⋯⋯⋯⋯⋯⋯⋯ 2
　第三节　可保风险与风险管理方法 ⋯⋯⋯⋯⋯⋯⋯⋯⋯⋯⋯⋯⋯⋯⋯⋯⋯⋯⋯⋯ 6
　第四节　保险的概念、特征与分类 ⋯⋯⋯⋯⋯⋯⋯⋯⋯⋯⋯⋯⋯⋯⋯⋯⋯⋯⋯⋯ 13
　第五节　保险的基本原则 ⋯⋯⋯⋯⋯⋯⋯⋯⋯⋯⋯⋯⋯⋯⋯⋯⋯⋯⋯⋯⋯⋯⋯⋯ 19
　思考与练习题 ⋯⋯⋯⋯⋯⋯⋯⋯⋯⋯⋯⋯⋯⋯⋯⋯⋯⋯⋯⋯⋯⋯⋯⋯⋯⋯⋯⋯⋯ 23

第二章　保险法概述 ⋯⋯⋯⋯⋯⋯⋯⋯⋯⋯⋯⋯⋯⋯⋯⋯⋯⋯⋯⋯⋯⋯⋯⋯⋯⋯⋯⋯ 24
　第一节　保险法的概念及内容 ⋯⋯⋯⋯⋯⋯⋯⋯⋯⋯⋯⋯⋯⋯⋯⋯⋯⋯⋯⋯⋯⋯ 24
　第二节　我国《保险法》的基本内容 ⋯⋯⋯⋯⋯⋯⋯⋯⋯⋯⋯⋯⋯⋯⋯⋯⋯⋯⋯ 26
　第三节　保险法的基本原则 ⋯⋯⋯⋯⋯⋯⋯⋯⋯⋯⋯⋯⋯⋯⋯⋯⋯⋯⋯⋯⋯⋯⋯ 33
　思考与练习题 ⋯⋯⋯⋯⋯⋯⋯⋯⋯⋯⋯⋯⋯⋯⋯⋯⋯⋯⋯⋯⋯⋯⋯⋯⋯⋯⋯⋯⋯ 37

第三章　汽车保险概述 ⋯⋯⋯⋯⋯⋯⋯⋯⋯⋯⋯⋯⋯⋯⋯⋯⋯⋯⋯⋯⋯⋯⋯⋯⋯⋯⋯ 38
　第一节　汽车保险的职能与作用 ⋯⋯⋯⋯⋯⋯⋯⋯⋯⋯⋯⋯⋯⋯⋯⋯⋯⋯⋯⋯⋯ 38
　第二节　我国汽车保险条款的改革 ⋯⋯⋯⋯⋯⋯⋯⋯⋯⋯⋯⋯⋯⋯⋯⋯⋯⋯⋯⋯ 39
　第三节　美国、日本及我国香港的汽车保险制度简介 ⋯⋯⋯⋯⋯⋯⋯⋯⋯⋯⋯⋯ 42
　思考与练习题 ⋯⋯⋯⋯⋯⋯⋯⋯⋯⋯⋯⋯⋯⋯⋯⋯⋯⋯⋯⋯⋯⋯⋯⋯⋯⋯⋯⋯⋯ 47

第四章　汽车保险实务 ⋯⋯⋯⋯⋯⋯⋯⋯⋯⋯⋯⋯⋯⋯⋯⋯⋯⋯⋯⋯⋯⋯⋯⋯⋯⋯⋯ 48
　第一节　汽车保险的概念与特点 ⋯⋯⋯⋯⋯⋯⋯⋯⋯⋯⋯⋯⋯⋯⋯⋯⋯⋯⋯⋯⋯ 48
　第二节　我国汽车保险的种类 ⋯⋯⋯⋯⋯⋯⋯⋯⋯⋯⋯⋯⋯⋯⋯⋯⋯⋯⋯⋯⋯⋯ 50
　第三节　汽车保险的业务流程 ⋯⋯⋯⋯⋯⋯⋯⋯⋯⋯⋯⋯⋯⋯⋯⋯⋯⋯⋯⋯⋯⋯ 55
　第四节　汽车保险合同 ⋯⋯⋯⋯⋯⋯⋯⋯⋯⋯⋯⋯⋯⋯⋯⋯⋯⋯⋯⋯⋯⋯⋯⋯⋯ 60

  第五节 汽车保险市场与中介机构 ·················· 67
  思考与练习题 ·················· 71

第五章 交通事故责任强制保险 ·················· 72

  第一节 交通事故责任强制保险概述 ·················· 72
  第二节 交通事故责任强制保险条款的内容 ·················· 77
  第三节 交通事故责任强制保险的实施与管理 ·················· 80
  思考与练习题 ·················· 82

第六章 汽车保险主险 ·················· 83

  第一节 主险的保险责任与责任免除 ·················· 83
  第二节 主险保险金额与责任限额的确定 ·················· 94
  第三节 保险人、投保人、被保险人的义务 ·················· 98
  第四节 主险的赔偿处理和保险费调整 ·················· 99
  第五节 主险保险合同的变更、解除和争议处理 ·················· 107
  思考与练习题 ·················· 108

第七章 汽车保险附加险 ·················· 109

  第一节 机动车损失险的附加险 ·················· 109
  第二节 其他附加险 ·················· 115
  第三节 特约险 ·················· 118
  思考与练习题 ·················· 122

第八章 汽车保险费率 ·················· 123

  第一节 保险价格理论 ·················· 123
  第二节 保险费率确定的基本原则 ·················· 124
  第三节 汽车保险费率的模式 ·················· 125
  第四节 汽车保险费率规章 ·················· 134
  思考与练习题 ·················· 144

第九章 汽车保险理赔工作概述 ·················· 146

  第一节 理赔的特点、意义和作用 ·················· 146
  第二节 理赔工作的服务模式和基本原则 ·················· 148
  第三节 理赔工作人员应具备的条件 ·················· 150
  第四节 理赔工作的主要流程 ·················· 151
  第五节 理赔工作的监督 ·················· 153
  思考与练习题 ·················· 158

第十章　汽车交通事故鉴定与查勘 … 159
第一节　汽车交通事故的鉴定与查勘技术 … 159
第二节　事故现场查勘的要求和工作内容 … 170
思考与练习题 … 174

第十一章　事故车辆的检验与定损 … 175
第一节　事故车辆的定损原则与方法 … 175
第二节　汽车车身、发动机和底盘的定损 … 177
第三节　汽车其他保险事故的定损 … 182
第四节　维修工时费用的确定 … 183
第五节　第三者责任险赔偿标准与认定 … 186
思考与练习题 … 189

第十二章　赔款计算及案卷制作 … 190
第一节　保险责任确定及费用审核 … 190
第二节　索赔的基本程序 … 197
第三节　赔款计算及基本程序 … 203
第四节　理赔案卷的制作和管理 … 209
思考与练习题 … 211

第十三章　汽车保险与理赔案例分析 … 212
第一节　机动车交通事故责任强制保险案例 … 212
第二节　机动车损失险案例 … 216
第三节　第三者责任险案例 … 221
第四节　盗抢险和附加险案例 … 224
第五节　机动车保险欺诈案例 … 228

参考文献 … 231

第一章　保险的基础知识

保险是社会经济发展到一定阶段的产物。如今,世界上许多国家,特别是经济发达国家,保险已经成为国民经济中的重要组成部分。随着道路运输业的发展、汽车的普及,机动车辆保险已经成为一些保险公司的第一大业务。但是,要从事机动车辆保险实际业务工作,就必须对有关保险的基础知识有所了解。

第一节　危险的概念与特征

危险的存在是人们进行保险的前提条件。在日常生活中,人们往往把危险和风险视作同义词,"危险又称风险"的提法也常见于有关的保险著作中。实际上,这种提法是有误的。危险与风险既有联系又有区别,是两个不同的概念。

一、危险的概念

危险是指导致意外损失发生的灾害事故的不确定性。即在特定期间、特定客观情况下,导致损失的事件是否发生、何时发生,损失的范围和程度的不可预见性和不可控制性。它包含两个方面的含义:其一是危险的不确定性;其二是危险事件的发生给人类造成的经济损失的不确定性。

危险是发生损失及其程度的不确定性。危险的后果是发生损失,是产生保险的前提和根源。保险中的危险损失是未来的,不是过去的或现在已经存在的损失。损失的程度有大有小,但损失是否发生,在何时、何地发生,损失程度的大小和由谁来承担这种损失都是不确定的。

二、危险的特征

(一)危险是普遍的客观存在

俗话说:"天有不测风云,人有旦夕祸福。"人们在生产和生活中,不论何人,无论何时、何地都可能面临各种各样的危险,危险无时不有、无处不在,是普遍的客观存在。例如自然灾害、交通事故、疾病、偷盗、战乱、人身意外伤亡等。

(二)危险是不以人们的意志为转移的

危险是独立于人们的主观意识之外的客观存在,是不以人们的意志为转移的,但与人类社会的利益直接相关。例如,自然界自身运动本是一种客观现象,是不以人们的意志为转移的,本无危险可言。然而,当其对人们的生命财产造成损害时,即自然灾害(如地震、洪水等)的产生,才对人类构成威胁,成为一种危险。

(三)危险在特定的条件下是可以转化的

危险的发生,后果的严重程度,可以随着条件的改变、人们认识的深入、治理水平的提高和管理措施的完善而发生变化。随着科学技术的发展、环境的改变,人们面临的某些危险可能消失,随之新的危险又可能产生。例如,人类使用油灯照明时,会面临着打翻油灯而引发火灾的危险,随着科学的发展,人类照明由电灯代替了油灯,这种危险不存在了,但是又产生了电给人类带来的新的危险,如触电身亡、电引发的火灾等,时有发生。因此,危险在一定的条件下是可以转化的。

(四)危险的发生和后果具有一定的规律性

危险虽然是一种普遍的客观存在,发生损失及其程度具有不确定性,但是它可以通过科学的数理计算,找出其产生的规律,并据以测定种种危险发生的概率以及造成损失程度的大小及其波动性。例如,通过对工业意外事故的研究,发现工业事故发生的频率和损失程度的关系,如图1-1所示。

图1-1说明,在工业事故中,每发生一次大伤害事故,就伴随有30次小伤害事故和300次无伤害事故。

总之,在人类的生活和生产活动中,危险无时不有,无处不在,给人们带来严重威胁。人们就必然要求对危险进行防范,尽可能地减少由此给人类带来的损失。危险的这些特征,不仅决定了危险是保险的前提和根源,而且成为危险管理和为转移危险损失而制订科学的、具有可操作性办法的客观依据。

图1-1 工业事故发生的频率和损失程度关系

第二节 风险的概念与种类

一、风险

风险一词常被用于保险合同的保险人承保责任范围的条款之中。

(一)定义

风险是指人们在生产、生活或对某一事项做出决策的过程中,未来结果的不确定性,包括正面效应和负面效应的不确定性。从经济角度而言,前者为收益,后者为损失。

风险是一种客观存在,是不以人的意志为转移的。它的存在与客观环境及一定的时空条件有关,并伴随着人类活动的开展而存在,没有人类的活动,也就不存在风险。

保险不是对所有的风险进行承保,存在收益性的投机风险一般不能列入可保风险之列。下面从损失的不确定性对风险进行概述。

(二)风险的组成要素

风险的组成要素包括风险因素、风险事故和损失。

1. 风险因素

风险因素是指引起或增加风险事故的机会或扩大损失幅度的原因和条件,是风险事故发生的潜在原因,是造成损失的内在的或间接的原因。如酒后驾车、疲劳驾驶、车辆制动系统有故障等由此导致车祸等。风险因素根据性质可分为物质风险因素、道德风险因素和心理风险因素。

(1)物质风险因素。物质风险因素是指有形的,并能直接影响事物物理功能的因素,即某一标的本身所具有的足以引起或增加损失机会和损失幅度的客观原因和条件。如汽车的超速行驶、地壳的异常变化、恶劣的气候、疾病传染、环境污染等。

(2)道德风险因素。道德风险因素是与人的品德修养有关的无形的因素,即指由于个人不诚实、不正直或不轨企图促使风险事故发生,以致引起社会财富损毁或人身伤亡的原因和条件。如欺诈、纵火、贪污、盗窃等。

(3)心理风险因素。心理风险因素是与人的心理状态有关的无形的因素,即指由于人的不注意、不关心、侥幸或存在依赖保险的心理,以致增加风险事故发生的概率和损失幅度的因素。例如,酒后驾车、驾驶有故障车辆、企业或个人投保财产保险后放松对财物的保护措施、投保人身保险后忽视自己的身体健康等。

2. 风险事故

风险事故是指造成生命、财产损害的偶发事件,是造成损害的外在的和直接的原因,损失都是由风险事故所造成的。风险事故使风险的可能性转化为现实,即风险的发生。如制动系统失灵酿成车祸而导致人员伤亡,其中,制动系统失灵是风险因素;车祸是风险事故;人员伤亡是损失。如果仅有制动系统失灵,而未导致车祸,则不会导致人员伤亡。

对于某一事件,在一定条件下,可能是造成损失的直接原因,则它成为风险事故。而在其他条件下,可能是造成损失的间接原因,则它便成为风险因素。如下冰雹使得路滑而造成车祸和人员伤亡,这时,冰雹是风险因素,车祸是风险事故,若冰雹直接击伤行人,则它是风险事故。

3. 损失

在风险管理中,损失是指非故意的、非预期的和非计划的经济价值的减少,这是狭义损失的定义。显然,风险管理中的损失包括两个方面的条件:一为非故意的、非预期的和非计划的观念;二为经济价值的观念,即经济损失必须以货币来衡量,二者缺一不可。如有人因病使其智力下降,虽然符合第一个条件,但不符合第二个条件,不能把智力下降定为损失。

广义的损失既包括精神上的耗损,又包括物质上的损失。例如,记忆力减退、时间的耗费、车辆的折旧和报废等属于广义的损失,不能作为风险管理中所涉及的损失。因为,它们是必然发生的或是计划安排的。

在保险实务中,损失分为直接损失和间接损失,前者是直接的、实质的损失;后者包括额外费用损失、收入损失和责任损失。

4. 风险因素、风险事故和损失三者之间的关系

风险是由风险因素、风险事故和损失三者构成的统一体。它们之间存在着一种因果关系,简单表述如图1-2所示。

图 1-2 风险组成要素之间的因果关系

(三) 风险的特点

1. 风险存在的客观性

地震、台风、洪水、瘟疫、意外事故等,都不以人的意志为转移,它们是独立于人的意识之外的客观存在。这是因为无论是自然界的物质运动,还是社会发展的规律,都是由事物的内部因素所决定,由超出人们主观意识而存在的客观规律所决定。人们只能在一定的时间和空间内改变风险存在和发生的条件,降低风险发生的频率和损失幅度,而不能彻底消除风险。

2. 风险存在的普遍性

自从人类出现后,就面临着各种各样的风险,如自然灾害、疾病、伤害、战争等。随着人类的进化、科学技术的发展、生产力的提高、社会的进步,又产生新的风险,且风险事故造成的损失也越来越大。在当今社会,个人面临生、老、病、死、意外伤害等风险;企业则面临着自然风险、技术风险、经济风险、政治风险等,甚至国家政府机关也面临着各种风险。总之,风险渗入到社会、企业、个人生活的方方面面,无时无处不存在。

3. 某一风险发生的偶然性

虽然风险是客观存在的,但就某一具体风险而言,它的发生是偶然的,是一种随机现象。风险也可认为是经济损失的不确定性。风险事故的随机性主要表现为:风险事故是否发生不确定、何时发生不确定、发生的后果不确定。

4. 大量风险发生的必然性

个别风险事故的发生是偶然的,而通过对大量风险事故的观察会发现,其往往呈现出明显的规律性。运用统计学方法去处理大量相互独立的偶发风险事故,其结果可以比较准确地反映出风险的规律性。根据以往大量资料,利用概率论和数理统计的方法可测算出风险事故发生的概率及其损失幅度,并可构造出损失分布的模型,成为风险估测的基础。

5. 风险的可变性

风险在一定条件下是可以转化的。这种转化包括:

(1) 风险量的变化,即随着人们对风险认识的增强和风险管理方法的完善,某些风险在一定程度上得以控制,降低其发生频率和损失幅度。

(2) 某些风险在一定的空间和时间范围内被消除。

(3) 新的风险产生。

二、风险的分类

风险的分类方法有很多,现介绍几种与风险管理有密切关系的分类方法。

(一)按风险损害的对象分类

按风险损害的对象分类,风险可划分为财产风险、人身风险、责任风险和信用风险。

(1)财产风险是导致财产发生毁损、灭失和贬值的风险。如房屋有遭受火灾、地震的风险,机动车有发生车祸的风险,财产价值因经济因素有贬值的风险。

(2)人身风险是指因生、老、病、死、残等原因而导致经济损失的风险。例如因为年老而丧失劳动能力或由于疾病、伤残、死亡、失业等导致个人、家庭经济收入减少,造成经济困难。生、老、病、死虽然是人生的必然现象,但在何时发生并不确定,一旦发生,将给本人或其家属在精神和经济生活上造成困难。

(3)责任风险是指因侵权或违约,依法对他人遭受的人身伤亡或财产损失应负的赔偿责任的风险。例如,汽车撞伤了行人,如果属于驾驶人的过失,那么按照法律责任规定,就须对受害人或家属给付赔偿金。又如,根据合同、法律规定,雇主对其雇员在从事工作范围内的活动中,造成身体伤害所承担的经济给付责任。

(4)信用风险是指在经济交往中,权利人与义务人之间,由于一方违约或犯罪而造成对方经济损失的风险。

(二)按风险的性质分类

按风险的性质分类,风险可划分为纯粹风险和投机风险。

(1)纯粹风险是指只有损失可能而无获利机会的风险,即造成损害可能性的风险。其所致结果有两种,即损失和无损失。例如交通事故只有可能给人民的生命财产带来危害,而绝不会有利益可得。在现实生活中,纯粹风险是普遍存在的,如水灾、火灾、疾病、意外事故等都可能导致巨大损害。但是,这种灾害事故何时发生,损害后果多大,往往无法事先确定,于是,它就成为保险的主要对象。人们通常所称的"危险",也就是指这种纯粹风险。

(2)投机风险是指既可能造成损害,也可能产生收益的风险,其所致结果有3种,损失、无损失和盈利。例如有价证券,证券价格的下跌可使投资者蒙受损失,证券价格不变无损失,但是证券价格的上涨却可使投资者获得利益。还如赌博、市场风险等,这种风险都带有一定的诱惑性,可以促使某些人为了获利而甘冒这种损失的风险。在保险业务中,投机风险一般是不能列入可保风险之列的。

此外,还有一种只会产生收益而不会导致损失的风险,例如接受教育可使人终身受益,但教育对受教育的得益程度是无法进行精确计算的。而且,这也与不同的个人因素、客观条件和机遇有密切关系。对不同的个人来说,虽然付出的代价是相同的,但其收益可能是大相径庭的,这也可以说是一种风险,有人称之为收益风险,这种风险当然也不能成为保险的对象。

(三)按损失的原因分类

按损失的原因可将风险分为自然风险、社会风险、经济风险、技术风险、政治风险和法律风险。

(1)自然风险是指由于自然现象或物理现象所导致的风险。如洪水、地震、风暴、火灾、泥石流等所致的人身伤亡或财产损失的风险。

(2) 社会风险是由于个人行为反常或不可预测的团体的过失、疏忽、侥幸、恶意等不当行为所致的损害风险。如盗窃、抢劫、罢工、暴动等。

(3) 经济风险是指在产销过程中,由于有关因素变动或估计错误而导致的产量减少或价格涨跌的风险等。如市场预期失误、经营管理不善、消费需求变化、通货膨胀、汇率变动等所致经济损失的风险等。

(4) 技术风险是指伴随着科学技术的发展、生产方式的改变而发生的风险。如核辐射、空气污染、噪声等风险。

(5) 政治风险是指由于政治原因,如政局的变化、政权的更替、政府法令和决定的颁布实施,以及种族和宗教冲突、叛乱、战争等引起社会动荡而造成损害的风险。

(6) 法律风险是指由于颁布新的法律和对原有法律进行修改等原因而导致经济损失的风险。

(四) 按风险涉及的范围分类

按风险涉及的范围可分为特定风险和基本风险。

(1) 特定风险是指与特定的人有因果关系的风险。即由特定的人所引起,而且损失仅涉及个人的风险。例如,盗窃、火灾等都属于特定风险。

(2) 基本风险是指其损害波及社会的风险。基本风险的起因及影响都不与特定的人有关,至少是个人所不能阻止的风险。例如,与社会或政治有关的风险,与自然灾害有关的风险,都属于基本风险。

特定风险和基本风险的界限,对某些风险来说,会因时代背景和人们观念的改变而有所不同。如失业,过去被认为是特定风险,而现在认为是基本风险。

第三节　可保风险与风险管理方法

一、可保风险

可保风险或称可保危险,是指保险人可以接受承保的风险。如上所述,风险有很多种,但并不是所有的风险都是可以通过保险进行转嫁并取得保障的。从保险就是保障危险这一点来说,保险实际上只是对纯粹风险进行保险,其中包括对由自然、社会等各种原因引起的财产、人身、责任、信用等方面属于纯粹风险性质的风险所导致的损失,给予补偿。在通常情况下,保险人接受承保的风险还必须具有一定的条件,主要有以下几条。

(一) 不是投机性的

保险人承保的风险,只能是仅有损失可能而无获利机会的风险,即属纯粹风险性质的风险。对于类似股票买卖,投资者既有因股票价格下跌而亏损的可能,又有因股票价格上涨而盈利机会的投机风险,保险人是不承保的。

(二) 损失必须是可以用货币计量的

保险是一种经济补偿制度,其转嫁风险和保险人承担的赔偿责任都是以一定的货币量计算的。因此,凡是不能以货币计量的风险损失,就不能成为可保风险。但是在保险中,对人身伤残或死亡的风险,则是一个例外。虽然,一个人的伤残程度或死亡所蒙受的损失是难以用金钱来计算的。然而,在保险业务中,却都可以通过订立保险合同约定保险金额来确定。所以从某种意义上说,人身伤残或死亡所带来的损失,也是可以由货币来计量的,人身伤亡的风险也可视作可保风险。

(三)必须是具有偶然性和不可预知性的

保险人承保的风险必须是有可能因这种风险的发生而导致损失的,如果这种风险损失肯定不会发生,就没有必要就此进行保险;如果这种风险损失一定会发生,例如某些货物在运输过程中的自然损耗,机械装备在使用过程中的折旧等,保险人一般是不接受承保的。所以,只有那些有发生可能而事先又无法知道它是否一定会发生以及发生后遭到何等程度损失的风险,才需要保险,保险人才能接受承保,即可保风险必须是具有偶然性和不可预知性的。

这里的所谓偶然性和不可预知性是指对每一个具体的保险标的的个体而言,至于保险人则可通过以往事实情况的大量统计和有关资料进行分析和科学推断,找出某一风险在未来发生的规律性,从中将偶然的不可预知的风险损失转化为可预知的费用开支,从而为保险经营提供了可能。

(四)必须是意外发生的

意外的风险损失是指并非必然会发生和被保险人的故意行为造成的。上面提到过的诸如货物的自然损耗和机器设备折旧等现象就是必然发生的。还有被保险人的故意行为,例如故意纵火行为造成的火灾损失,均不属于保险人的可保风险的责任范围。但是,在实际业务中,对一些必然发生的风险损失,例如自然损耗的必然损失,经保险人同意,在收取适当保险费用后,也可特约承保。再者,保险人也承保第三人的故意行为或不法行为所引起的风险损失。例如在保证保险、信用保险中,保险人对由于另一方不履行与被保险人约定的义务而应对被保险人承担的经济责任给予赔偿。再如,财产保险中的偷盗险,保险承担赔偿责任的也是由于盗贼的故意行为所造成的损失。

(五)必须要有大量标的均有发生重大损失的可能性

可保风险必须是大量标的都有可能遭受重大损失的。因为,如果一种风险只会导致轻微损失,那就无须通过保险求得保障。再者,保险需要以大数法则作为保险人建立保险基金的数理基础。假如一种风险只是个别或者少量标的所具有,那就缺乏这种基础,保险人也就无法利用大数法则计算危险产生的概率和程度损失,从而难以确定保险费率和进行保险经营。

二、风险管理

(一)风险管理的定义

风险管理是指经济单位通过风险识别、风险估测、风险评价,对风险实施有效的控制和妥善处理风险所致损失,期望达到以最小的成本获得最大安全保障的管理活动。

风险管理是研究风险发生规律和风险控制技术的一门新兴管理学科,主要是为了适应现代企业自我发展和自我改造的能力。首先，由于科学技术的飞速发展及其广泛应用于社会生活的各个方面，无形中使各种风险因素及风险发生的可能性大大增加，并且使风险事故发生所造成的损失规模起了很大变化。例如，万吨巨轮遭遇海难、钻井平台倾覆海中等。这都说明，现代化的工业也会造成巨额经济损失，这就对企业所负担的责任，提出更高的管理要求。其次，在现代经济生活中，企业面临着国内外众多商家的激烈竞争，其各种经济活动、经济关系日趋复杂，投机活动也越来越多，使各种动态风险因素剧增，并渗透到社会生产和社会生活的各个方面。企业为了防止可能发生的风险与损失，以及解决损失后如何获得补偿等问题，就必须进行风险识别、风险估测、风险评价，并在此基础上优化组合各种风险管理技术，对风险实施有效的控制和妥善处理风险所致损失的后果，期望达到以最小的成本获得最大安全保障的目标。

风险管理目标由两部分组成：损失发生前的风险管理目标和损失发生后的风险管理目标。前者的目标是避免和减少风险事故形成的机会，包括节约经营成本、减少忧虑心理；后者的目标是努力使损失的标的恢复到损失前的状态，包括维持企业的继续生存、生产服务的持续、稳定的收入、生产的持续增长和社会责任。二者有效结合，构成完整而系统的风险管理目标。

1. 损失发生前的风险管理目标

(1) 降低损失成本。风险事故的形成势必增加企业的经营成本，影响企业利润计划的实现。因此，企业必须根据本身运作的特点，充分考虑企业所面临的各项风险因素，并且对这些风险因素可能形成的风险事故进行处理，从而使风险事故对企业可能造成的损失成本变为最小，达到最大安全保障的目标。

(2) 减轻和消除精神压力。风险因素的存在对于人们的正常生产和生活造成了各种心理的和精神的压力，通过制订切实可行的损失发生前的管理目标，便可减轻和消除这种压力，从而有利于社会和家庭的稳定。

2. 损失发生后的风险管理目标

(1) 维持企业的生存。在损失发生后，企业至少要在一段合理的时间内才能部分恢复生产或经营，这是损失发生后的企业风险管理工作的最低目标。只有在损失发生后能够继续维持受灾企业的生存，才能使企业有机会减少损失所造成的影响，尽早恢复至损失发生之前的生产状态。

(2) 生产能力的保持与利润计划的实现。这是损失发生后的企业风险管理工作的最高目标。如何使风险事故对于企业所造成的损失为最小，保证企业的生产能力与利润计划不因为损失的发生而受到严重的影响，是企业风险管理工作中必须策划的目标。为了保证这个目标的实现，企业在制订和设计损失发生后的风险管理的目标过程中，就必须根据企业的资本结构和资产分布状况确定消除风险事故影响的最佳经济和技术方案。

(3) 保持企业的服务能力。这是损失发生后的企业风险管理工作的社会义务目标。企业的社会责任之一就是保证其对于社会和消费者所作出的服务承诺的正常履行，这种责任的履行不仅是为了维护企业的社会形象，而且是为了保证企业发挥作为整个社会正常运转的一个链条的作用。所以，对于企业来说，这个目标具有强制性和义务性的特点。如公共事业必须保证对于公共设施提供不间断的服务,生产民用产品的企业必须能够在损失发生后保证继续履行对于其客户承诺的售后服务,以防止消费者转向该企业的竞争对手。

(4)履行社会责任。尽可能减轻企业受损对其他人和整个社会的不利影响,因为企业遭受一次严重的损失灾难转而会影响雇员、客户、供货人、债权人、税务部门以至整个社会的利益。这是损失发生后的企业风险管理工作的社会责任目标。企业作为社会的一部分,其本身的损失可能还涉及企业员工的家属、企业的债权人和企业所在社区的直接利益,从而使企业面临严重的社会压力。因此,企业在制订自身的风险管理目标时不仅要考虑到企业本身的需要,还要考虑到企业所负担的社会责任。

3. 风险管理的作用

目前风险管理具有两种形式,一种是保险型风险管理,其经营范围仅限于纯粹风险;另一种是经营管理型风险管理,其经营范围不仅包括静态风险,也包括动态风险。德国的风险管理一直属于经营管理型风险管理。美国及英、法等国的风险管理也均由保险管理型风险管理逐渐发展到经营管理型风险管理。

风险管理之所以得到普遍应用,是因为它有着重要的作用。它对整个经济、社会的作用在于:实施风险管理有利于资源分配最佳组合的实现;实施风险管理有助于消除风险给整个经济社会带来的灾害损失及其他连锁反应,从而有利于经济的稳定发展;实施风险管理有助于提高和创造一个有利于经济发展和保障人民生活的良好的社会经济环境。

风险管理对单个企业的作用主要体现在力图以最小的耗费将风险损失降低到最低程度,从而保障企业经营目标的实现。其主要表现在:通过系统地处置和控制风险,保障企业经营目标的顺利实现;有助于企业各项决策科学化和合理化,降低决策的风险性;能够为企业提供一个安全稳定的生产经营环境。

(二)风险管理的分类

风险管理按其管理的主体划分,可分为个人风险管理、家庭风险管理、企业风险管理、国家风险管理和国际风险管理五大类。

(1)个人风险管理是指个人为实现生活稳定和工作的安全,对可能遭遇的种种不测在经济上所作的各种准备和处置,如储蓄等。

(2)家庭风险管理是指一个家庭为保障其收入稳定和生活安定,对可能遭受的自然灾害或意外事故所采取的有效措施,如人身保险、家庭财产保险等。

(3)企业风险管理是指企业为实现生产、经营和财务的稳定与安全,对可能遭受的各种风险损害所采取的有效措施,如建立消防组织、购置消防器材等。

(4)国家风险管理是指一个国家为了应付经济、政治、战争、社会以及巨灾风险损害而采取的各种处理措施。

(5)国际风险管理是指跨国公司、国际组织为了应对涉及国际的各种风险而采取的各种处理措施。

(三)风险管理的基本程序

由风险管理的定义可知,风险管理的基本程序为风险识别、风险估测、风险评价、选择风险管理技术和风险管理效果评价等环节。

1. 风险识别

风险识别是风险管理的第一步,它是指对企业面临的和潜在的风险加以判断、归类和对风险性质进行鉴定的过程。存在于企业自身的风险多种多样、错综复杂,有潜在的,也有实际存在的;有企业内部的,也有企业外部的。所有这些风险在一定时期和某一特定条件下是否客观存在,存在的条件是什么,以及损害发生的可能性有多大等,都是风险识别阶段应予以解决的问题。风险识别即是对尚未发生的、潜在的和客观的各种风险系统地、连续地进行识别和归类,并分析产生风险事故的原因。识别风险主要包括感知风险和分析风险两方面内容,一方面依靠感性认识、经验判断;另一方面可利用财务分析法、流程分析法、实地调查法等进行分析和归类整理,从而发现各种风险的损害情况以及具有规律性的损害风险。在此基础上,鉴定风险的性质,从而为风险衡量作准备。风险识别的方法主要有以下几种。

(1)生产流程法。这是指风险管理部门在生产过程中,从原料购买、投入到成品产出、销售的全过程,对每一阶段、每一环节,逐个进行调查分析,从中发现潜在风险,找出风险发生的因素,分析风险发生后可能造成的损失以及对全过程和整个企业造成的影响。该方法的优点是简明扼要,可以揭示生产流程中的薄弱环节。

(2)风险类别列举法。这是由风险管理部门就该企业可能面临的所有风险,逐一、归类列出,进行管理。一般的风险类别见表1-1。

风 险 的 类 别　　　　　　　　　　　表1-1

性质	项目	性质	项目
社会的	道德责任、消费者的压力	财务的	对通货膨胀的预测不正确,错误的销售决定
政治的	政府干预、外国政府的行动	直接的	各种灾害,如战争、爆炸等
法律的	民事责任、法定责任、契约责任	间接的	灾害后的利润损失

(3)财务报表分析法。财务报表分析法是按照企业的资产负债表、财产目录、损益计算书等资料,对企业的固定资产和流动资产进行风险分析,以便从财务的角度发现企业面临的潜在风险和财务损失。众所周知,对一个经济单位而言,财务报表综合地反映一个企业的状况,经济实体存在的许多问题均可从财务报表中反映出来。

(4)现场调查法。现场调查法是由风险管理部门通过现场考察企业的设备、财产以及生产流程,发现许多潜在风险并能及时地对风险进行处理的方法。

2. 风险估测

风险估测是指在风险识别的基础上,通过对收集的大量的详细资料加以分析,运用概率论和数理统计,估计和预测风险发生的概率和损失程度。风险估测的内容主要包括损失频率和损失程度两个方面。

损失频率的高低取决于风险单位数目、损失形态和风险事故;损失程度是指某一特定风险发生的严重程度。风险估测不仅使风险管理建立在科学的基础上,而且使风险分析定量化。损失分布的建立、损失概率和损失期望值的预测值为风险管理者进行风险决策、选择最佳管理技术提供了可靠的科学依据。它要求从风险发生频率、发生后所致损失的程度和自身的经济情况入手,分析自己的风险承受力,为正确选择风险的处理方法提供依据。

3. 风险评价

风险评价是指在风险识别和风险估测的基础上,对风险发生的概率、损失程度,结合其他因素全面进行考虑,评估风险发生的可能性及其危害程度,并与公认的安全指标相比较,以衡量风险的程度,并决定是否需要采取相应的措施。处理风险,需要一定费用,费用和风险损失之间的比例关系直接影响风险管理的效益。通过对风险的性质的定性、定量分析和比较处理风险所支出的费用,来确定风险是否需要处理和处理程度,以判定为处理风险所支出的费用是否有效益。

4. 选择风险管理技术

根据风险评价结果,为实现风险管理目标,选择最佳风险管理技术与实施是风险管理中最重要的环节。风险管理技术分为控制法和财务法两大类,前者的目的是降低损失频率和减小损失程度,重点在于改变引起风险事故和扩大损失的各种条件;后者是事先做好吸纳风险成本的财务安排。

(1)控制法。控制法是指避免、消除风险或减少风险发生频率及控制风险损失扩大的一种风险管理方法,主要包括以下内容。

①避免。避免是放弃某项活动以达到回避因从事该项活动可能导致风险损失的目的的行为。它是处理风险的一种消极方法,通常在两种情况下进行:一是某特定风险所致损失频率和损失幅度相当高时;二是处理风险的成本大于其产生的效益时。避免风险虽简单易行,有时能够彻底根除风险,如担心锅炉爆炸,就放弃利用锅炉烧水,改用电热炉等,但存在因电压过高致使电热炉被损坏的风险。有时因回避风险而放弃了经济利益,增加了机会成本,且"避免"的采用通常会受到限制。如新技术的采用、新产品的开发都可能带有某种风险,而如果放弃这些计划,企业就无法从中获得高额利润。地震、人的生老病死、世界性经济危机等在现有的科技水平下,是任何经济单位和个人都无法回避的风险。

②预防。预防是指在风险发生前为了消除和减少可能引起损失的各种因素而采取的处理风险的具体措施,其目的在于通过消除或减少风险因素而达到降低损失频率的目的。具体方法有工程物理法和人类行为法。前者如精心选择建筑材料,以防止火灾风险,其重点是预防各种物质性风险因素;后者包括对设计、施工人员及住户进行教育等,其重点是预防人为风险因素。

③抑制。抑制是指风险事故发生时或发生后采取的各种防止损失扩大的措施。抑制是处理风险的有效技术。例如,在建筑物上安装火灾警报器和自动喷淋系统等,可减轻火灾损失的程度,防止损失扩大,降低损失程度。抑制常在损失幅度高且风险又无法回避和转嫁的情况下采用。

④风险中和。风险中和是风险管理人采取措施将损失机会与获利机会进行平分。如企业为应付价格变动的风险,可以在签订买卖合同的同时进行现货和期货买卖。风险的中和一般只限于对投机风险的处理。

⑤集合或分散。集合或分散是集合性质相同的多数单位来直接负担所遭受的损失,以提高每一单位承受风险的能力。就纯粹风险而言,可使实际损失的变异局限于预期的一定

幅度,适用大数法则的要求。就投机风险而言,如通过购并、联营等手段,以此增加单位数目,提高风险的可测性,达到把握风险、分担风险、降低风险成本的目的。该方法适用于大数法则,但只适用于特殊的行业、地区或时期。

(2)财务法。由于人们对风险的认识受许多因素的制约,因而对风险的预测和估计不可能达到绝对精确的地步,而各种控制处理方法,都有一定的缺陷。为此,有必要采取财务法,以便在财务上预先提留各种风险准备金,消除风险事故发生时所造成的经济困难和精神忧虑。财务法是通过提留风险准备金,事先做好吸纳风险成本的财务安排来降低风险成本的一种风险管理方法,即对无法控制的风险事前所做的财务安排。它包括自留或承担和转移两种。

①自留或承担。自留是经济单位或个人自己承担全部风险成本的一种风险管理方法,即对风险的自我承担。自留有主动自留和被动自留之分。采取自留方法,应考虑经济上的合算性和可行性。一般来说,在风险所致损失频率和幅度低、损失短期内可预测以及最大损失不足以影响自己的财务稳定时,宜采用自留方法。但有时会因风险单位数量的限制而无法实现其处理风险的功效,一旦发生损失,可能导致财务调度上的困难而失去其作用。

②转移。风险转移是一些单位或个人为避免承担风险损失而有意识地将风险损失或与风险损失有关的财务后果转嫁给另一单位或个人承担的一种风险管理方式。

风险转移分为直接转移和间接转移。直接转移是风险管理人将与风险有关的财务或业务直接转嫁给他人;间接转移是指风险管理人在不转移财产或业务本身的条件下将财产或业务的风险转移给他人。前者主要包括转让、转包等;后者主要包括租赁、保证、保险等。其中,转让是将可能面临风险的标的通过买卖或赠予的方式将标的所有权让渡给他人;转包是将可能面临风险的标的通过承保的方式将标的经营权或管理权让渡给他人;租赁是通过出租财产或业务的方式将与该项财产或业务有关的风险转移给承租人;保证是保证人和债权人约定,当债务人不履行债务时,保证人按照约定履行债务或承担责任的行为;保险则是通过支付保费购买保险将自身面临的风险转嫁给保险人的行为。例如,企业通过分包合同将土木建筑工程中水下作业转移出去,将带有较大风险的建筑物出售等。

上述财务法和控制法的各种形式各有利弊,适用于不同的风险损失类型。

5. 风险管理效果评价

风险管理效果评价是分析、比较已实施的风险管理方法的结果与预期目标的契合程度,以此来评判管理方案的科学性、适应性和收益性。由于风险性质的可变性,人们对风险认识的阶段性以及风险管理技术正处于不断完善之中。因此,需要对风险的识别、估测、评价及管理方法进行定期检查、修正,以保证风险管理方法适应变化了的新情况。所以,我们把风险管理视为一个周而复始的管理过程。风险管理的效益取决于是否能以最小风险成本取得最大安全保障,同时还要考虑与整体管理目标是否一致以及具体实施的可能性、可操作性和有效性。

(四)风险与保险的关系

风险与保险关系密切,主要表现在以下方面。

(1)二者研究的对象都是风险。保险是研究风险中的可保风险。

(2)风险是保险产生和存在的前提,无风险则无保险。风险是客观存在的,它时时处处威胁着人的生命和物质财产的安全,是不以人的意志为转移的。风险的发生直接影响社会生产过程的继续和家庭生活的正常,因而产生了人们对损失进行补偿的需要。保险是一种被社会普遍接受的经济补偿方式,因此,风险是保险产生和存在的前提,风险的存在是保险关系确立的基础。

(3)风险的发展是保险发展的客观依据。社会进步、生产发展、现代科学技术的应用,在给人类社会克服原有风险的同时,也带来了新风险。新风险对保险提出了新的要求,促使保险业不断设计新的险种、开发新业务。从保险的现状和发展趋势看,作为高风险系统的核电站、石油化学工业、航空航天事业、交通运输业,其风险都可以纳入保险的责任范围。

(4)保险是风险处理传统的、有效的措施。人们面临的各种风险损失,一部分可以通过控制的方法消除或减少,但风险不可能全部消除,面对各种风险造成的损失,若单靠自身力量解决,就需要提留与自身财产价值等量的后备基金,这样既造成资金浪费,又难以解决巨灾损失的补偿问题,从而,转移就成为风险管理的重要手段。保险作为转移方法之一,长期以来被人们视为传统的处理风险手段。通过保险,把不能自行承担的集中风险转嫁给保险人,以小额的固定支出换取对巨额风险的经济保障,使保险成为处理风险的有效措施。

(5)保险经营效益受风险管理技术的制约。保险经营效益受多种因素的制约,风险管理技术作为非常重要的因素,对保险经营效益产生很大的影响。如对风险的识别是否全面,对风险损失的频率和造成损失的幅度估计是否准确,哪些风险可以接受承保,哪些风险不可以承保,保险的范围及程度如何,保险成本与效益的比较等,都制约着保险的经营效益。

第四节 保险的概念、特征与分类

一、保险概念

(一)保险的定义

根据《中华人民共和国保险法》(以下简称《保险法》)第二条规定:"本法所称保险,是指投保人根据合同约定,向保险人支付保险费,保险人对于合同约定的可能发生的事故因其发生所造成的财产损失承担赔偿保险金责任,或者当被保险人死亡、伤残、疾病或者达到合同约定的年龄、期限等条件时承担给付保险金责任的商业保险行为。"

现代保险学者一般从两个方面来解释保险的定义。从经济角度上说,保险是分摊意外事故损失的一种财务安排。投保人参加保险,实质上是将其不确定的大额损失变成确定的小额支出,即保险费。而保险人集中了大量同类风险,能借助大数法则来正确预见损失的发生额,并根据保险标的的损失概率制订保险费率。通过向所有被保险人收取保险费建立保险基金,用于补偿少数被保险人遭受的意外事故损失。因此,保险是一种有效的财务安排,并体现了一定的经济关系。从法律角度来看,保险是一种合同行为,体现的是一种民事法律关系。根据合同约定,一方承担支付保险费的义务,换取另一方为其提供的经济补偿或给付的权利,这正好体现了民事法律关系的内容——主体之间的权利和义务关系。

(二)保险的要素

1. 可保风险

可保风险是保险人可以接受承保的风险。尽管保险是人们处理风险的一种方式,它能为人们在遭受损失时提供经济补偿,但并不是所有破坏物质财富或威胁人身安全的风险,保险人都承保。可保风险有以下几个特性。

(1)风险不是投机性的;

(2)风险必须具有不确定性,就一个具体单独的保险标的而言,保险当事人事先无法知道其是否发生损失、发生损失的时间和发生损失的程度如何;

(3)风险必须是大量标的均有遭受损失的可能性;

(4)风险必须是意外的;

(5)风险可能导致较大损失;

(6)在保险合同期限内预期的损失是可计算的,保险人承保某一特定风险,必须在保险合同期限内收取足够数额的保费,以聚集资金支付赔款,支付各项费用开支,并获得合理的利润。

2. 多数人的同质风险的集合与分散

保险的过程,既是风险的集合过程,又是风险的分散过程。众多投保人将其所面临的风险转嫁给保险人,保险人通过承保而将众多风险集合起来。当发生保险责任范围内的损失时,保险人又将少数人发生的风险损失分摊给全部投保人,也就是通过保险的补偿行为分摊损失,将集合的风险予以分散转移。保险风险的集合与分散应具备两个前提条件:一是多数人的风险,如果是少数或个别人的风险,就无所谓集合与分散,而且风险损害发生的概率难以测定;二是同质风险,如果风险为不同质风险,那么风险损失发生的概率就不相同,因此风险也就无法进行集合与分散。此外,由于不同质的风险损失发生的频率与幅度是有差异的,倘若进行集合与分散,会导致保险经营财务的不稳定,保险人将不能提供保险供给。

3. 费率的合理厘定

保险在形式上是一种经济保障活动,而实质上是一种商品交换行为。因此,厘定合理的费率,即制订保险商品的价格,便构成了保险的基本要素。保险的费率过高,保险需求会受到限制;反之,费率厘定得过低,保险供给得不到保障,这都不能称为合理的费率。费率的厘定应依据概率论、大数法则的原理进行计算。

4. 保险基金的建立

保险的分摊损失与补偿损失功能是通过建立保险基金实现的。保险基金是用以补偿或给付因自然灾害、意外事故和人体自然规律所致的经济损失和人身损害的专项货币基金,它主要来源于开业资金和保险费。就财产保险准备金而言,表现为未到期责任准备金、赔款准备金等形式;就人寿保险准备金而言,主要以未到期责任准备金形式存在。保险基金具有分散性、广泛性、专项性与增值性等特点。保险基金是保险的赔偿与给付的基础。

5. 订立保险合同

保险是一种经济关系,是投保人与保险人之间的经济关系。这种经济关系是通过合同的订立来确定的。保险是专门对意外事故和不确定事件造成的经济损失给予赔偿的,风险是否发生,何时发生,其损失程度如何,均具有较大的随机性。保险的这一特性要求保险人与投保人应在确定的法律或契约关系约束下履行各自的权利与义务。倘若不具备在法律上或合同上规定的各自的权利与义务,保险经济关系则难以成立。因此,订立保险合同是保险得以成立的基本要素,它是保险成立的法律保证。

二、保险的特征

1. 经济性

保险是一种经济保障活动。这种经济保障活动是整个国民经济活动的一个组成部分。此外,保险体现了一种经济关系,即商品等价交换关系。保险经营具有商品属性。

2. 互助性

保险在一定条件下,分担了个别单位和个人所不能承担的风险,从而形成了一种经济互助关系。它体现了"一人为众,众人为一"的思想。互助性是保险的基本特性。

3. 法律性

保险的经济保障活动是根据合同来进行的。所以,从法律角度看,保险又是一种法律行为。

4. 科学性

保险是以数理计算为依据而收取保险费的。保险经营的科学性是代表保险存在和发展的基础。

三、保险的分类

随着经济的发展,保险的险种越来越多,所涉及的领域及具体做法也在不断的扩大和发展。然而,迄今为止,各国对保险的分类尚无统一标准,只能从不同的角度进行大体上的分类。

(一) 按保险的性质分类

保险按具体的性质可分为商业保险、社会保险和政策保险。

1. 商业保险

商业保险是指投保人与保险人订立保险合同。根据保险合同约定,投保人向保险人支付保险费,保险人对可能发生的事故因其发生所造成的损失承担赔偿责任,或者当被保险人死亡、疾病、伤残或者达到约定的年龄期限时给付保险金责任的保险。在商业保险中,投保人与保险人是通过订立保险合同建立保险关系的。投保人之所以愿意交付保险费进行投保是因为保险费用要低于未来可能产生的损失,保险人之所以愿意承保是因为可以从中获取利润。因此,商业保险既是一个经济行为,又是一个法律行为。目前,一般保险公司经营的财产保险、人身保险、责任保险、保证保险均属商业保险性质。

2. 社会保险

我国的社会保险是指国家通过立法对社会劳动者暂时或永久丧失劳动能力或失业时提供一定的物质帮助以保障其基本生活的社会保障制度。当劳动者遇到生育、疾病、死亡、伤残和失业等危险时,国家以法律的形式由政府指定的专门机构为其提供基本生活保障。我国《中华人民共和国劳动法》规定的社会保险制度和现行的基本医疗保险办法都属于社会保险范畴。社会保障与商业保障不同,商业保险的当事人均出于自愿,而社会保险一般都是强制性的,凡符合法律规定条件的成员不论愿意与否,均需参加。在保险费的缴纳和保险金的给付方面,也不遵循对等原则。所以,社会保障实质上是国家为满足劳动者在暂时或永久丧失劳动能力和待业时的基本生活需要,通过立法采取强制手段对国民收入进行分配和再分配而形成的专项消费基金,用以在物质上给予社会性帮助的一种形式和社会福利制度。

3. 政策保险

政策保险是指政府为了实现某项政策目的,对于商业保险公司难以经营的某些险种予以一定政府补贴而实施的保险。例如,为辅助农牧渔业增产增收的种植业保险;为促进出口贸易的出口信用保险。政策保险通常由国家设立专门机构或委托官方或半官方的保险公司具体承办,例如我国的出口信用保险是由中国进出口银行和中国人民保险公司承办的。

（二）按保险标的分类

保险标的或称"保险对象",是指保险合同中所载明的投保对象。按不同的标的,保险可分为财产保险、责任保险、信用保证保险和人身保险4类。

1. 财产保险

财产保险是指以各种有形财产及其相关利益为保险标的的保险,保险人承担对各种保险财产及相关利益因遭受保险合同承保责任范围内的自然灾害、意外事故等风险,因其发生所造成的损失负赔偿责任。财产保险的种类繁多,主要有以下几种。

（1）海上保险。这是指保险人对海上的保险标的由于保险合同承保责任范围内的风险的发生所造成的损失或引起的经济责任负责经济赔偿的保险。海上保险包括海洋运输货物保险、船舶保险、海上石油开发工程建设保险等。

（2）运输货物保险。这是指承保海洋、陆上、内河、航空、邮政运输过程中保险标的及其利益所遭受的损失,主要包括海洋运输货物保险、陆上运输货物保险、航空运输货物保险和邮政运输货物保险等。

（3）运输工具保险。这是指承保海、陆、空、内河各种运输工具在行驶和停放过程中所发生的各种损失,主要包括船舶保险、汽车保险、飞机保险等。

（4）火灾保险。这是指承保在一定地点内的财产,包括房屋、机器、设备、原材料、在制品、制成品、家庭生活用品、家具等因发生火灾造成的损失。目前,火灾保险一般不作为单独的险别,而将其包括在综合性险别的责任范围内。例如在我国,当投保企业财产保险和家庭财产保险时,火灾损失属于其主要的责任范围;在运输货物保险条款中,火灾损失也是保险人承担赔偿责任的重要内容。

（5）工程保险。这是指承保各类建筑工程和机器设备安装工程在建筑和安装过程中因自然灾害和意外事故的物质损失、费用和对第三者损害的赔偿责任。

（6）盗窃保险。盗窃保险主要承保因盗窃、抢劫或窃贼偷窃等行为所造成的财物损失。

（7）农业保险。这是指保险人为农业生产者在从事种植、养殖和捕捞生产过程中,因遇自然灾害或意外事故导致损失提供经济补偿服务的保险。农业保险有农作物保险、农产品保险、牲畜保险、家禽保险及其他养殖业保险等。

2. 责任保险

责任保险的标的是被保险人依法应对第三者承担的民事损害赔偿责任。在责任保险中，凡根据法律或合同规定，由于被保险人的疏忽或过失造成他人的财产损失或人身伤害所应付的经济赔偿责任，由保险人负责赔偿。常见的责任保险有以下几种。

（1）公众责任保险。承担被保险人在各种固定场所进行的生产、营业或其他各项活动中，由于意外事故的发生所引起的被保险人在法律上应承担的赔偿金额，由保险人负责赔偿。

（2）雇主责任保险。凡被保险人所雇佣的员工包括短期工、临时工、季节工和学徒工，在受雇过程中，从事保险单所载明的被保险人的业务有关工作时，遭受意外而致受伤、死亡或患与业务有关的职业性疾病，所致伤残或死亡，被保险人根据雇佣合同，须承担医药费及经济赔偿责任，包括应支付的诉讼费用，由保险公司负责赔偿。

（3）产品责任保险。这是指承保由于被保险人所生产、出售或分配的产品或商品发生事故，造成使用、消费或操作该产品或商品的人或其他任何人的人身伤害、疾病、死亡或财产损失，依法应由被保险人负责时，由保险人根据保险单的规定，在约定的赔偿限额内予以赔偿。被保险人为上述事故所支付的诉讼费用及其他事先经保险人书面同意支付的费用，也由保险人负责赔偿。据此，能获得产品责任赔偿的必须具备两个条件：第一，造成产品责任事故的产品必须是供给他人使用，即用于销售的商品；第二，产品责任事故的发生必须是在制造、销售该产品的场所范围以外的地点。

产品责任保险是在 20 世纪 70 年代以后，首次在欧美一些发达国家开始举办并迅速普及起来的。中国人民保险公司于 1980 年起开始承办产品责任保险。这对增加外商经营我国产品的积极性，提高我国产品的竞争力，促进我国出口贸易都起到了积极的作用。

（4）职业责任保险。这是指承保各种专业技术人员如医生、律师、会计师、工程师等因工作上的疏忽或过失造成合同对方或他人的人身伤害或财产损失的经济赔偿责任，由保险人承担。

3. 信用保证保险

信用保证保险的标的是合同双方权利人和义务人约定的经济信用。信用保证保险是一种担保性质的保险。按照投保人的不同，信用保证保险又可分为信用保险和保证保险两种类型。信用保险的投保人和被保险人都是权利人，所承担的是契约的一方因另一方不履约而遭受的损失。例如在出口信用保险中，保险人对出口人（投保人、被保险人）因进口人不按合同规定支付货款而遭受的损失负赔偿责任。保证保险的投保人是义务人，被保险人是权利人，保证当投保人不履行合同义务或有不法行为使权利人蒙受经济损失时，由保险人承担赔偿责任。例如在履约保证保险中，保险人担保在承包工程业务中的工程承包人不能如期完工或工程质量不符合规定致使权利人遭受经济损失时，承担赔偿责任。综上所述，无论是信用保险还是保证保险，保险人所保障的都是义务人的信用，最终获得补偿的都是权利人。目前，信用保证保险的主要险种有以下几种。

（1）雇员忠诚保证保险。这是指承保雇主因其雇员的欺骗和不诚实行为所造成的损失，由保险人负责赔偿。

（2）履约保证保险。这是指承保签约双方中的一方，由于不能履行合同中规定的义务而使另一方蒙受的经济损失,由保险人负责赔偿。

(3) 信用保险。这是指承保被保险人(债权人)在与他人订立合同后,由于对方不能履行合同义务而使被保险人遭受的经济损失,由保险人负责赔偿。常见的有出口信用保险和投资保险等。

4. 人身保险

人身保险是以人的身体或生命作为标的的一种保险。人身保险以伤残、疾病、死亡等人身风险为保险内容,被保险人在保险期间因保险事故的发生或生存到保险期满,保险人依照合同规定对被保险人给付保险金。由于人的价值无法用金钱衡量,具体的保险金额是根据被保险人的生活需要和投保人所支付的保险费,由投保人和保险人协商确定。人身保险主要包括人寿保险、健康保险和人身意外伤害保险。

(1) 人寿保险。人寿保险包括死亡保险、生存保险和两全保险3种。

① 死亡保险是指在保险期内被保险人死亡,保险人即给付保险金;

② 生存保险是以被保险人在保险期内仍然生存为给付条件,如被保险人在保险期内死亡,不仅不给付保险金,而且也不返还已缴纳的保险费;

③ 两全保险是由死亡保险和生存保险合并而成。当被保险人生存到保险期满时,保险人要给付保险金;当被保险人在保险期内死亡时,保险人也要给付保险金。两全保险的保险费带有较多的储蓄因素。

(2) 健康保险。健康保险又称疾病保险,它是指承保被保险人因疾病而支出的医疗费用,或者因丧失劳动能力,按保险单规定,由保险人给付保险金。

(3) 人身意外伤害保险。人身意外伤害保险是指承保被保险人因意外事故而伤残或死亡时,由保险人负责给付规定的保险金,包括意外伤害的医疗费用给付和伤残或死亡给付两种。

(三) 按保险的实施形式分类

按保险的实施形式,保险可分为强制保险与自愿保险。

1. 强制保险

强制保险又称法定保险,是指国家对一定的对象以法律或行政法规的形式规定其必须投保的保险。这种保险依据法律或行政法规的效力,而不是从投保人和保险人之间的合同行为而产生,例如我国的机动车交通事故责任强制保险。凡属强制保险承保范围内的保险标的,其保险责任均自动开始。例如中国人民保险公司对在国内搭乘火车、轮船、飞机的旅客实施的旅客意外伤害保险,就规定自旅客买到车票、船票、机票开始旅行时起保险责任就自动开始,每位旅客的保险金额也由法律按不同运输方式统一规定。

2. 自愿保险

自愿保险又称任意保险,是由投保人和保险人双方在平等自愿的基础上,通过协商订立保险合同并建立起保险关系的。在自愿保险中,投保人对于是否参加保险,向哪家保险公司投保,投保何种险别,以及保险金额、保险期限等均有自由选择的权利。在订立保险合同后,投保人还可以中途退保,终止保险合同。至于保险人也有权选择投保人,自由决定是否接受承保和承保金额。在决定接受承保时,对保险合同中的具体条款,如承保的责任范围、保险费率等也均可通过与投保人协商决定。自愿保险是商业保险的基本形式。

第五节 保险的基本原则

一、保险的基本原则

保险的基本原则有诚实信用原则、保险利益原则、补偿原则、近因原则、权益转让原则和分摊原则。

(一)诚实信用原则

诚实信用原则是世界各国调整民事法律关系的一项基本准则。保险作为一种特殊的民事活动,要求当事人具有最大诚信,保险最大诚信原则在保险合同中应该对保险当事人双方都有约束,但在实际中,由于保险标的掌握在保险人手中,所以最大诚信原则只约束投保人,而对保险人的规范与监督,是通过保险业法和政府的监管来实现的。

最大诚信原则的实施,对于投保人来说,主要是告知、保证和违反诚信原则的处分;对于保险人而言,则要求保险人在保险业务中不得有下列行为:

(1)欺骗投保人、被保险人或者受益人。
(2)对投保人隐瞒与保险合同有关的重要情况。
(3)阻碍投保人、被保险人履行如实告知义务,或者诱导投保人不履行告知义务。
(4)承诺向投保人、被保险人或者受益人给予保险合同规定以外的保险费回扣或者其他利益。

(二)保险利益原则

保险利益是指投保人或者被保险人对保险标的具有的法律上承认的利益。

保险合同建立的经济关系,是保险人对被保险人经济利益的保障。保险利益是保险法律关系的基本要素,投保人只有对保险标的具有保险利益,才能据以投保保险。保险利益是指导保险实际业务活动的基本原则。保险人在履行赔偿或者给付责任时,必须以被保险人对保险标的所具有的保险利益为最高限额,赔偿或者给付的最高限额不得超过其保险利益的损失价值。根据这一原则,财产保险在保险事故发生时,人身保险在保险合同成立时,被保险人(投保人)对保险标的必须具有保险利益。

保险合同的成立,以保险标的和与之相关联的利益为要件。其目的有四个:第一,避免产生赌博行为;第二,防止诱发道德危险;第三,限制损失保险的补偿程度,即不论保险标的损失的价值有多大,被保险人所能获得的补偿程度,要受保险利益的限制;第四,是人寿保险确定给付保险金的唯一标准。

(三)近因原则

近因原则是保险当事人处理保险赔偿或者给付责任,法庭审理有关保险赔偿或者给付的诉讼案件,在调查事件发生的起因,确定事件的责任归属时所遵循的原则。

近因,不是指最初的原因,也不是指最终的原因,而是一种能动而有效的原因。这既指原因和结果之间有直接的联系,又指原因十分强大有力,以致在一连串事件中,人们从各个阶段上可以逻辑地预见下一事件,直到发生意料中的结果。如果有多种原因同时起作用,那么近因是其中导致该结果的起决定作用或强有力的原因。

当多种风险成为引起损失的原因时,判断其中哪一个为近因,国际上通常采用两种方法。第一种,从最初事件出发,按逻辑推理,下一步将发生什么。若最初事件导致了第二事件,第二事件又导致了第三事件……如此推理,导致最终事件,那么最初事件即为最终事件的近因。若其中两个环节间无明显联系,或出现中断,则其他事件为致损原因。第二种,从损失开始,沿系列自后往前推理,为什么会发生这样的情况,若追溯到最初事件,且系列完整,则最初事件即为近因,若推理出现事件中断,则其他原因为致损原因。

(四)补偿原则

补偿原则是财产保险处理赔案时的一项基本原则。人身保险是采用定额(保险金额)给付保险金的原则,不适用补偿原则,因人身价值是无限的。补偿原则是指在发生保险事故,致使保险标的发生损失时,按照保险合同约定的条件,依保险标的的实际损失,在保险金额以内进行赔偿的原则,其中包含以下三层意思:

(1)保证被保险人按保险合同约定,能够获得充分保障,若是足额保险,损失额多少就会得到多少保险赔款。

(2)被保险人获得的保险赔款恰好是使保险标的恢复到保险事故发生之前的状态。

(3)因保险赔偿以保险标的损失为限,且在保险金额以内,所以被保险人不能因保险赔款而获得额外利益,即超过财产实际损失的利益。

补偿原则虽然是保险的一项基本原则,但在保险实务中有例外的情况。在财产保险中有不定值保险和定值保险两种,绝大部分险种均为不定值保险。所以补偿原则在绝大部分险种中得到应用。而在定值险种中则是一个例外。所谓定值保险是保险当事人在订立保险合同时,约定保险标的的价值即保险价值,并依其确定保险金额,两者均书写于保险合同中。当保险事故发生时,保险人以约定的保险金额为基础,计算保险赔款,而不按保险标的在保险事故发生时的实际价值计算,即不论保险标的在保险事故发生时的实际价值大于或小于保险金额,均按保险金额和损失程度足额赔偿。仅在这种情况下,保险赔款可能大于实际价值,是补偿原则的例外。例如,海洋货物保险中,货物的保险金额是按当事人约定的保险价值确定的,一经确定且两者相等,就视为足额保险。当运输的货物出险时,不论出险当地、当时的市场价格是多少,保险人均按投保时的保险金额,根据损失程度足额赔偿。

(五)权益转让原则

权益转让原则是由补偿原则派生出来的,仅适用于财产保险,而不适用于人身保险。《保险法》规定:人身保险的保险人不得向第三者行使追偿权利。对于财产保险而言,权益转让原则,系指保险事故发生,保险人向被保险人支付了赔偿金之后,取得有关保险标的的所有权或者向第三者的索赔权。

(六)分摊原则

分摊原则也是由补偿原则派生出来的,它不适用于人身保险,而与财产保险业务中发生的重复保险密切相关。重复保险是指投保人对同一标的、同一保险利益、同一保险事故分别向两个以上保险人订立合同的保险。重复投保原则上是不允许的,但在事实上是存在的。其原因通常是由于投保人或者被保险人的疏忽,或者源于投保人求得心理上更大安全感的欲望。重复保险的投保人应当将重复保险的有关情况通知各保险人。

在重复保险的情况下,当发生保险事故,对于保险标的所受损失,由各保险人分摊。如果保险金额总和超过保险价值的,各保险人承担的赔偿金额总和不得超过保险价值。这是补偿原则在重复保险中运用时的注意事项,以防止被保险人因重复保险而获得额外利益。

二、保险活动的基本原则

(一) 遵守法律和行政法规的原则

法律和行政法规是国家为维护社会经济、社会生活的正常的、合理的秩序而制定的,任何人在进行民事、经济活动时,都必须遵守法律,符合法律的要求。违反法律的规定,将受到法律的制裁。我国《中华人民共和国民法通则》(以下简称《民法通则》)第六条规定:"民事活动必须遵守法律。"保险活动为民事活动之一,当事人应当遵守法律。

从事保险活动应当合法,不仅要遵守法律、行政法规,还不得违反社会公共利益。违反社会公共利益,也视为违法。因此,从事保险活动,不得违反法律、行政法规,也不得违反社会公共利益。

(二) 自愿原则

自愿原则是保险活动当事人在从事保险活动时应当充分表达真实的意思,根据自己的意愿在法律和行政法规允许的范围内订立、变更和终止保险法律关系的原则。任何人不得威胁、强迫、欺骗他人从事或参与保险活动。保险行为是合同行为,保险活动是围绕着保险合同进行的。合同自由是合同法的基本原则,也是市场经济运作的基本原则。没有合同自由,就没有真正的市场经济。我国在改革开放以前,计划经济时代,不承认当事人自由订约的权利。改革开放后,随着市场经济发展的需要和我国法制的完善,合同自由已为我国法律所认可。《中华人民共和国合同法》第四条规定:"当事人依法享有自愿订立合同的权利,任何单位或个人不得非法干预。"《保险法》第十一条规定:"订立保险合同,应当协商一致,遵循公平原则确定各方的权利和义务。除法律、行政法规规定必须保险的外,保险合同自愿订立。"

(三) 境内投保原则

《保险法》第七条规定:"在中华人民共和国境内的法人和其他组织需要办理境内保险的,应当向中华人民共和国境内的保险公司投保。"

该条法律约束的对象是法人或其他组织。前提是需要办理境内保险的情况下,要求是向境内的保险公司投保。三个"境内"是本条的关键所在。境内投保原则,一方面保险标的一旦受损,可以及时得到赔付,迅速获得保险保障;另一方面可以保护和发展中国的保险市场,扩大保险需求,刺激保险消费,促进民族保险业的繁荣。

(四) 专业经营原则

《保险法》第六条规定:"保险业务由依照本法设立的保险公司以及法律、行政法规规定的其他保险组织经营,其他单位和个人不得经营保险业务。"这条规定的含义是:未经法定部门批准的任何单位和个人不得经营保险业务。

《保险法》第九十五条规定了保险公司的业务范围:

(1)人身保险业务,包括人寿保险、健康保险、意外伤害保险等保险业务。

(2)财产保险业务,包括财产损失保险、责任保险、信用保险、保证保险等保险业务。

(3)国务院保险监督管理机构批准的与保险有关的其他业务。

《保险法》第九十五条还规定:"保险人不得兼营人身保险业务和财产保险业务。但是,经营财产保险业务的保险公司经国务院保险监督管理机构批准,可以经营短期健康保险业务和意外伤害保险业务。保险公司应当在国务院保险监督管理机构依法批准的业务范围内从事保险经营活动。"

这一规定要求保险公司必须实行分业经营。以财产保险为业务范围的保险公司,经保险监督管理机构核定后,可以经营短期健康保险业务和意外伤害保险业务,不得从事人身保险的其他业务;以人身保险为业务范围的保险公司,不得从事财产保险业务。除法律、行政法规另有规定外,任何形式的保险公司,不得同时经营财产保险业务和人身保险业务。

专业经营原则是国际上保险立法的一个重要原则,这一原则是由保险的特殊性决定的。国际上对保险公司的开业、营业的法律规定比一般的商业公司严格得多。这是因为保险公司是负债经营,是广大保户的债务人。一旦经营不善,出现亏损,乃至破产,将会给广大保户带来巨大的经济损失,直接损害了国家、企业及社会公众的切身利益,甚至会酿成社会动荡的恶果。另外,保险具有很强的专业性和技术性,规范它们的行为,保证保险市场的健康发展,必须坚持保险专业经营的原则,使保险业按照自己特有的规律健康发展。

(五)公平竞争原则

《保险法》第一百一十五条规定:"保险公司开展业务,应当遵循公平竞争的原则,不得从事不正当竞争。"公平竞争原则不是保险法的特殊原则,而是民法原则之一,也是商品经济的基本原则。我们知道市场经济是鼓励竞争的,只有通过竞争才能调动积极性,并使财物得到充分利用,达到以市场调节经济的作用。在竞争机制的作用下优胜劣汰,整个社会经济才会充满活力。但竞争作用的正常发挥,需要一种公平交易的秩序,即需要形成公平的竞争。所谓公平的竞争是指竞争主体间在价格公平、手段合法、条件平等的前提下展开的竞争。只有公平竞争,才能使价值规律充分发挥作用。

保险公司及其业务人员,应当在我国法律允许的范围内,在相同的条件下开展保险业务竞争。由于保险市场刚起步时,缺乏良好的法制环境和有效的监管措施,造成了保险市场秩序的某些混乱。《保险法》将公平竞争用法律的形式确定下来,就是强调保险市场行为的规范化、法制化。

保险公司在从事保险活动中,不仅要遵守《保险法》规定的公平竞争义务,而且还应当遵守《中华人民共和国反不正当竞争法》,自觉维护公平竞争,反对不公平竞争。为鼓励和保护公平竞争,制止不公平竞争行为,保护市场交易的合法权益,我国2017年11月4日修订的《中华人民共和国反不正当竞争法》(以下简称《反不正当竞争法》),具体规定了一系列应当禁止的不正当竞争行为。

公平竞争原则不仅适用于保险人,也适用于保险中介人。虽然保险中介人不享有权利,不承担义务,不是合同主体,但他们却代表着保险人一方或投保人一方的利益。他们是连接保险人和投保人或被保险人的中间环节,是保险市场的要素之一,是公平竞争原则最直接的适用者、执行者。他们的营销行为是否规范,直接关系到保险市场的秩序。

思考与练习题

1. 什么是危险?
2. 危险有何特征?
3. 按风险损害的对象可将风险划分几类?
4. 按损害原因可将风险划分几类?
5. 在通常条件下,保险人接受承保的风险必须具备哪几个条件?
6. 风险管理的作用是什么?
7. 保险的要素是什么?
8. 财产保险种类繁多,可分为几类?
9. 保险的基本原则是什么?

第二章　保险法概述

法是由国家制定或认可的,反映统治阶级意志的,依靠国家强制力保证实施的,具有普遍约束力的行为规范的总和。

法律一词有广义和狭义两种理解。狭义的法律是专指特定或具体意义上的法律;而广义上的法律是指一切规范性法律文件的总称。一般而言,把广义的法律称为法,而将狭义的法律仍称作法律。

法律不是从来就有的,也不是永恒不变的,它是人类社会发展到一定历史阶段,随着生产力的发展,私有制、阶级和国家的出现而产生的。人类自进入阶级社会以来,在不同的时期、不同的国家或地区,产生了不同的法律体系。而自14世纪中期意大利出现世界上第一部海上保险法以来,保险法就成为各种法律体系中不可缺少的一部分。

第一节　保险法的概念及内容

一、保险法的概念

保险法有广义和狭义之分,又有形式意义和实质意义之分。广义的保险法是指以保险为对象的一切法规的总称,包括保险公法和保险私法。狭义的保险法,则专指保险私法而言,保险公法不包括在内。形式意义的保险法,系指以保险法命名的专门性文性,如我国的《保险法》。实质意义的保险法,泛指法律体系中有关保险法律规范的总和。本书中所称保险法,既指广义的保险法,又指形式意义的保险法。概言之,保险法是调整商业保险法律规范的总称。具体地说,保险法是调整保险活动中保险人与投保人、被保险人以及受益人之间法律关系的重要民商事法律,也是国家对保险企业、保险市场实施监督管理的法律。

二、保险法的内容

(一) 保险法的构成

保险法是调整商业保险关系的各种法律规范的总称,主要包括保险合同法、保险业法、保险特别法等。

1. 保险合同法

商业保险是一种合同保险,保险合同在保险法律关系中占据极其重要的地位,因此,保险合同法是保险法中的核心内容,是调整保险合同双方当事人权利和义务关系的法律规范。这里的双方当事人,是指保险方和投保方,保险合同法调整其在订立、变更、终止保险合同中所产生的各种权利和义务关系,规范双方的保险合同行为,从而达到保护双方合法权益(特别是投保方的合法权益);维护保险业安定、稳健发展的目的。

2. 保险业法

保险业法又被称为保险公法,是调整保险监管关系、规范保险人经营行为的法律规范。其调整对象包括:国家在监管保险业过程中发生的关系;保险公司之间因合作、竞争而发生的关系;保险公司内部管理过程中发生的关系。由于保险业在国民经济中的特殊地位,世界各国都通过立法加强对保险业的监督管理,从而使保险业法的作用越来越重要。

3. 保险特别法

保险特别法是相对于保险合同法而言,是指保险合同法之外,民商法中有关保险关系的规定。如各国海商法中有关海上保险的规定。

(二)保险法的调整对象

保险法的调整对象是商业保险行为及其形成的社会关系。这种关系包括两个方面,一是保险合同关系,即保险合同当事人之间形成的横向关系,这种关系的实质为民商事关系,因此,又被称为保险私法关系;另一种为保险监督管理机关与保险业经营者之间的监督管理的纵向关系,也就是保险公法关系。因此,保险法的调整对象是国家、保险人和投保人以及保险中介人等多方主体因参与商业保险活动而形成的社会关系。这些关系主要包括以下几种。

(1)国家与保险人之间的关系。这种关系是一种纵向的管理、监督关系。国家为了规范保险人的经营行为,维护被保险人利益,保障保险业的健康发展,设立了保险业主管机关,负责审批保险企业的设立、监督和管理保险企业的经营行为。所有保险企业都必须在主管机关的监督管理下进行合法经营。

(2)国家与投保人之间的关系。这种关系包括两层含义:一是为了维护广大投保人的利益而形成的保护和被保护关系;二是强制与被强制关系,即国家针对一些特别的危险而立法要求有关主体必须参与特定的保险;这种强制关系从根本上说也是为了保护广大投保人的利益。

(3)国家与保险中介人之间的关系。这也是一种纵向管理关系,国家对保险代理人和经纪人的任职资格和从业条件进行审核和批准,保险代理人和经纪人必须在主管机关的监督下从事合法经营活动。

(4)保险人与投保人之间的关系。这种关系是一种横向关系,它是基于保险合同而产生的,是一种合同当事人双方的权利义务关系,是保险法调整的主要方面。

(5)保险中介关系。这种关系主要是指保险人或投保人与保险代理人或保险经纪人之间的关系,起沟通保险人与投保人的作用。

(6)保险人之间的关系。这种关系包括两方面,即保险企业内部组织关系,以及保险企业之间的外部关系。前者是一种纵向的管理关系,受保险公司法的规范;后者主要是一种横向的竞争与协调关系,除受《保险法》的规范外,还受《反不正当竞争法》的规范。

(7)投保方之间的关系。这种关系主要是投保人与被保险人及受益人之间的关系,三者之间可能统一,也可能不统一。

第二节　我国《保险法》的基本内容

1995年颁布施行的《保险法》已由第十二届全国人大常务委员会第十四次会议于2015年4月4日修订通过。其内容由总则、保险合同、保险公司、保险经营规则、保险代理人和保险经纪人、保险业监督管理、法律责任及附则等共8章组成,全文共185条。

一、《保险法》的效力范围

1.《保险法》的时间效力

(1)保险法的生效日期:法律的生效日期有两种,一是颁布之日起施行,二是公布之日起满一定时间生效。《保险法》采用的是后一种。

(2)保险法的失效日期:一般来说,若法律未规定施行的时间期限,则被视为不受时间的限制直到其被明令废除而失效。废除原有法律的主要方式有以下几种:

①在新制定的法律中宣布过去生效的法律即行废止,此即法律适用效力上的新法改旧法的原则;

②通过发布命令废除业已生效的法律;

③在新制定的法律中声明凡与之相抵触的法律和法规不再有效。

《保险法》未规定废止时间,留待以后的法律予以明确。

(3)保险法的溯及力。法律的溯及力是指法律是否追究生效之前的事件和行为。如果追究称之为"溯及既往";否则,称之为"不溯及既往"。我国《保险法》中没有该法具有溯及力的规定,即采用"不溯及既往"原则。

2.《保险法》的空间效力

关于保险法的空间效力,不同的国家有着不同的规定。依照我国《保险法》第三条规定:"在中华人民共和国境内从事保险活动,适用本法。"同时,我国《中华人民共和国宪法》规定:"国家在必要时得设立特别行政区。"除在特别行政区《基本法》中规定适用的全国法律外,其他法律不适用特别行政区。据此,我国《保险法》的空间效力是,除依法设立的特别行政区外的全部中华人民共和国的领土范围。

3.《保险法》对人的效力

根据对《保险法》的空间效力及其他条款的理解,《保险法》对人的效力是参加到商业保险活动中的中华人民共和国境内的所有的自然人和法人。具体地说有以下几种:

(1)国家负责金融监管部门——中国银行保险监督管理委员会;

(2)在中国从事商业保险活动的、具有中国法人资格的保险公司,外国保险公司在中国设立的分公司,以及依法取得营业资格的保险代理人、保险经纪人和保险公证人等;

(3)参加依照《保险法》开办的商业保险的中国公民、外国公民和无国籍人等。

二、保险合同的基本规定

1.保险合同的概念

保险合同作为各国保险制度的直接运作手段,是商业保险必须具备的一种特定的法律形式,也是保险法的主要规范内容之一。

合同,又称"契约"。根据《中华人民共和国合同法》(以下简称《合同法》)的规定,合同是指平等主体的自然人、法人、其他组织之间设立、变更、终止民事权利义务关系的协议。保险合同是合同的一种。根据《保险法》第十条的规定:"保险合同是投保人与保险人约定保险权利义务关系的协议。"

保险合同实质上是一种债权合同,即保险人只能对投保人有请求给付保险费的债权,在保险事故发生前有承担危险的债务,在保险事故发生后有依约赔偿或给付保险金的债务。保险人与投保人,一方的权利对应另一方的义务,因此,保险合同又是一种双方有偿合同。

保险合同既属于合同的一种,又是一种债权债务关系,依据法学原理其首先受到《保险法》的规定,此外,如《保险法》没有规定的项目还要符合《民法通则》《合同法》等的规定。

2. 保险合同的主体

保险合同的主体包括保险合同的当事人、关系人和辅助人。主体是保险合同不可缺少的要素,没有主体就没有保险合同。

(1)保险合同的当事人,是指保险合同的双方缔约人。就订立保险合同的缔约人而言,保险合同的当事人是保险人和投保人。

《保险法》第十条规定:"保险人是指与投保人订立保险合同,并按照合同约定承担赔偿或者给付保险金责任的保险公司。"其法律特征主要是:保险人必须是依法成立的经营保险业务的公司法人,任何自然人,或未经特别许可的法人,都不得擅自经营保险业务。

《保险法》第十条还规定:"投保人是指与保险人订立保险合同,并按照保险合同负有支付保险费义务的人。"其法律特征主要是:投保人可以是自然人,也可以是法人。投保人为自然人时,应当具有完全民事行为能力;投保人为法人时,应当具有权利能力。

(2)保险合同的关系人,是指虽然不是保险合同缔约人,却享有保险合同权利或承担保险合同义务的人。保险合同的关系人包括被保险人和受益人。

《保险法》第十二条规定:"被保险人是指其财产或者人身受保险合同保障,享有保险金请求权的人。投保人可以为被保险人。"《保险法》第十八条规定:"受益人是指人身保险合同中由被保险人或者投保人指定的享有保险金请求权的人。投保人、被保险人可以为受益人。"

(3)保险合同的辅助人,是指为订立、履行保险合同充当中介人或提供服务,并收取中介服务费的人。保险辅助人包括保险代理人和保险经纪人。

《保险法》第一百一十七条规定:"保险代理人是根据保险人委托,向保险人收取佣金,并在保险人授权的范围内代为办理保险业务的机构或者个人。"其法律特征主要是:首先,保险代理人必须取得相应的证书和授权书才可在权限内开展代理业务;其次,保险代理人在法律上与保险人视为同一人,在授权范围内以保险人名义开展的活动,直接对保险人发生效力;代理人所知视作保险人所知,保险人必须对其代理活动承担法律后果。

《保险法》第一百一十八条规定:"保险经纪人是基于投保人的利益,为投保人与保险人订立保险合同提供中介服务,并依法收取佣金的机构。"其主要法律特征是:首先,保险经纪人必须取得相关的资格和许可,才可开展业务;其次,保险经纪人是独立的保险中介主体,其必须对自己的一切过错行为承担法律后果。

3. 保险合同的客体

保险合同的客体是保险合同当事人的权利和义务共同指向的对象。保险合同如果没有客体,就丧失了存在的意义。

根据《保险法》第十二条的规定,投保人对保险标的应当具有保险利益。保险的对象是保险标的,但保险合同的订立和履行并不能保障保险标的的本身不受损失,而只是保障投保人、被保险人在保险事故或事件发生后,在该保险标的上得到法律承认的利益(即保险利益)不受损失。因此,保险标的本身不是保险合同的客体,只有依附其上的保险利益才是保险合同的客体。

4. 保险合同的内容

保险合同的内容,即保险合同双方当事人的权利和义务,由于保险合同一般都根据保险人事先拟定的合同条款订立,双方当事人的权利和义务,主要体现在保险合同条款上。

根据《保险法》第十八条的规定,保险合同应当包括下列事项:

(1)保险人的名称和住所。
(2)投保人、被保险人的姓名或者名称、住所,以及人身保险的受益人的姓名或者名称、住所。
(3)保险标的。
(4)保险责任和责任免除。
(5)保险期间和保险责任开始时间。
(6)保险金额。
(7)保险费以及支付办法。
(8)保险金赔偿或者给付办法。
(9)违约责任和争议处理。
(10)订立合同的年、月、日。

投保人和保险人可以约定与保险有关的其他事项。

保险金额是指保险人承担赔偿或者给付保险金责任的最高限额。

三、保险合同的订立、履行、变更和终止

(一)保险合同的订立和生效

1. 保险合同的订立

保险合同的订立,是指投保人和保险人在意思表示一致的情况下设立保险合同的行为。保险合同是双方当事人约定保险权利和义务的协议,是当事人之间的一种合意行为,需要经过一方当事人提出保险要求;另一方当事人表示同意承保的程序。在法律上,通常把提出保险要求称之为"保险上的要约",把同意承保称之为"保险上的承诺",保险合同只有经过要约和承诺两个阶段才能成立。

投保人要约是订立保险合同的必须和首要程序,必须采取书面形式,保险实务中,这种书面形式即为投保单。投保单是保险人事先制定的,投保人必须按照投保单所列举的内容逐一填写,投保人填写的内容准确与否,直接关系到投保人是否履行了"如实告知"义务。当

然,对于投保单上没有列举的内容,投保人不承担告知义务。

保险上的承诺,就是保险人认可了投保人在投保单上填写的全部内容,接受了投保人在投保单上提出的所有条件,同意在双方合意的条件下承担保险责任。保险人承诺是保险合同成立的必须程序。保险人承诺,既可以由保险人自己做出,也可以由保险代理人做出。

2. 保险合同的成立和生效

保险合同的成立,是指保险合同双方当事人经过要约、承诺的程序而达成了协议。保险实务中,保险人在投保单上签字盖章,并注明订立时间后,保险合同即告成立。

保险合同的生效,是指在合同成立的前提下,开始对订约双方当事人产生法律约束力。保险合同的生效除了形式要件外,还必须具备一些实质要件。如订立合同的双方当事人资格是否合格?保险合同有没有与保险法律、法规相抵触的条款?合同内容有没有违背公序良俗等。保险合同若同时具备形式要件和实质要件,一般情况下,合同成立即意味着开始生效,但也有特殊情况:如附加条件生效的保险合同和有试保期生效的保险合同等例外。

3. 保险合同订立的凭证

保险合同订立的凭证,是指能够证明双方当事人已经达成保险协议的书面文件。这些文件主要包括投保单、暂保单、保险单、保险凭证、批单或批注等。

4. 保险合同的解释

保险合同生效后,双方当事人在主张权利或履行义务时,往往会涉及对合同条款,乃至对条款中语言文字的理解。不同的理解会产生保险纠纷,甚至引起仲裁或诉讼,因此,为了判明当事人的真实意图、保护当事人的合法权利,准确处理保险纠纷,有必要确立保险合同的解释原则。保险实务中,对保险合同的解释,主要采用以下原则。

(1) 文义解释的原则,即对于保险合同条款的文字,应当按普遍的理解、通常的含义进行解释的原则。根据这一原则,保险人在制订保险合同条款时,如果使用的文字具有特殊含义,则应当作必要说明,否则,一律按通常文义解释。

(2) 逻辑解释原则,即对于保险合同条款的上下文,应当进行逻辑分析和推理,从而判明当事人真实意图的解释原则。根据这一原则,保险人在制订合同条款时,应当注意文本的逻辑性,概念的统一性,避免上下文之间产生矛盾。

(3) 专业解释原则,即对于保险合同中出现的专用术语,应当按照其所属专业的专业技术含义来解释的原则。

(4) 有利于被保险人或受益人的解释原则,即当保险合同出现纠纷时,按照其他解释原则难以判明当事人真实意图时,所采取的保护被保险人或受益人的原则。产生这一原则的根本原因是保险合同双方当事人的地位实质上是不平等的。保险合同由保险人事先制定,投保方只能表示接受与否;在专业知识、保险信息等许多方面,投保方也处于绝对劣势,作为救济措施,法律要求保险人在制定保险合同时,必须做到公平合理、准确精密,如果保险人做不到这一点,则必须承担法律责任。

(二) 保险合同的履行

保险合同的履行,是指保险合同成立后,双方当事人完成各自承担的义务,保证对方权利实现的整个行为过程。保险合同的履行是投保方和保险方双方的义务。

1. 投保方的主要义务

(1) 按期、足额缴纳保险费。

(2) 维护保险标的的安全。

(3) 履行危险增加通知义务。

(4) 履行出险通知义务。

(5) 保险事故发生时,履行积极施救义务等。

2. 保险人的合同履行

(1) 承担赔偿或给付保险金责任。

(2) 承担施救及其他合理费用。

(三) 索赔和理赔

1. 索赔

索赔是保险事故发生后,被保险人或受益人根据保险合同约定,向保险人提出支付保险金要求的行为。行使索赔权的主体,原则上应是被保险人或受益人。若被保险人为无民事行为能力或限制民事行为能力人,可以由其法定代理人代为行使索赔权。行使索赔权还有时间限制,即索赔时效。《保险法》第二十六条规定:"人寿保险以外的其他保险的被保险人或者受益人,向保险人请求赔偿或者给付保险金的诉讼时效期间为2年,自其知道或者应当知道保险事故发生之日起计算。人寿保险的被保险人或者受益人向保险人请求给付保险金的诉讼时效期间为5年,自其知道或者应当知道保险事故发生之日起计算。"此外,索赔是一种要式行为,其过程必须遵循一定程序,一般包括以下几种:

(1) 提出索赔请求。

(2) 接受检验。

(3) 提供索赔单证。

(4) 领取保险金。

(5) 出具权利转让证书等。

2. 理赔

理赔是指保险人因被保险人或受益人的请求,依据保险合同,审核保险责任并处理保险赔付的行为。保险人在履行这一重要义务时,应当重合同、守信用,做到主动、迅速、准确、合理。理赔的一般程序为以下四步:

(1) 立案。

(2) 检验。

(3) 核定保险责任。

(4) 支付保险金或发出拒赔通知书。

3. 理赔期限

理赔中的重要原则是"迅速",要求保险人迅速进行理赔,是为了帮助被保险人或受益人尽快从危险事故的阴影中摆脱出来,尽快恢复到出险前的状况。

《保险法》第二十三条规定:"保险人收到被保险人或者受益人的赔偿或者给付保险金的请求后,应当及时作出核定;情形复杂的,应当在30日内作出核定,但合同另有约定的除外。保险人应当将核定结果通知被保险人或者受益人;对属于保险责任的,在与被保险人或者受益人达成赔偿或者给付保险金的协议后 10 日内,履行赔偿或者给付保险金义务。保险合同对赔偿或者给付保险金的期限有约定的,保险人应当按照约定履行赔偿或者给付保险金义务。"

该条还规定:"保险人未及时履行前款规定义务的,除支付保险金外,应当赔偿被保险人或者受益人因此受到的损失。"

《保险法》第二十四条规定:"保险人依照本法第二十三条的规定作出核定后,对不属于保险责任的,应当自作出核定之日起 3 日内向被保险人或者受益人发出拒绝赔偿或者拒绝给付保险金通知书,并说明理由。"

《保险法》第二十五条规定:"保险人自收到赔偿或者给付保险金的请求和有关证明、资料之日起 60 日内,对其赔偿或者给付保险金的数额不能确定的,应当根据已有证明和资料可以确定的数额先予支付;保险人最终确定赔偿或者给付保险金的数额后,应当支付相应差额。"

(四)保险合同的变更、解除和终止

1. 保险合同的变更

保险合同的变更,是指在保险合同有效期限内,由于订立保险合同时所依据的主客观情况发生变化,双方当事人按照法定或合同规定的程序,对原保险合同的某些条款进行修改或补充的行为。根据保险合同的内容,这种变更行为可分为主体变更、客体变更、条款变更等三种。一般而言,保险合同的变更是一种双方民事行为,其生效的条件是:投保人或被保险人提出变更书面申请,保险人同意后签发批单或批注。少数属单方民事行为,如被保险人变更受益人,只需书面通知保险人即可,而不必得到保险人同意。

2. 保险合同的解除

保险合同的解除,是指双方当事人依法或依合同约定而提前终止保险合同的行为。保险合同的解除可以分为投保人解除和保险人解除两大类。

《保险法》第十五条规定:"除本法另有规定或者保险合同另有约定外,保险合同成立后,保险人不得解除合同。"从法律规定看,保险人得以解除合同的前提是投保人、被保险人或受益人有违约或违法行为。《保险法》在第十六条、第二十七条、第三十二条、第五十一条、第五十二条分别规定了保险人在以下几种情况出现时可以解除合同:

(1)投保人未履行如实告知义务。

(2)被保险人或受益人谎称发生保险事故骗保。

(3)投保方故意制造保险事故。

(4)投保方未按照约定履行对保险标的的安全应尽的责任。

(5)保险标的的危险程度增加。

(6)被保险人年龄不实,并且真实年龄不符合合同约定的年龄限制的。

(7)人身保险合同中止后未能复效等。

除通过法律规定外,如果双方当事人在订立保险合同时有解除合同的约定,保险人也可以据此解除合同。保险合同一经解除,合同效力归于消灭,双方当事人约定的权利和义务不复存在。但合同解除不影响原合同中争议处理条款的效力,也不影响当事人要求赔偿的权利。

3. 保险合同的终止

保险合同的终止,是指保险合同双方当事人消灭合同确定的权利和义务行为。保险合同一旦终止,就失去法律效力,但是原合同中争议处理条款的效力和当事人要求赔偿的权力不受影响。保险合同的终止,可以分为3种情况。

(1) 自然终止。保险合同因合同期限届满而终止。

(2) 义务履行而终止。保险事故发生后,由于保险人履行了赔付保险金的全部责任,导致合同终止。这里的全部责任,是指发生了保险人应当按约定的保额全部赔偿或给付的保险事故,保险人赔付后即承担了全部责任。如果保险标的只是部分受损,保险人履行部分赔付保险责任后,保险合同继续有效。

(3) 当事人行使终止权而终止。在符合法律规定或合同约定的一定条件下,当事人具有终止权,在履行适当的义务后即行使终止权而使保险合同终止,包括解除合同而终止。

4. 无效保险合同

无效保险合同是法律不予承认或保护的保险合同,该保险合同因法定或约定的原因,自然而确定地不发生效力。如前所述,保险合同成立后是否发生效力,除形式上必须具备成立要件外,还必须具备生效的实质性要件,只要缺少其中之一,该合同就是无效合同。《保险法》第十七条规定:"订立保险合同,采用保险人提供的格式条款的,保险人向投保人提供的投保单应当附格式条款,保险人应当向投保人说明合同的内容。对保险合同中免除保险人责任的条款,保险人在订立合同时应当在投保单、保险单或者其他保险凭证上做出足以引起投保人注意的提示,并对该条款的内容以书面或者口头形式向投保人做出明确说明;未作提示或者明确说明的,该条款下产生效力。"这是合同部分无效情况。

《保险法》第十九条规定:"采用保险人提供的格式条款订立的保险合同中的下列条款无效:①免除保险人依法应承担的义务或者加重投保人、被保险人责任的;②排除投保人、被保险人或者受益人依法享有的权利的。"

《保险法》第三十四条规定:"以死亡为给付保险金条件的合同,未经被保险人同意并认可保险金额的,合同无效。"

《保险法》第五十五条规定:"保险金额不得超过保险价值。超过保险价值的,超过部分无效,保险人应当退还相应的保险费。"除以上四种法条直接规定无效的情况外,也可能出现合同的内容与法律、法规相抵触,或主体资格不合格等可以明确判定合同无效的情况,以及出现合同中约定的无效情况。

无效保险合同,不受法律保护,也不能达到当事人预期的效果。但是,这并不表明无效合同没有法律意义,保险合同一旦被认定为无效。同样会产生一定的法律后果,其中主要有返还财产、赔偿损失和行政处罚等。

四、保险业的基本规定

1. 保险公司的规定

我国保险业的组织形式是实行公司制,保险公司应当采取股份有限公司或国有独资公司的组织形式。设立保险公司,必须经金融监管部门的批准,其注册资本的最低限额为人民币2亿元。保险公司的设立、变更、解散和清算,适用《保险法》《中华人民共和国公司法》等其他有关法律和行政法规的规定。

2. 保险业务范围和经营规则的规定

《保险法》第四章中规定保险公司的业务范围包括以下两种:

(1)财产保险业务包括财产损失保险、责任保险、信用保险和保证保险等保险业务。

(2)人身保险业务包括人寿保险、健康保险、意外伤害保险等保险业务。

保险公司的经营规则是:同一保险人不得同时兼营财产保险业务和人身保险业务,经金融部门的核定,保险公司可以经营上述保险业务的再保险业务。

为了确保投保人的利益和维护保险业务的安全,保险公司应当具有与其业务规模相适应的最低偿付能力,保险公司应当根据保障被保险人利益,保证偿付能力的原则,提取各项责任准备金。

在资金运用上,保险公司必须遵循稳健与安全性原则,并保证资产的保值增值。其资金运用途径按照《保险法》的规定限于在银行存款、买卖政府债券、金融债券和国务院规定的其他资金运用形式。

3. 保险业的监督管理的规定

我国保险业的监管部门是国务院保险监督管理机构——中国银行保险监督管理委员会(简称:保监会)。保险公司依法接受保监会的监督管理。保监会有权检查保险公司的业务状况、财务状况及资金运用状况,有权要求保险公司在规定的期限内提供有关的书面报告和资料。

4. 法律责任的规定

《保险法》第七章中规定,投保人、被保险人或者受益人进行保险欺诈活动,构成犯罪的,依法追究刑事责任。保险公司及其工作人员在保险业务中有隐瞒与保险合同有关的重要情况、欺骗保险人、被保险人或者受益人,不履行保险合同等违反保险经营规则的行为,都应依法承担相应的法律责任。保险代理人和保险经纪人在其业务活动中有欺骗行为,非法从事保险代理业务,或者经营业务,要依法承担相应的法律责任。擅自设立保险公司或者非法从事商业保险业务活动的,或超出核定的业务范围从事保险业务的,或未经批准,擅自变更保险公司名称、章程、注册资本、公司或公司分支机构、营业场所等事项的,由保监会处理。

第三节 保险法的基本原则

保险法的基本原则,即集中体现保险法本质和精神的基本准则,它既是保险立法的依据,又是保险活动中必须遵循的准则。保险法的基本原则是通过保险法的具体规定来实现的,而保险法的具体规定,必须符合基本原则的要求。

一、保险与防灾减损相结合的原则

保险从根本上说,是一种危险管理制度,目的是通过危险管理来防止或减少危险事故,把危险事故造成的损失缩小到最低程度,由此产生了保险与防灾减损相结合的原则。

(一) 保险与防灾相结合的原则

这一原则主要适用于保险事故发生前的事先预防。根据这一原则,保险方应对承保的危险责任进行管理,其具体内容包括:调查和分析保险标的的危险情况,据此向投保方提出合理建议,促使投保方采取防范措施,并进行监督检查;向投保方提供必要的技术支援,共同完善防范措施和设备;对不同的投保方采取差别费率制,以促使其加强对危险事故的管理,即对事故少、信誉好的投保方给予降低保费的优惠,反之,则提高保费等。遵循这一原则,投保方应遵守国家有关消防、安全、生产操作、劳动保护等方面的规定,主动维护保险标的的安全,履行所有人、管理人应尽的义务,同时,按照保险合同的规定,履行危险增加通知义务。

(二) 保险与减损相结合的原则

这一原则主要适用于保险事故发生后的事后减损。根据这一原则,如果发生保险事故,投保方应尽最大努力积极抢险,避免事故蔓延、损失扩大,并保护出险现场,及时向保险人报案。而保险方则通过承担施救及其他合理费用来履行义务。

二、最大诚信原则

由于保险关系的特殊性,人们在保险实务中越来越感到诚信原则的重要性,要求合同双方当事人最大限度地遵守这一原则,故称最大诚信原则。具体讲即要求双方当事人不隐瞒事实,不相互欺诈,以最大诚信全面履行各自的义务,以保证对方权利的实现。最大诚信原则是合同双方当事人都必须遵循的基本原则,其表现为以下几个方面。

(一) 履行如实告知义务

它是最大诚信原则对投保人的要求。由于保险人面对广大的投保人,不可能一一去了解保险标的的各种情况。因此,投保人在投保时,应当将足以影响保险人决定是否承保,足以影响保险人确定保险费率或增加特别条款的重要情况,向保险人如实告知。保险实务中一般以投保单为限,即投保单中询问的内容投保人必须如实填写。除此之外,投保人不承担任何告诉、告知义务。

投保人因故意或过失没有履行如实告知义务,将要承担相应的法律后果,包括保险人可以据此解除保险合同;如果发生保险事故,保险人有权拒绝赔付等。

(二) 履行说明义务

这是最大诚信原则对保险人的要求。由于保险合同由保险人事先制定,投保人只有表示接受与否的选择,通常投保人又缺乏保险知识和经验,因此,在订立保险合同时,保险人应当向投保人说明合同条款内容。对于保险合同的一般条款,保险人应当履行说明义务。对于保险合同的责任免除条款,保险人应当履行明确说明义务,未明确说明的,责任免除条款不发生效力。

(三) 履行保证义务

这里的保证,是指投保人向保险人做出承诺,保证在保险期间遵守作为或不作为的某些规则,或保证某一事项的真实性,因此,这也是最大诚信原则对投保人的要求。

保险上的保证有两种,一种是明示保证,即以保险合同条款的形式出现,是保险合同的内容之一,故为明示。如机动车辆保险中有遵守交通规则、安全驾驶、做好车辆维修和维护工作等条款,一旦合同生效,即构成投保人对保险人的保证,对投保人具有作为或不作为的约束力。另一种是默示保证,即这种保证在保险合同条款中并不出现,往往以社会上普遍存在或认可的某些行为规范为准则,并将此视作投保人保证作为或不作为的承诺,故为默示。如财产保险附加盗窃险合同中,虽然没有明文规定被保险人外出时应该关闭门窗,但这是一般常识下应该做的行为,这种社会公认的常识,即构成默示保证,也成为保险人之所以承保的基础,所以,因被保险人没有关闭门窗而招致的失窃,保险人不承担保险责任。

(四)弃权和禁止抗辩

这是最大诚信原则对保险人的要求。所谓弃权,是指保险人放弃法律或保险合同中规定的某项权利,如拒绝承保的权利、解除保险合同的权利等等。所谓禁止抗辩,与弃权有紧密联系,是指保险人既然放弃了该项权利,就不得向被保险人或受益人再主张这种权利。

三、保险利益原则

我国《保险法》第十二条规定:"人身保险的投保人在保险合同订立时,对被保险人应当具有保险利益。财产保险的被保险人在保险事故发生时,对保险标的应当具有保险利益。人身保险是以人的寿命和身体为保险标的的保险。财产保险是以财产及其有关利益为保险标的的保险。被保险人是指其财产或者人身受保险合同保障,享有保险金请求权的人。投保人可以为被保险人。保险利益是指投保人或者被保险人对保险标的具有的法律上承认的利益。"根据这条规定,保险利益原则主要有两层含义:其一,投保人在投保时,必须对保险标的具有保险利益,否则,保险就可能成为一种赌博,丧失其补偿经济损失、给予经济帮助的功能。其二,有否保险利益,是判断保险合同有效或无效的根本依据,缺乏保险利益要件的保险合同,自然不发生法律效力。

(一)财产保险利益

财产保险的保险标的是财产及其相关利益,其保险利益是指投保人对保险标的具有法律上承认的经济利益。财产保险的保险利益应当具备三个要素:

(1)必须是法律认可并予以保护的合法利益。
(2)必须是经济上的利益。
(3)必须是确定的经济利益。

(二)人身保险利益

人身保险的保险标的是人的寿命和身体,其保险利益是指投保人对被保险人寿命和身体所具有的经济利害关系。以《保险法》第十二条规定可以得出,人身保险的保险利益具有以下特点:

(1) 是法律认可并予以保护的人身关系。
(2) 人身关系中具有财产内容。
(3) 构成保险利益的是经济利害关系。

经济利害关系虽然无法用金钱估算,但投保人与保险人在订立保险合同时,可以通过约定保额来确定。

保险利益原则在保险合同的订立、履行过程中,有不同的适用要求。就财产保险而言,投保人应当在投保时对保险标的具有保险利益;合同成立后,被保险人可能因保险标的的买卖、转让、赠予、继承等情况而变更,因此,发生保险事故时,被保险人应当对保险标的具有保险利益,投保人是否具有保险利益已无关紧要。就人身保险而言,投保时,投保人必须对被保险人具有保险利益,至于发生保险事故时,投保人是否仍具有保险利益,则无关紧要。

四、损失赔偿原则

这是财产保险特有的原则,是指保险事故发生后,保险人在其责任范围内,对被保险人遭受的实际损失进行赔偿的原则。其内涵主要有以下几点。

(1) 赔偿必须在保险人的责任范围内进行,即保险人只有在保险合同规定的期限内,以约定的保险金额为限,对合同中约定的危险事故所致损失进行赔偿。保险期限、保险金额和保险责任是构成保险人赔偿的不可或缺的要件。

(2) 赔偿额应当等于实际损失额。按照民事行为的准则,赔偿应当和损失等量,被保险人不能从保险上获得额外利益。因此,保险人赔偿的金额,只能是保险标的实际损失的金额。换言之,保险人的赔偿应当恰好使保险标的恢复到保险事故发生前的状态。

(3) 损失赔偿是保险人的义务。据此,被保险人提出索赔请求后,保险人应当按主动、迅速、准确、合理的原则,尽快核定损失,与索赔人达成协议并履行赔偿义务;保险人未及时履行赔偿义务时,除支付保险金外,应当赔偿被保险人因此受到的损失。

五、近因原则

近因原则的含义是:损害结果必须与危险事故的发生具有直接的因果关系,若危险事故属于保险人责任范围的,保险人就赔偿或给付。在实际生活中,损害结果可能由单因或多因造成。单因比较简单,多因则比较复杂,主要有以下几种情况。

(1) 多因同时发生。若同时发生的都是保险事故,则保险人承担赔付责任;若其中既有保险事故,也有责任免除事项,保险人只承担保险事故造成的损失。

(2) 多因连续发生。两个以上灾害事故连续发生造成损害,一般以最近的(后因)、最有效的原因为近因,若其属于保险事故,则保险人承担赔付责任。但后果是前因直接自然的结果、合理连续或自然延续时,以前因为近因。

(3) 多因间断发生。即后因与前因之间没有必然因果关系,彼此独立。这种情况的处理与单因大致相同,即保险人视各种独立的危险事故是否属于保险事故,从而决定是否赔付。

思考与练习题

1. 《保险法》的效力范围是什么?
2. 保险合同的基本条款包括哪些内容?
3. 保险合同的解释采用哪些原则?
4. 索赔过程必须遵循哪几个程序?
5. 保险的基本原则是什么?

第三章　汽车保险概述

第一节　汽车保险的职能与作用

一、汽车(机动车辆)保险的职能

保险基本职能就是组织经济补偿和实现保险金的给付。同样，这也是机动车辆保险的基本职能。生产力水平的提高、科学技术的发展使人类社会走向文明，汽车文明在给人类生活带来交通便利的同时，也给人类带来了因汽车运输中的碰撞、倾覆等意外事故造成的财产损失和人身伤亡。不仅如此，随着生产力水平的提高，科学技术的进步，风险事故所造成的损失也越来越大，对人类社会的危害也越来越严重。机动车辆在使用过程中遭受自然灾害风险和发生意外事故的概率较大，特别是在发生第三者责任的事故中，其损失赔偿是难以通过自我补偿的。机动车辆使用过程中的各种风险及风险损失，同样是难以通过对风险的避免、预防、分散、抑制以及风险自留就能解决得了的，必须或最好通过保险转嫁方式将其中的风险及风险损失得以在全社会范围内分散和转移，以最大限度地抵御风险。汽车保险的职能就是使汽车用户以缴纳保险费为条件，将自己可能遭受的风险成本全部或部分转嫁给保险人。

机动车辆保险是一种重要的风险转嫁方式，在大量的风险单位集合的基础上，将少数被保险人可能遭受的损失后果转嫁到全体被保险人身上，而保险人作为被保险人之间的中介对其实行经济补偿。通过机动车辆保险，将拥有机动车辆的企业、家庭和个人所面临的种种风险及其损失后果得以在全社会范围内分散与转嫁。机动车辆保险是现代社会处理风险的一种非常重要的手段，是风险转嫁中一种最重要、最有效的技术，是不可缺少的经济补偿制度。

二、汽车(机动车辆)保险的作用

我国自1980年国内保险业务恢复以来，机动车辆保险业务已经取得了长足的进步，尤其是伴随着机动车辆进入百姓的日常生活，机动车辆保险正逐步成为与人们生活密切相关的经济活动，其重要性和社会性也正逐步突现，作用越加明显。

1. 扩大了人们对汽车的需求

从目前经济发展情况看，汽车工业已成为我国经济健康、稳定发展的重要动力之一，汽车产业政策在国家产业政策中的地位越来越重要。汽车产业政策要产生社会效益和经济效益,要成为中国经济发展的原动力,离不开机动车辆保险和与之相关的配套服务。机动车辆保险业务自身的发展对汽车工业的发展起到了有力的推动作用,机动车辆保险的出现,解除了企业与个人对使用汽车过程中可能出现的风险的担心,一定程度上提高消费者购买汽车的欲望,扩大了对汽车的需求。

2. 稳定了社会公共秩序

随着我国经济的发展和人民生活水平的提高,机动车辆作为重要的生产运输和代步工具,成为社会经济及人民生活中不可缺少的一部分,其作用显得越来越重要。机动车辆作为一种保险标的,虽然单位保险金不是很高,但数量多而且分散,车辆所有者既有党政部门,也有工商企业和个人。车辆所有者为了转嫁使用机动车辆带来的风险,愿意支付一定的保险费投保。在机动车辆出险后,从保险公司获得经济补偿。由此可以看出,开展机动车辆保险既有利于社会稳定,又有利于保障保险合同当事人的合法权益。

3. 促进了汽车安全性能的提高

在机动车辆保险业务中,经营管理与机动车辆维修行业及其价格水平密切相关。原因是在机动车辆保险的经营成本中,事故车辆的维修费用是其中重要的组成部分,同时车辆的维修质量在一定程度上体现了机动车辆保险产品的质量。保险公司出于有效控制经营成本和风险的需要,除了加强自身的经营业务管理外,必然会加大事故车辆修复工作的管理,一定程度上提高了机动车辆维修质量管理的水平。同时,机动车辆保险的保险人从自身和社会效益的角度出发,联合汽车生产厂家、汽车维修企业开展汽车事故原因的统计分析,研究汽车安全设计新技术,并为此投入大量的人力和财力,从而促进了汽车安全性能方面的提高。

4. 机动车辆保险业务在财产保险中占有重要的地位

目前,大多数发达国家的机动车辆保险业务在整个财产保险业务中占有十分重要的地位。据不完全统计,美国汽车保险保费收入,占财产保险总保费的45%左右,占全部保费的20%左右。亚洲日本和中国台湾地区的机动车辆保险的保费占整个财产保险总保费的比例更是高达58%左右。

从我国大陆情况来看,随着积极的财政政策的实施,道路交通建设的投入越来越多,机动车保有量逐年递增。在过去的四十多年中,机动车辆保险业务保费收入每年都以较快的速度增长。在国内各保险公司中,机动车辆保险业务保费收入占其财产保险业务总保费收入的50%以上,部分公司的机动车辆保险业务保费收入占其财产保险业务总保费收入的60%~90%。机动车辆保险业务已经成为财产保险公司的"吃饭险种"。其经营的盈亏,直接关系到整个财产保险行业的经济效益。可以说,机动车辆保险业务的效益已成为财产保险公司效益的"晴雨表"。

第二节 我国汽车保险条款的改革

一、机动车辆保险改革的主要内容

众所周知,中国保监会在成立之初就非常重视机动车辆保险市场的规范与发展。

1999年,在中国保监会和全国各经营机动车辆保险业务的保险公司,以及保险行业协会的共同努力下,通过监制机动车辆保险保单,统一机动车辆保险条款和费率,以及加强对机动车辆保险业务的监督与检查,有的问题(如假保单和"鸳鸯"保单等)已基本予以解决,有的问题已经得到一定程度的遏制。但仍有些问题需要在今后深化保险改革和促进保险业发展过程中予以解决。

进入2000年,中国保监会在规范和促进机动车辆保险市场的发展中采取了许多措施,做了大量工作。其中主要内容就是对机动车辆保险的产品进行了改进。

在机动车辆保险业务发展过程中,暴露出产品中一些不容忽视的问题。第一,机动车辆保险保单性质规定不明确,没有明确机动车辆保险合同中损失险部分属于不定值保险合同,而是"保多少,赔多少";第二,保险人与被保险人的权利义务在许多方面规定不明确,合同纠纷,尤其是理赔纠纷时有发生;第三,保险操作规定,尤其是对于理赔时免赔额和扣除额不透明,很多规定由保险公司内部掌握;第四,投保车辆保费支出与其风险状态不匹配,费率结构上存在不公平现象;第五,费率的地区差异没有得到体现。

针对1999年制定的机动车辆保险条款和费率中存在的问题,中国保监会在认真调查研究、广泛听取各公司意见和总结实践经验教训的基础上,于2000年2月4日颁布并于7月1日实施了《机动车辆保险条款》(2000年版条款),对原条款和费率进行了完善。这次条款和费率的改进,总的思想是:一是突出依法经营,明确责任,合理调整保险双方当事人的关系;二是借鉴国际惯例,在一定程度上将机动车辆保险费率向多元化结构和地域差别方向发展,为下一步采用"随车加随人"费率体制进行一些有益的探索;三是体现保险合同的对价原则,统筹兼顾保险人偿付能力和投保人保费承受能力;四是便于监管和规范市场秩序与经营行为;五是考虑到基层公司学习和掌握新条款、新费率工作量较大,时间又很紧迫,本次修改原则上不对现行条款、费率进行结构上的变动,费率总水平基本上不上调,也就是基本上不"涨价"。2000年版《机动车辆保险条款》的特点主要表现在5个方面,即明确机动车辆保险保单损失险部分为不定值保单、条款逻辑更加严谨、政策透明度提高、调整后的费率进一步体现了公平原则、增强费率的灵活性。

二、机动车辆保险管理制度的改革

2003年1月1日,中国保监会对现在的"千车一险"的局面进行改革,并向现行的机动车辆保险条款费率管理制度开刀。从2003年起凡投保车险的消费者可选择由保险公司自行制定、经保监会批准的车险条款费率,由保监会统一制定的车险条款费率停止使用。2006年4月9日保监会发出通知,各保险公司车险产品新费率从2006年7月1日起开始实施。

新的车险条款费率管理制度允许保险公司按照不同消费者的需求制定条款,要求保险公司根据车辆的风险、车险市场状况、驾驶人的安全记录制定费率,条款费率必须经保监会批准,并向社会公布后执行。

条款费率管理制度的改革不是车险费率的"自由化",更不是单纯的车险降费。车险费率的确定是由保险责任大小、消费者风险状况、安全记录等因素决定。有的消费者因风险大、赔付记录不好,就要多付保险费。总之,改革的首要目标是让优质客户成为最大受益者。

另外,这次改革费率的一个特点是由各保险公司自己制定,与旧的费率比起来,不同的车所适用费率标准有升有降,这一点投保者也应注意到。

三、机动车辆保险管理制度的深化改革

2012年2—3月,中国保监会先后发布了《关于加强机动车辆商业保险条款费率管理的通知》(简称《通知》)和《机动车辆商业保险示范条款》(简称《示范条款》)等车险新规,推动了新一轮车辆保险管理制度的改革。

《通知》针对前段时间商业车险"高保低赔""无责不赔"等热点问题进行了明确规定。《通知》明确了保险金额的确定方式,即保险公司和投保人应当按照市场公允价值协商确定被保险机动车的实际价值,保险公司应当与投保人协商约定保险金额。《通知》还规定,因第三者对被保险机动车的损害而造成保险事故的,保险公司自向被保险人赔偿保险金之日起,在赔偿金额范围内代位行使被保险人对第三者请求赔偿的权利,保险公司不得通过放弃代位求偿权的方式拒绝履行保险责任。

《通知》在进一步规范商业车险市场秩序,完善商业车险监管制度,维护社会公众利益和防止不正当竞争等方面有非常重要的意义。《通知》分为关于商业车险条款费率拟订的原则、关于商业车险条款拟订及执行的要求、关于商业车险费率拟订及执行的要求、关于商业车险条款费率的监管等四部分。

《示范条款》对现行的车险条款进行了全面梳理,重点修订了条款中不利于保护被保险人权益、表述不清和容易产生歧义的地方,尤其是对消费者广泛关注的"高保低赔""无责不赔"、代位追偿等热点问题进行了合理修订,取消了多项免除责任的"霸王条款"。《示范条款》主要有四个特点。

一是调整了车辆损失险承保、理赔方式,强化了对消费者利益的保护。

二是扩大保险责任,减少免赔事项,大幅提高了车险保障能力。删除了现行车险条款中存在一定争议的10条责任免除,包括"驾驶证失效或审验未合格"等,免去了原有商业车险条款中的部分绝对免赔率。

三是强化如实告之,简化索赔资料。不再要求车损险索赔提供营运许可证或道路运输许可证复印件,不再要求盗抢险索赔提供驾驶证复印件、行驶证正副本、全套原车钥匙等。

四是简化产品体系,优化条款条例。新规定大幅简化现有商业车险附加险条款,把部分附加险纳入了主险保障范围,即现有的38种附加险将被规范为11种,并新增了无法找到第三方的不计免赔率险。

《示范条款》的发布,旨在更好地维护保险消费者的合法权益,切实提升车险承保、理赔工作质量,突出解决理赔过程中服务不到位的问题,促进保险业的持续健康发展。《示范条款》是国内商业车险产品发展进程中的一次重要创新,对国内车险市场的持续、健康发展意义重大、影响深远。

第三节 美国、日本及我国香港的汽车保险制度简介

一、美国汽车保险制度简介

美国的汽车保险是随着汽车工业和保险业的发展而发展起来的。1898年,美国旅行家保险公司签发了第一张汽车人身伤害责任保险单,1899年汽车碰撞损失保险单问世,1902年,第一张汽车损失保险单出现。从此,美国汽车保险业务迅速发展,经过了上百年时间的发展,美国汽车保险业务量已居世界第一。

(一)美国汽车损失保险

美国汽车损失保险分为个人汽车保险与商用汽车保险两类。

1. 个人汽车保险单

美国签发的第一张汽车人身伤害责任保险单就是个人汽车保险单。个人汽车保险承保拥有私人乘客汽车的个人和家庭。在个人汽车保单下,个人承租的租赁期超过6个月的汽车也可以以"被保险人拥有的"的交通工具名义投保。

个人汽车保单是一种一揽子保单,在一张保单中同时承保被保险人所有汽车的责任风险和物质损失。保险批单的标准合同包括三个基本部分。一是"保险申请表",包括保单数目、被保险人姓名和地址、保险期限、被保险汽车的描述、该保险的赔偿限额和免赔额。二是"一般约定"规定:"当你支付了保费并且遵从本保单规定,我们同意承保。"这里的"我们"是指保险人,"你"指被保险人。通常这段话作为保单的前言并且在被保险人交付了保费后保险人开始履行义务。三是定义部分。对保单条款出现的某些经常使用的术语和定义进行解释。

美国个人汽车保险单的承保范围包括:责任保险、医药费用险、防范未投保的驾驶人保险及车损险。以下就汽车损失保险加以说明。

(1)承保范围:保险人承保的被保险汽车因意外事故所遭受的直接损失,但须扣除保险单所载明的自负额。另外,除被保险汽车遭受的损失外,当被保险汽车遭受盗窃损失时,在被保险汽车失窃后48h至被保险汽车寻获或保险人支付保险赔偿期间,保险人需支付一定金额的交通补偿费。该补偿费每天约10美元,累计最高给付金额为300美元。

(2)汽车损失保险单采用列举法,约定保险人除外责任。

(3)赔偿处理:保险人可以用货币赔款或采用修理、重置受损或遭窃财物的方式复原受损保险标的。同时,保险人也可以用自己的费用将遭窃的财物返还被保险人或将其归还至保险单所记载的地址,或按协议和公估的价格保留被窃财物的全部或一部分。

另外,保险人的赔偿金额以遭窃或受损财物的实际现金价值和修理、置换遭窃或受损财物的费用金额较低者为准。

(4)估价保险人与被保险人若无法就损失金额达成协议时,双方可以各自选定公估人,并由双方选定的公估人共同选定第三个公估人,由此三个公估人共同估损。

(5)被保险人应尽的义务:保险事故发生后,被保险人应根据保险合同的规定尽一定的

义务。如:被保险人应立即通知保险人或其代理人有关意外事故发生的时间、地点及经过;提供与保险事故相关的文件,并协助保险人调查意外事故;保险事故发生后采取必要措施,避免被保险汽车或其他设备发生扩大的损失;被保险汽车失窃,应立即通知警察。

(6)保险人的代位权:保险人给付保险赔款后,即有权向第三人进行追偿。被保险人必须将其对第三人的权利转移给保险人,并采取必要的措施保全该追偿权利,尤其是被保险人不得妨碍保险人行使代位权。

2. 商业汽车保单

在美国,由于大多数组织机构都拥有、租赁、租借或使用汽车,在汽车占有、维护和使用过程中引起的责任保险成为其普遍的损失风险。因而投保汽车责任保险成为大多数组织机构的基本需要,商业汽车保险最常使用的形式是由保险服务办公室提供的商业汽车保险单。

除了提供责任保险,商业汽车保单中还包括选择性条款。承保汽车所有人、租赁人和特定被保险人的雇员引起的物质损失。例如在无过失、无投保、投保不足和发生汽车医疗费用的情况下保险公司提供的其他保障,可以以批单形式加入原有保单。

美国商业汽车保险单的架构与个人汽车保单架构不同。商业汽车保险单仅承保责任保险和车体损失险。以下就汽车损失保险说明其主要内容:

承保范围:车体损失保险主要包括综合损失保险(被保险汽车因任何原因所造成的损失,保险人均负赔偿责任。但与其他物体碰撞或倾覆不在此限)特定原因损失保险(由火灾或爆炸、盗窃、暴风雪、冰雪或地震、恶意破坏行为、运送被保险汽车工具的沉没、火灾、碰撞或出轨)和碰撞损失保险三种类型。

汽车损失保险单和赔偿处理与个人汽车保险相同。

另外,保险人以修复、归还或重置的方式赔付受损或被窃的被保险汽车时,必须适用保险单正面明细表所记载的自负额。但是,综合损失保险的自负额不适用于火灾及闪电所造成的损失。

商业汽车保单的其他重要项目与个人汽车保单基本相同。

(二)美国汽车强制保险

1. 美国汽车强制责任保险

1919 年,马萨诸塞州率先立法规定汽车所有人必须于汽车注册登记时,提出保险单或以债券作为车辆发生意外事故时赔偿能力的担保,该法案被称为《赔偿能力担保法》。1927 年马萨诸塞州首先采用强制汽车责任保险;1956 年纽约州也立法实行强制保险,次年北卡罗来纳州也通过相应法律。从此,汽车强制保险开始在美国盛行。

汽车强制责任保险法是由《赔偿能力担保法》演变而来的,而且使《赔偿能力担保法》的最终立法目的更加具体化。《赔偿能力担保法》仅要求汽车使用人提供赔偿能力的保证,但汽车强制责任保险法强调保险为汽车使用人履行赔偿责任的最佳保证。

2. 防范未投保汽车驾驶人保险

美国保险业者普遍认为汽车所有人或驾驶人因为车祸导致本身受伤害,可归责于同样驾驶汽车的他方时,如果他方无赔偿能力者,与其控告他方以求取不确定或不充足的赔偿,不如诉诸保险。投保人支付少量的保险费,却可以获得充足的和确定的赔款。1957年,新罕布什州首先立法将此概念付诸法律,由于实施效果比较理想,其他各州纷纷效仿。

3. 无过失保险计划

无过失汽车保险是指在车祸发生时,当事人双方放弃对车祸过失责任归属的争议,向自己的保险公司请求保险给付,此为美国汽车保险制度的特色之一。1970年马萨诸塞州首先通过了无过失汽车保险的立法,率先实施此制度。无过失汽车保险包括完全无过失、修正无过失和附加无过失三类。

无过失给付不包括财产损失(财产损失通常限于汽车损失),倘若受害人的财产损失是由加害人所造成,该受害人可以就其损失部分直接向加害人请求赔偿。

二、日本汽车保险制度简介

日本的汽车保险始创于1914年。1947年起,各保险公司使用统一的普通保险条款和保险费率。1948年,日本成立了损害保险费率厘定会,1955年制定机动车辆损害赔偿保障法,1964年成立机动车辆保险费率厘定协会。1996年12月,日美达成保险协议后,从1997年9月起,日本采用风险细分型机动车辆保险,1998年7月起实行多样化费率。从此,日本进入了保险产品和保险费率多样化的竞争时代。

日本汽车保险制度包括强制汽车责任保险与任意汽车保险两大体系。强制汽车责任保险是以1955年制定的《自动车损害赔偿保障法》作为法律依据。该保险提供了最完整的汽车保险保障与任意汽车保险相辅相成,构成了日本最完整的汽车保险。

(一)强制汽车责任保险

1.《自动车损害赔偿保障法》的主要内容

为执行强制汽车责任保险,日本《自动车损害赔偿保障法》规定,保险公司,除有政令所规定的正当理由外,不得拒绝订立责任保险合同;未订立汽车保险合同的车辆不得行驶;未参加强制汽车责任保险者,不得驾驶汽车。汽车不备损害赔偿责任保险证明书,不得提供运营业务。否则,一经发现,判处6个月以下的有期徒刑,或处以50000日元的罚款。这种强有力的制裁手段,以及严格有效的监督检查,有力地保障了强制保险的执行。

同时,强制汽车责任保险与汽车检查制度相结合。根据日本《道路运送车辆法》规定,汽车所有人申请汽车登录、运行许可或检查等事项,应向行政厅出示保险证明书,未出示保险证明书或保险证明书上记载的保险期间未能涵盖汽车检查证或临时运行许可证等有效期间的,行政厅不予登录或核发检查证等。

2. 采用过失推定制

过失推定制使受害者在遭受意外事故时不负举证责任,而直接推定加害人有过失。另外,对于无保险车辆或肇事逃逸车辆所造成的意外事故,在《自动车损害赔偿法》第五章规定由政府负责赔偿,起到了保障无辜受害第三人的目的。

3. 政府再保险政策

《自动车损害赔偿保障法》规定,保险公司所承保的自赔险保险合同,除轻型机车外,由政府就其承保额的60%进行再保险业务。日本建立再保险制度,目的在于通过国家再保险制度,分散保险公司的风险,鼓励保险公司开办此项业务。

(二)任意汽车保险的承保项目

1.身体伤害死亡损失责任保险

被保险人所有、使用、管理的被保险汽车,致使他人身体伤害或死亡,依法应由保险公司负责的赔偿责任,按保险合同约定负责赔偿。

2.汽车驾驶人伤害保险

该保险自动附加于身体伤害死亡损失责任保险中,承保被保险人因被保险汽车行驶时,发生外来意外事故,致使其身体伤害、死亡的损失。

3.无保险汽车伤害保险

无保险汽车发生意外事故,致使被保险人身体伤害或死亡者,在被保险人所投保对人赔偿保险的保险金额范围内,由保险公司负责赔偿被保险人的损失。保险人赔偿后,在保险赔款范围内,代位行使被保险人对加害人的损害赔偿请求权。

4.财产损失责任保险

汽车意外事故除造成人的身体伤害、死亡外,还可能发生汽车相互碰撞、冲撞房屋、建筑等财产损失。财产赔偿责任保险成立的要件,必须是有形的物因汽车发生事故而遭受具体损害。

5.汽车损失保险

汽车损失保险是补偿汽车因意外事故致使车体本身损失的保险。意外事故是指碰撞、翻落、倾覆、抛掷物或坠落物的冲击、火灾、窃盗等一切意外事故。

6.乘客伤害保险

乘客伤害保险承保的被保险汽车在行驶中发生外来突发的意外事故,造成其乘客受伤或死亡所致的损失。

三、我国香港汽车保险制度简介

(一)香港汽车保险单的种类

香港汽车保险单包括下列三大部分:
(1)汽车损失险。
(2)汽车第三人责任保险。
(3)医疗费用险。

(二)香港汽车损失保险类别

上述三种险别,可由被保险人以下列各项组合任意选择其一。
(1)综合损失险包括:汽车损失险、汽车第三人责任保险、医疗费用险。
(2)第三人、火灾及窃盗保险包括:汽车损失险的有关条款及汽车第三人责任险部分。

(3) 第三人责任险，仅有汽车第三人责任险。

（三）香港汽车损失保险条款内容

香港汽车损失险承保条款有两种，被保险人可以任意选择其一。

(1)"被保险汽车或其零件、配件遭受毁损或灭失时，本公司对于被保险人负责赔偿责任。"

该险种以综合方式承保，被保险人应特别着重于不保事项。共同不保事项包括：

①敌人侵袭、外敌行为、战争及类似战争的行为、叛乱、内战、军事训练、演习或政府机关的征用、充公、没收、扣押或破坏；

②核子反应、核子能辐射或放射性污染；

③罢工、暴动、民众骚扰；

④未经保险人同意而变更汽车使用性质；

⑤承保地区以外发生的损害；

⑥除授权许可的驾驶人外，其他任何人所造成的意外损失或责任；

⑦在保险合同订立时，并未附加于保险单内的任何合同责任。

同时，香港汽车保险实施无赔款减费制度和自负额条款。

香港无赔款减费分为5级：满一年无赔款，按续保的保费减20%；满两年无赔款，按续保的保费减30%；依此类推，连续满五年或以上者，则减60%。另外，在香港汽车保险单中规定，连续四年及五年无赔款者，在保险期终了，仅有一次赔款，在续保时视为满一年无赔款及满两年无赔款，按续保的保费减20%及30%的优惠；这对连续四五年无赔款的优良驾驶人比较合理公平，被保险人不会因一次赔款而丧失所有的优惠。

自负额是指被保险人在意外事故发生后自行负担的损失金额。如，非由保单中载明的驾驶人驾驶汽车所致的损失：自负1000港币；被保险汽车处于停驶状态或盗窃或企图偷窃所致的损失：1000港币；洪水、台风、飓风、火山爆发、地震或其他自然灾害所导致的损失：500港币；由25岁以下的人或临时驾照的持有人或持有驾照未满两年者所致的损失：1000港币。

(2)"被保险汽车因火灾、自燃、闪电、爆炸、窃盗或有盗窃意图所致的毁损或灭失，本公司对被保险人负赔偿责任。"

该险种采用列举的方式承保。所指发生的事故损失为盗窃或企图偷窃所致的损失，并包括零配件单独被窃的损失。所谓盗窃包括抢夺。

香港对于盗窃所致的损失定1000港币的溢额赔偿的标准。

（四）香港汽车强制保险

1951年，香港政府模仿英国政府的汽车强制保险，颁布了《汽车保险（第三人危险）法规》。香港汽车第三人责任保险从此成为强制保险，但仍以过失责任保险为基础。该法规多次修改，最近 次修改是在1983年，其中明确指出："任何人在道路上使用或允许他人使用汽车，须投保第三人责任险或提供40万港币的保证金，否则为违法行为，将处以1万港币的罚金，并拘役12个月，同时吊销驾驶执照12个月到3年不等。"

思考与练习题

1. 汽车(机动车辆)保险的职能是什么?
2. 汽车(机动车辆)保险有何作用?
3. 简述汽车保险条款和费率改革的总体思想。
4. 我国香港汽车损失保险条款有哪些内容?
5. 简述美国汽车强制险的内容。
6. 机动车保险《示范条款》的特点是什么?

第四章　汽车保险实务

第一节　汽车保险的概念与特点

一、保险的概念与特点

"保险"一词,最先是由日本人从英文"insurance"和"assurance"翻译过来,后为我国所用。其英文的含义是以经常性地缴纳一定的费用为代价来换取遭受危险损失时获得补偿。这种解释虽不完整,但在一定程度上反映了保险的基本特征。现在,多数学者都认为保险是一种保障手段,是对危险造成的损失进行补偿的制度。它是指人们为了保障日常生产和生活的稳定,对同类危险事故发生所造成的损失或经济需要,运用多数单位的力量建立共同准备金并根据合理的数学计算建立的经济补偿制度或金钱给付的安排。

按照《中华人民共和国保险法》第二条的规定,保险是指投保人根据合同约定,向保险人支付保险费,保险人对于合同约定的可能发生的事故因其发生所造成的财产损失承担赔偿保险金责任,或者当被保险人死亡、伤残或者达到合同约定的年龄、期限时承担给付保险金责任的商业保险行为。按照这个规定,一般的商业保险应当具有以下特征。

1. 保险是一种合同关系

保险不同于社会保险,也不同于其他法律或者社会团体建立的社会保障制度。这里所指的保险是一种商业保险关系。这种关系是以合同为基础,有关保险人、被保险人的关系是一种合同关系。根据保险合同的约定,投保人有缴纳保险费的义务,保险人有收取保险费的权利,被保险人有在合同约定的事故发生时获得经济补偿或给付的权利,而保险人有提供合同约定的经济补偿或给付的义务。

2. 承保的风险事故是否发生或何时发生都是不确定的

保险合同中约定承保的风险事故或事件是否发生或者何时发生,都是不确定的,因为假如约定的事故肯定不会发生,那么就没有必要保险;反之,假如约定的事故或事件一定会发生,那么,没有一个保险人愿意承保,除非投保人交付的保险费不低于损失总额。所以,只有在订立合同时,风险事故只是有可能发生。到底是否发生,何时发生,发生时造成的损失有多大,都是不确定的。如此,当事人之间的保险关系才能成立。

3. 承保的风险事故是无法预见或难以控制的

保险承保的风险事故或事件的发生是投保人与保险人都无法预见或者难以控制的。因此,倘若在订立保险合同时,保险人或者投保人知道事故或事件已经发生,或者投保人在订立保险合同后故意制造事故或事件,则有关保险合同无效。

4. 承保的风险事故发生后,保险人承担赔偿、给付责任

保险人在承保的风险事故发生后承担赔偿或给付责任。履行此项责任时,一般应支付相当损失金额的钱币。个别特殊情况下,也可以按约定或协议提供实物或提供某种服务以履行其义务。

二、汽车保险的概念与特点

汽车(机动车辆)保险是以机动车辆本身及其相关利益为保险标的的一种不定值财产保险。这里的机动车辆是指汽车、电车、电瓶车、摩托车、拖拉机、各种专用机械车、特种车。机动车辆保险一般包括主险和附加险两部分。主险又分为机动车损失险、第三者责任险、车上人员责任险和全车盗抢险。

机动车辆保险的基本特征,可以概括为以下几点。

1. 保险标的出险率较高

机动车辆是陆地的主要交通工具。由于其经常处于运动状态,总是载着人或货物不断地从一个地方开往另一个地方,很容易发生碰撞及其意外事故,造成人身伤亡或财产损失。由于车辆数量的迅速增加,一些国家交通设施及管理水平跟不上车辆的发展速度,再加上驾驶人的疏忽、过失等人为原因,交通事故发生频繁,汽车出险率较高。

2. 业务量大,投保率高

由于汽车出险率较高,汽车的所有者需要以保险方式转嫁风险。各国政府在不断改善交通设施,严格制定交通规章的同时,为了保障受害人的利益,对第三者责任保险实施强制保险。保险人为适应投保人转嫁风险的不同需要,为被保险人提供了更全面的保障,在开展机动车损失险和第三者责任险等主险的基础上,推出了一系列附加险,使汽车保险成为财产保险中业务量较大,投保率较高的一个险种。

3. 扩大保险利益

机动车辆保险中,针对汽车的所有者与使用者不同的特点,机动车辆保险条款一般规定:不仅被保险人本人使用车辆时发生保险事故保险人要承担赔偿责任,而且凡是被保险人允许的驾驶人使用车辆时,也视为其对保险标的具有保险利益。如果发生保险单上约定的事故,保险人同样要承担事故造成的损失,保险人须说明机动车辆保险的规定以"从车"为主,凡经被保险人允许的驾驶人驾驶被保险人的汽车造成保险事故的损失,保险人须对被保险人负赔偿责任。此规定是为了对被保险人提供更充分的保障,并非违背保险利益原则。但如果在保险合同有效期内,被保险人将保险车辆转卖、转让、赠送他人,被保险人应当书面通知保险人并申请办理批改。否则,保险事故发生时,保险人对被保险人不承担赔偿责任。

4. 被保险人自负责任与无赔款优待

为了促使被保险人注意维护、养护车辆,使其保持安全行驶技术状态,并督促驾驶人注意安全行车,以减少交通事故,保险合同上一般规定:驾驶人在交通事故中所负责任,机动车损失险和第三者责任险在符合赔偿规定的金额内实行绝对免赔率;保险车辆在保险期限内

无赔款,续保时可以按保险费的一定比例享受无赔款优待。以上两项规定,虽然分别是对被保险人的惩罚和优待,但要达到的目的是一致的。

第二节 我国汽车保险的种类

机动车辆保险是随着机动车辆的出现而产生的一项保险业务。它不仅是运输工具保险中最主要的险种,也是整个财产保险中最重要的业务来源。在各国非寿险业务中,机动车辆保险均占有举足轻重的地位,在我国财产保险中则属于第一大险种。我国汽车保险的种类可分为:交强险、主险、附加险三种。

一、机动车交通事故责任强制保险(交强险)

机动车交通事故责任强制性保险简称交强险,是指由保险公司对被保险机动车发生道路交通事故造成本车人员、被保险人以外的受害人的人身伤亡、财产损失,在责任限额内予以赔偿的强制性责任保险。

交强险的内容在第五章中详细阐述。

二、主险

(一)机动车损失险

1.机动车损失险的保险责任

机动车损失险是我国机动车辆保险中的四个主险险别之一,承保车辆遭受保险责任范围内的自然灾害或意外事故造成保险车辆本身的损失。

机动车损失险的保险责任一般采用列明风险的方式,只有列明的自然灾害和意外事故造成的保险车辆的直接损失,保险人方承担赔偿责任。我国机动车损失险的保险责任范围较为广泛,通常包括以下三方面。

(1)意外事故。

包括碰撞、倾覆、坠落;火灾、爆炸、外界物体坠落、倒塌等。在机动车损失险中,碰撞、倾覆是最主要的承保风险。在国外,有的保险人专门设立了碰撞、倾覆险承保这两种风险造成的车辆损失。所谓碰撞是指车辆与外界物体的意外接触,即要符合三个条件:一是保险车辆与外界物体的意外碰撞造成本车的损失;二是当货物装上车以后,车与货即视为一体,所装货物与外界物体的意外撞击造成的本车损失,属于碰撞损失;三是保险车辆与外界物体直接接触。机动车损失险承保的仅是碰撞损失,即因碰撞事故的发生所造成的车辆自身损毁。倾覆是指保险车辆由于遭受自然灾害或意外事故,造成本车翻倒,车体触地,使其失去正常状态和行驶能力,不经施救不能恢复行驶(两轮摩托车在停放过程中翻倒并不是倾覆事故)的一种状态。

(2)自然灾害。

包括雷击、暴风、暴雨、洪水、龙卷风、冰雹、台风、热带风暴、地陷、崖崩、滑坡、泥石流;雪崩、冰陷、暴雪、冰凌、沙尘暴;受到被保险机动车所载货物、车上人员意外撞击;载运被保险机动车的渡船遭受自然灾害(只限于有驾驶人随船的情形)造成车辆的损失。由于各地区的自然环境及保险车辆的行驶区域相差很大,其面临的风险也不尽相同,采用这种一揽子责任的承保方式,无疑对于某些被保险人是不公平的。因此有的保险公司将全国分为几个地域,适用不同的费率,以避免被保险人之间的保费补贴现象,达到相对公平的目的。

(3)施救保护费用。

车辆发生保险事故时,被保险人或其允许的驾驶人对保险车辆采取施救、保护措施所支出的合理费用,由保险人在保险车辆以外的保险金额内负责。施救措施是指发生保险事故时,为减少和避免保险车辆的损失所施行的抢救行为;保护措施是指保险事故发生以后,为防止保险车辆损失扩大和加重的行为。采取施救保护措施所支出的费用必须是合理的,才能得到保险人的赔偿。衡量施救保护费用是否合理,原则上以"为了减少保险车辆损失而直接支出的必要费用"为判断标准,但在实际中必须根据具体情况加以判断。在很多情况下,保险车辆发生保险事故后,保险车辆与其所装货物同时被施救,则保险人只对保险车辆的施救费用负责。

上述风险造成保险车辆的直接损失,保险人能否赔偿取决于:第一,保险车辆的损失是由承保风险直接造成的,承保风险是该损失的主要原因;第二,保险车辆是在被保险人或其允许的合格驾驶人的使用过程中发生损失。两个条件必须同时具备,缺一不可。

2.机动车损失险的除外责任

在很多投保人心目中,存在这样的认识:认为只要自己投保了机动车辆保险,那么一切与机动车辆有关的损失都应该从保险公司那里得到补偿,其理由是自己不能白交保险费。其实这是投保人不了解保险的真正含义所形成的误解。也就是说,被保险人参加了机动车辆保险,并不是把所有的危险与损失、费用都转嫁给了保险人,而是被保险人自己也有责任承担一部分风险和损失、费用,这些不保的风险与费用便构成了除外责任。在机动车损失险中,保险人的除外责任一般包括不保的风险、不保的损失和驾驶人或被保险机动车的原因造成的损失。

(1)不保的风险。

①地震及其次生灾害;

②战争、军事冲突、恐怖活动、暴乱、污染(含放射性污染)、核反应、核辐射;

③人工直接供油、高温烘烤、自燃、不明原因火灾;

④违反安全装载规定;

⑤被保险机动车被转让、改装、加装或改变使用性质等,被保险人、受让人未及时通知保险人,且因转让、改装、加装或改变使用性质等导致被保险机动车危险程度显著增加;

⑥被保险人或其允许的驾驶人的故意行为。

(2)不保的损失。

被保险机动车的下列损失和费用,保险人不负责赔偿:

①因市场价格变动造成的贬值、修理后因价值降低引起的减值损失;

②自然磨损、朽蚀、腐蚀、故障、本身质量缺陷;

③遭受保险责任范围内的损失后,未经必要修理并检验合格继续使用,致使损失扩大的

部分；

④投保人、被保险人或其允许的驾驶人知道保险事故发生后，故意或者因重大过失未及时通知，致使保险事故的性质、原因、损失程度等难以确定的，保险人对无法确定的部分，不承担赔偿责任，但保险人通过其他途径已经及时知道或者应当及时知道保险事故发生的除外；

⑤因被保险人违反机动车损失保险条款第十六条（因保险事故损坏的被保险机动车，应当尽量修复，修理前被保险人应当会同保险人检验，协商确定修理项目、方式和费用。对未协商确定的，保险人可以重新核定）的约定，导致无法确定的损失；

⑥被保险机动车全车被盗窃、被抢劫、被抢夺、下落不明，以及在此期间受到的损坏，或被盗窃、被抢劫、被抢夺未遂受到的损坏，或车上零部件、附属设备丢失；

⑦车轮单独损坏，玻璃单独破碎，无明显碰撞痕迹的车身划痕，以及新增设备的损失；

⑧发动机进水后导致的发动机损坏。

(3) 驾驶人或被保险机动车原因造成的损失。

下列情况中，不论任何原因造成被保险机动车的任何损失和费用，保险人均不负责赔偿：

①事故发生后，被保险人或其允许的驾驶人故意破坏、伪造现场、毁灭证据；

②驾驶人有下列情形之一者：

a. 事故发生后，在未依法采取措施的情况下驾驶被保险机动车或者遗弃被保险机动车离开事故现场；

b. 饮酒、吸食或注射毒品、服用国家管制的精神药品或者麻醉药品；

c. 无驾驶证，驾驶证被依法扣留、暂扣、吊销、注销期间；

d. 驾驶与驾驶证载明的准驾车型不相符合的机动车；

e. 实习期内驾驶公共汽车、营运客车或者执行任务的警车、载有危险物品的机动车或牵引挂车的机动车；

f. 驾驶出租机动车或营业性机动车无交通运输管理部门核发的许可证书或其他必备证书；

g. 学习驾驶时无合法教练员随车指导；

h. 非被保险人允许的驾驶人；

③被保险机动车有下列情形之一者：

a. 发生保险事故时被保险机动车行驶证、号牌被注销的，或未按规定检验或检验不合格；

b. 被扣押、收缴、没收、政府征用期间；

c. 在竞赛、测试期间，在营业性场所维修、改装期间；

d. 被保险人或其允许的驾驶人故意或重大过失，导致被保险机动车被利用从事犯罪行为。

(二) 机动车第三者责任险

我国城乡每年发生道路交通事故约20万起，直接经济损失有数十亿元乃至上百亿元。可见，机动车辆的第三者责任风险是巨大的，对公众的人身与财产安全构成了严重的威胁。

机动车辆第三者责任保险正是为了维护公众的利益而在许多国家成为法定保险业务,它承保机动车辆所有者或被保险人允许的合格驾驶人在使用车辆过程中发生意外事故造成第三者人身伤害或财产直接损失,且依法应由被保险人承担的损害赔偿责任,由保险人根据《道路交通事故处理办法》和保险合同的有关规定进行赔偿。

机动车第三者责任保险是指,保险期间内,被保险人或其允许的驾驶人在使用被保险机动车过程中发生意外事故,致使第三者遭受人身伤亡或财产直接损毁,依法应当对第三者承担的损害赔偿责任,且不属于免除保险人责任的范围,保险人依照本保险合同的约定,对于超过机动车交通事故责任强制保险各分项赔偿限额的部分负责赔偿。

1. 直接损毁

直接损毁是指道路交通事故中一次直接造成的第三者的人身伤亡及财产损失的赔偿责任,包括受害者的死亡补偿、伤残补偿、医疗补偿及财物损毁补偿。如汽车撞倒路边树木,树木又撞倒电线杆,电线杆再压倒房屋,导致房屋内的财产受损和人员伤亡,在事故现场,树木、电线杆、受损房屋及屋内受损财产、受伤人员等均是直接损失;而因此产生的交通堵塞、停电、停产等损失则为间接损失,保险人对间接损失不负责任。

2. 被保险人允许的驾驶人

须符合两个条件:一是经被保险人允许,由被保险人本人或经被保险人委派、雇佣或认可的驾驶保险车辆的人员;二是合格的驾驶人,指上述驾驶人须持有效驾驶证,并且所驾车辆与驾驶证规定的准驾车型相符。

3. 使用保险车辆过程

指保险车辆作为一种工具被使用的整个过程,包括行驶和停放。如保险吊车固定车轮后进行吊卸作业,可视为使用保险车辆过程。

4. 意外事故

车辆使用中发生的意外事故有道路交通事故和非道路交通事故。凡在道路上发生的交通事故,即为道路交通事故,一般由公安交通管理部门依照《道路交通事故处理办法》处理。凡不在供车辆、行人通行的地方使用保险车辆过程中发生的事故,属于非道路事故,由出险当地政府有关部门根据《道路交通事故处理办法》规定的赔偿范围、项目和标准以及保险合同的规定计算保险赔款金额。

5. 第三者

在保险合同中,保险人是第一方,被保险人或使用保险车辆的致害人是第二方,除保险人与被保险人以外的,因保险车辆的意外事故致使保险车辆下的人员或财产遭受损害的,在车下的受害人是第三者。

6. 被保险人依法应当支付的赔偿金额,保险人依照保险合同的规定进行补偿

我国道路交通事故是由公安交通部门处理的。对保险人而言,公安交通部门的处理结果是保险人承担责任与否的基础性依据,但又不完全按照公安交通部门的处理结论承担赔偿责任,因为制约保险双方的直接法律依据是保险合同。因此,首先是被保险人有对受害方的损害进行赔偿的责任;其次是这种责任是否符合保险合同中应当支付的赔偿中扣除保险合同中规定的不赔部分或可以免除责任的部分。例如,一被保险人酒后驾车,发生车祸,造

成一人死亡。公安交通部门认定由这位被保险人承担全部责任,并且向死者家属支付赔偿金。在这个案例中,尽管被保险人依法应当向受害方支付赔款,但酒后驾车是违法行为,属于保险合同中的除外责任,保险人因而可以免除自己的责任。

(三)机动车车上人员责任保险

保险期间内,被保险人或其允许的驾驶人在使用被保险机动车过程中发生意外事故,致使车上人员遭受人身伤亡,且不属于免除保险人责任的范围,依法应当对车上人员承担的损害赔偿责任,保险人依照本保险合同的约定负责赔偿。

(四)机动车全车盗抢保险

保险期间内,被保险机动车的下列损失和费用,且不属于免除保险人责任的范围,保险人依照本保险合同的约定负责赔偿:

(1)被保险机动车被盗窃、抢劫、抢夺,经出险当地县级以上公安刑侦部门立案证明,满60天未查明下落的全车损失。

(2)被保险机动车全车被盗窃、抢劫、抢夺后,受到损坏或车上零部件、附属设备丢失需要修复的合理费用。

(3)被保险机动车在被抢劫、抢夺过程中,受到损坏需要修复的合理费用。

三、附加险

机动车保险的附加险是指不能独立投保,须在投保主险之后方能投保的险种。机动车辆保险的附加险主要有以下几种。

(一)机动车损失险的附加险

1. 玻璃单独破碎险

承保保险车辆风窗玻璃或车窗玻璃的单独破碎,但对于安装、维修车辆过程中造成的玻璃单独破碎不予负责。投保人与保险人可协商选择按进口或国产玻璃投保。保险人根据协商选择的投保方式承担相应的赔偿责任。

2. 自燃损失险

承保保险车辆在使用过程中,因本车电器、线路、供油系统发生故障及运载货物自身原因起火燃烧,造成保险车辆的损失,以及被保险人在发生本保险事故时,为减少保险车辆损失所支出的必要合理的施救费用,保险人在保险单该项目所载明的保险金额内,按保险车辆的实际损失计算赔偿;发生全部损失的,按出险时保险车辆实际价值在保险单该项目所载明的保险金额内计算赔偿。

3. 新增加设备损失险

承保保险车辆在行驶过程中,发生碰撞等意外事故,造成车上新增加设备的直接损失,保险人在保险单该项目所载明的保险金额内,按实际损失计算赔偿。

4. 车身划痕损失险

此险种适用于已投保车辆损失保险的家庭自用或非营业用的客车,对于车辆无明显碰撞痕迹的车身划痕损失,保险人负责赔偿。但该损失若是被保险人及其家庭成员、驾驶人及其家庭成员的故意行为造成的,保险人不予赔偿。

5. 发动机涉水损失险

本附加险适用于投保了机动车损失保险后的家庭自用汽车、党政机关、事业团体用车、企业非营业用车。被保险机动车在使用过程中,因发动机进水后导致的发动机的直接损毁,保险人负责赔偿;发生保险事故时,被保险人为防止或者减少被保险机动车的损失所支付的必要的、合理的施救费用,由保险人承担;施救费用数额在被保险机动车损失赔偿金额以外另行计算,最高不超过保险金额的数额。

6. 修理期间费用补偿险

投保了机动车损失保险的基础上方可投保本附加险,机动车在使用过程中,发生机动车损失保险责任范围内的事故,造成车身损毁,致使被保险机动车停驶,保险人按保险合同约定,在保险金额内向被保险人补偿修理期间费用,作为代步车费用或弥补停驶损失。

7. 机动车损失保险无法找到第三方特约险

投保了本附加险后,对于被保险机动车损失应当由第三方负责赔偿,但因无法找到第三方而增加的由被保险人自行承担的免赔金额,保险人负责赔偿。

8. 指定修理厂险

投保了本附加险后,机动车损失保险事故发生后,被保险人可指定修理厂进行修理。

(二)其他附加险

1. 车上货物责任险

投保了机动车第三者责任险的机动车,可投保本附加险。当发生意外事故,致使保险车辆所载货物遭受直接损毁,依法应由被保险人承担的经济赔偿责任,保险人负责赔偿。但是对于货物因哄抢、自然损耗、本身缺陷、短少、死亡、腐烂、变质造成的损失;违法、违章载运或因包装不善造成的损失及车上人员携带的私人物品损失,保险人不承担赔偿责任。

2. 精神损害抚慰金责任险

投保了机动车第三者责任保险或机动车车上人员责任保险的机动车可投保本附加险。被保险人或其允许的驾驶人在使用被保险机动车的过程中,发生投保的主险约定的保险责任内的事故,造成第三者或车上人员的人身伤亡,受害人据此提出精神损害赔偿请求,保险人依据法院判决及保险合同约定,对应由被保险人或被保险机动车驾驶人支付的精神损害抚慰金,在扣除机动车交通事故责任强制保险应当支付的赔款后,在本保险赔偿限额内负责赔偿。

3. 不计免赔率险

投保了任一主险及其他设置了免赔率的附加险后,均可投保本附加险。保险事故发生后,按照对应投保的险种约定的免赔率计算的、应当由被保险人自行承担的免赔金额部分,保险人负责赔偿。

第三节 汽车保险的业务流程

保险公司承保业务的流程大体相近,大致经历保户投保,包括保户填写投保单,缴纳保费;保险公司承保、签订保险合同,包括核保、出具保单、出具保费的收据;保险标的发生损失,保户向保险公司提出索赔;保险公司查勘,属于保险责任,保险公司支付赔偿金;不属于保险责任,保险公司拒绝赔偿;以及续保等环节。本节重点介绍机动车辆保险业务的投保、承保、理赔的基本业务环节。

一、保险投保

(一) 投保人投保过程中应注意的问题

由于各家保险公司推出的机动车辆保险条款种类繁多,价格不同,因此投保人在购买机动车辆保险时应注意如下事项。

1. 合理选择保险公司

投保人应选择具有合法资格的保险公司营业机构购买机动车辆保险。机动车辆保险的售后服务与产品本身一样重要,投保人在选择保险公司时,要了解各公司提供服务的内容及信誉度,以充分保障自己的利益。

2. 合理选择代理人

投保人也可以通过代理人购买机动车辆保险。选择代理人时,应选择具有《保险代理人资格证书》《保险代理人展业证书》及与保险公司签有正式代理合同的代理人;应当了解机动车辆保险条款中涉及赔偿责任和权利义务的部分,防止个别代理人片面夸大产品保障功能,回避责任免除条款内容。

3. 了解机动车辆保险内容

投保人应当询问所购买的机动车辆保险条款是否经过保监会批准,认真了解条款内容,重点条款的保险责任、除外责任和特别约定,被保险人权利和义务,免赔额或免赔率的计算,申请赔偿的手续、退保和折旧等规定。此外还应当注意机动车辆保险的费率是否与保监会批准的费率一致,了解保险公司的费率优惠规定和无赔款优待的规定。通常保险责任比较全面的产品,保险费比较高;保险责任少的产品,保险费较低。

4. 根据实际需要购买

投保人选择机动车辆保险时,应了解自身的风险和特征,根据实际情况选择个人所需的风险保障。对于机动车辆保险市场现有产品应进行充分了解,以便购买适合自身需要的机动车辆保险。

5. 购买机动车辆保险的其他注意事项

(1)对保险重要单证的使用和保管。投保者在购买机动车辆保险时,应如实填写投保单上规定的各项内容,取得保险单后应核对其内容是否与投保单上的有关内容完全一致。对所有的保险单、保险卡、批单、保费发票等有关重要凭证应妥善保管,以便在出险时能及时提供理赔依据。

(2)如实告知义务。投保者在购买机动车辆保险时应履行如实告知义务,对与保险风险有直接关系的情况应当如实告知保险公司。

(3)购买机动车辆保险后,应及时缴纳保险费,并按照条款规定,履行被保险人义务。

(4)合同纠纷的解决方式。对于保险合同产生的纠纷,消费者应当依据在购买机动车辆保险时与保险公司的约定,以仲裁或诉讼方式解决。

(5)投诉。消费者在购买机动车辆保险过程中,如发现保险公司或中介机构有误导或销售未经批准的机动车辆保险等行为,可向保险监督管理部门投诉。

(二)保险公司或代理人应提供合理的保险方案

在开展机动车辆保险业务的过程中,保险公司或代理人应从加大产品的内涵、提高保险公司的服务水平入手,在开展业务的过程中为投保人或被保险人提供完善的保险方案。

1. 保险方案制订的基本原则

(1)充分保障的原则。充分保险原则是指保险方案的制订应建立在对于投保人的风险进行充分和专业评估的基础上,根据对于风险的了解和认识制定相应的保险保障方案,目的是通过保险的途径最大限度地分散投保人的风险。

(2)公平合理的原则。公平合理原则是指保险人或代理人在制定保险方案的过程中应贯彻公平合理的精神。所谓合理性就是要确保提供的保障是适用和必要的,防止提供不必要的保障。所谓公平主要应体现在价格方面,包括与价格有关的赔偿标准和免赔额的确定,既要合法,又要符合价值规律。

(3)充分披露的原则。充分披露原则是指保险人在制定保险方案的过程中应根据保险最大诚信原则的告知义务的有关要求,将保险合同的有关规定,尤其是可能对投保人不利影响的规定,要向投保人进行详细的解释。以往机动车辆保险业务出现纠纷的重要原因之一就是保险公司或代理人出于各种目的的考虑,在订立合同时没有对投保人进行充分的告知。

2. 制定保险方案前的调查工作

在制定保险方案之前应对投保人或潜在被保险人的情况进行充分的调查,根据调查结果进行分析是制定保险方案的必要前提。调查的主要内容有以下几个方面:

(1)了解企业的基本情况,包括企业的性质、规模、经营范围和经营情况;

(2)了解企业拥有车辆的数量、车型和用途,了解车况、驾驶人素质情况、运输对象、车辆管理部门等;

(3)了解企业车辆管理的情况,包括安全管理的目标,对于安全管理的投入、安全管理的实际情况、以往发生事故的情况以及分类等;

(4)了解企业以往的投保情况,包括承保公司、投保险种、投保的金额、保险期限和赔付率等情况;

(5)了解企业投保的动机,防止逆向投保和道德风险。

3. 保险方案的主要内容

保险方案是在对投保人进行风险评估的基础上提出的保险建议书。第一,应当包括从专业的角度对投保人可能面临的风险进行识别和评估。第二,在风险评估的基础上提出保险的总体建议。第三,应当对条款的适用性进行说明,介绍有关的险种并对条款进行必要的解释。第四,对保险人及其提供的服务进行介绍。其具体内容有以下几个方面:

(1)保险人情况。

(2)投保标的风险评估。

(3)保险方案的总体建议。

(4) 保险条款以及解释。
(5) 保险金额以及赔偿限额的确定。
(6) 免赔额以及适用情况。
(7) 赔偿处理程序以及要求。
(8) 服务体系以及承诺。
(9) 相关附件。

二、保险承保

(一) 填写投保单

投保人购买保险,首先要提出投保申请,即填写投保单,交给保险人。投保单是投保人向保险人申请订立保险合同的依据,也是保险人签发保单的依据。投保单的基本内容有:投保人的名称、厂牌型号、车辆种类、号牌号码、发动机号码及车架号、使用性质、吨位或座位、行驶证、初次登记年月、保险价值、车辆损失险保险金额的确定方式、第三者责任险赔偿限额、附加险的保险金额或保险限额、车辆总数、保险期限、联系方式、特别约定、投保人签章。

(二) 核保

核保是保险公司在业务经营过程中的一个重要环节。核保是指保险公司的专业技术人员对投保人的申请进行风险评估,决定是否接受这一风险,并在决定接受风险的情况下,决定承保的条件,包括使用的条款、附加条款、确定费率和免赔额等。

1. 核保的意义

(1) 防止逆选择,排除经营中的道德风险。在保险公司的经营过程中始终存在一个信息问题,即信息的不完整、不精确和不对称。尽管最大诚信原则要求投保人在投保时应履行充分告知的义务。但是,事实上始终存在信息的不完整和不精确的问题。保险市场信息问题,可能导致投保人或被保险人的道德风险和逆选择,给保险公司经营带来巨大的潜在的风险。保险公司建立核保制度,由资深人员运用专业技术和经验对投保标的进行风险评估,通过风险评估可以最大限度地解决信息不对称的问题,排除道德风险,防止逆选择。

(2) 确保业务质量,实现经营稳定。保险公司是经营风险的特殊行业,其经营状况关系到社会的稳定。保险公司要实现经营的稳定,关键一个环节就是控制承保业务的质量。但是,随着国内保险市场供应主体的增多,保险市场竞争日趋激烈,保险公司在不断扩大业务的同时,经营风险也在不断增大。其主要表现为:一是为了拓展业务而急剧扩充业务人员,这些新的工作人员业务素质有限,无法认识和控制承保的质量;二是保险公司为了扩大保险市场的占有率,稳定与保户的业务关系,放松了拓展业务方面的管理;三是保险公司为了拓展新的业务领域,开发了一些不成熟的新险种,签署了一些未经过详细论证的保险协议,增加了风险因素。保险公司通过建立核保制度,将展业与承保相对分离,实行专业化管理,严格把好承保关。

(3) 扩大保险业务规模,与国际惯例接轨。我国加入 WTO 以后,国外的保险中介机构正逐步进入中国保险市场;同时,我国保险的中介力量也在不断壮大,现已成为推动保险业务的重要力量。在看到保险中介组织对于扩大业务的积极作用的同时,也应注意到其可能带来的负面影响。由于保险中介组织经营目的和价值取向的差异以及人员的良莠不齐,保险公司在充分利用保险中介机构进行业务开展的同时,也应对保险中介组织的业务加强管理,核保制度是对中介业务质量控制的重要手段,是建立和完善保险中介市场的必要前提条件。

(4)实现经营目标,确保持续发展。在市场经济条件下,企业发展的重要条件是对市场进行分析,并在此基础上确定企业的经营方针和策略,包括对企业的市场定位和选择特定的业务和客户群。同样在我国保险市场的发展过程中,保险公司要争取在市场上赢得主动,就必须确定自己的市场营销方针和政策,包括选择特定的业务和客户作为自己发展的主要对象,确定对各类风险承保的态度,制定承保业务的原则、条款和费率等。而这些市场营销方针和政策实现的主要手段是核保制度,通过核保制度对风险选择和控制的功能,保险公司能够有效地实现其既定的目标,并保持业务的持续发展。

2. 核保的主要内容

(1)投保人资格。对于投保人资格进行审核的核心是认定投保人对保险标的拥有保险利益。在机动车辆保险业务中主要是通过核对行驶证来完成的。

(2)投保人或被保险人的基本情况。投保人或被保险人的基本情况主要是针对车队业务的。通过了解企业的性质、是否设有安保部门、经营方式、运行主要线路等,分析投保人或被保险人对车辆管理的技术管理状况,保险公司可以及时发现其可能存在的经营风险,采取必要的措施降低和控制风险。

(3)投保人或被保险人的信誉。投保人与被保险人的信誉是核保工作的重点之一。对于投保人和被保险人的信誉调查和评估逐步成为机动车辆核保工作的重要内容。评估投保人与被保险人信誉的一个重要手段是对其以往损失和赔付情况进行了解,那些没有合理原因,却经常"跳槽"的被保险人往往存在道德风险。

(4)保险标的验证。对保险车辆应尽可能采用"验车承保"的方式,即对车辆进行实际的检验,包括了解车辆的使用和管理情况,复印行驶证、购置车辆的完税费凭证、拓印发动机与车架号码,对于一些高档车辆还应当建立车辆档案。

(5)保险金额的确定。保险金额的确定涉及保险公司及被保险人的利益,往往是双方争议的焦点,因此保险金额的确定是机动车辆保险核保中的一个重要内容。在具体的核保工作中应当根据公司制定的机动车辆市场指导价格确定保险金额。对投保人要求按照低于这一价格投保的,应当尽量劝说并将理赔时可能出现的问题进行说明和解释。对于投保人坚持己见的,应当向投保人说明后果并要求其对于自己的要求进行确认,同时在保险单的批注栏上明确说明。

(6)保险费的审核。核保人员对于保险费的审核主要分为费率适用的审核和计算的审核。

(7)附加条款。主险和标准条款提供的是适应机动车辆风险共性的保障,但是作为风险的个体是有其特性的。一个完善的保险方案不仅解决共性的问题,更重要的是解决个性问题,附加条款适用于风险的个性问题。特殊性往往意味着高风险,所以,在对附加条款的适用问题上更应当注意对风险的特别评估和分析,谨慎接受和制定条件。

(三) 接受业务

保险人按照规定的业务范围和承保的权限,在审核检验之后,有权做出承保或拒保的决定。

(四) 缮制单证

缮制单证是在接受业务后填制保险单或保险凭证等手续的程序。保险单或保险凭证是载明保险合同双方当事人权利和义务的书面凭证,是被保险人向保险人索赔的主要依据。因此,保险单质量的好坏,往往直接影响机动车保险合同的顺利履行。填写保险单的要求有:单证相符、保险合同要素明确、数字准确、复核签章、手续齐备。

三、保险理赔

保险理赔是指保险人在保险标的发生风险事故导致损失后,对被保险人提出的索赔要求进行处理的过程。保险理赔应遵循"重合同、守信用、实事求是、主动、迅速、准确、合理"的原则,以保证保险合同双方行使权利与履行义务。

保险理赔的程序如下。

1. 接受损失通知

保险事故发生后,被保险人应将事故发生的时间、地点、原因及其有关情况,在规定的时间内通知保险人,并提出索赔要求。

发出损失通知书是被保险人必须履行的义务。被保险人发出损失通知的方式可以是口头方式、也可以是函电等其他方式,但随后应及时补发正式的书面通知,并提供必备的索赔凭证,如保险单、出险证明书、损失鉴定书、损失清单、检验报告等。

2. 审核保险责任

保险人收到损失通知书后,应当立即审核该索赔案件是否属于保险责任范围,其审核的主要内容为:损失是否发生在保险单的有效期内、损失是否由所承保的风险所引起、损失的车辆是否是保险标的、请求赔偿人是否有权提出索赔等。

3. 进行损失检查

保险人审核保险责任后,应派人到出险现场进行查勘,了解事故情况,分析事故损害原因,确定损害程度,认定索赔权利。

4. 赔偿给付保险金

保险事故发生后,经过核查属实并估算赔偿金额后,保险人应当立即履行赔偿给付的义务。

第四节 汽车保险合同

一、保险合同

保险合同,是保险人与投保人双方经过要约和承诺程序,在自愿基础上订立的一种在法律上具有约束力的协议。即根据当事人双方约定,投保人向保险人缴纳保险费,保险人在保险标的遭受约定的事故时,承担经济补偿或给付保险金的一种经济行为。

保险合同按保险人承担的责任,可将其分为财产保险合同和人身保险合同。财产保险合同是以财产及其有关利益为保险标的的保险合同。人身保险合同是以人的寿命和身体为保险标的的保险合同。财产保险合同与人身保险合同的最大区别在于各自的保险标的不同。

机动车辆保险合同是财产保险合同的一种,是指以机动车辆及其有关利益作为保险标的的保险合同。由于机动车辆保险业务在财产保险公司的所有业务中占据绝对地位,因而机动车辆保险合同是财产保险公司经营过程中的重要合同。

二、机动车辆保险合同的法律特征

1. 机动车辆保险合同是当事人双方的一种法律行为

机动车辆保险合同是投保人提出保险要求,经保险人同意,并双方意见一致才告成立。机动车辆保险合同是双方当事人在社会地位平等的基础上产生的一项经济活动,是双方当事人平等、等价的一项民事法律行为。

2. 机动车辆保险合同是有偿合同

机动车辆保险合同的生效是以投保人交付保险费为条件,换句话说是以交付保险费为换取保险人承担危险的代价。

3. 机动车辆保险合同是射幸合同

射幸合同是相对于"等价合同"而言的,通俗地讲,射幸合同是一种不等价合同,也就是说,由于机动车辆保险事故发生的频率及损失发生率的不确定性,倘若发生了机动车辆保险事故,对单个的被保险人而言,他获得的机动车辆保险赔款,远远大于他所缴纳的保险费;倘若没有发生机动车辆保险事故,被保险人虽然付出了保险费,仍然不能得到保险赔款。但是从全体被保险人的整体来观察,保险费的总和总是与机动车辆保险赔款支出趋于一致,所以从机动车辆保险关系的整体上看,这种合同内容的有偿交换却是等价的。机动车辆保险合同的这种在特定条件下的等价与不等价特征,我们将之称为机动车辆保险合同的射幸性。

4. 机动车辆保险合同是最大诚信合同

任何合同的订立,都应本着诚实、信用的原则。机动车辆保险合同自投保人正式向保险人提出签订合同的要约后,就必须将机动车辆保险合同中规定的要素如实告知保险人,这一点是所有投保机动车辆保险的投保人应当明白的规则。因为作为保险人的保险公司如果发现投保人对机动车辆本身的主要危险情况没有告知、隐瞒或者做错误告知,即便机动车辆保险合同已经生效,保险人也有权不负赔偿责任。机动车辆保险合同的诚信原则不仅是针对投保人而言的,也是针对保险人而言的。也就是说,机动车辆保险合同双方当事人都应共同遵守诚信原则。作为投保人,应当将机动车辆本身的情况,如是否是营运车、是否重复保险等情况如实告知保险人,或者如实回答保险公司提出的问题,不得隐瞒;而保险人也应将保险合同的内容及特别约定事项、免赔责任如实向投保人进行解释,不得误导或引诱投保人参加机动车辆保险。因此,最大诚信原则对投保人与保险人是同样适用的。

5. 机动车辆保险合同是对人的合同

在机动车辆保险中,保险车辆的过户、转让或者出售,必须事先通知保险人,经保险人同意并将保险单或保证凭证批改后方可有效,否则从保险车辆过户、转让、出售时起,保险责任即行终止。保险车辆的过户、转让、出售行为是其所有权的转移,必然带来被保险人的变更,而过户、转让或者出售机动车辆的原被保险人在其投保前已经履行了告知义务,承担了支付保险费等义务,保险人对其资信情况也有一定了解,如果被保险人的机动车辆发生所有权转移,势必导致保险人对新的车辆所有者的资信情况一无所知。众所周知,在机动车辆保险期间保险事故的发生,除了客观自然因素外,还与投保人、被保险人的责任心及道德品质有关,倘若机动车辆新的所有者妄想通过保险获得经济利益,那么机动车辆保险事故就成为一种必然危险。因此保险车辆的所有权转移行为必须通知保险人,否则,保险人有据此解除保险合同关系的权利。

6. 机动车辆保险合同是双务合同

双务合同是指合同当事人双方互相承担义务、互相享有权利。投保人承担支付保险费义务,保险人承担约定事故出现后的赔款义务;投保人或被保险人在约定事故发生后有权向保险人索赔,而保险人也有权要求投保人缴纳保险费。

三、机动车辆保险合同的主体

所谓机动车辆保险合同的主体是指具有权利能力和行为能力的保险关系双方,包括当事人、关系人和社会中介组织三方面内容。与机动车辆保险合同订立直接发生关系的是保险合同的当事人,包括保险人和投保人;与机动车辆保险合同间接发生关系的是合同的关系人,它仅指被保险人。由于在保险业务中涉及的面较广,通常存在社会中介组织,如保险代理人、经纪人、公估人等。

(一)机动车辆保险合同的当事人

机动车辆保险合同的当事人包括保险人和投保人。所谓保险人是指与投保人订立机动车辆保险合同,对于合同约定的可能发生的事故因其发生造成机动车辆本身损失及其他损失承担赔偿责任的财产保险公司。投保人是指与保险人(即保险公司)订立保险合同,并按照保险合同负有支付保险费义务的人。作为机动车辆保险合同当事人之一的保险人有权决定是否承保,有权要求投保人履行如实告知义务,有权代位追偿、处理赔偿后损余物资。同时也有按规定及时赔偿的义务。

投保人必须对机动车辆具有可保利益,也就是说,机动车辆的损毁或失窃,都将影响投保人的利益。换句话讲,可保利益是指投保人对保险标的具有法律上承认的利益。同时,投保人要向保险人申请订立保险合同,并负有缴纳保险费义务。投保机动车辆保险应具备下列三个条件。

(1)投保人是具有权利能力和行为能力的自然人或法人,反之,不能作为投保人。

(2)投保人对机动车辆具有利害关系,存在可保利益。

(3)投保人负有缴纳保险费的义务。

(二)机动车辆保险合同的关系人

在财产保险合同中,合同的关系人仅指被保险人,而人身保险合同中的关系人除了被保险人外,还有受益人。通常被保险人是一个,而受益人可以为多个。机动车辆保险合同是财产保险合同的一种,应当具有财产保险合同的一般特征,因而,机动车辆保险合同的关系人是被保险人。所谓被保险人是指其财产或者人身受保险合同保障,享有保险金请求权的人。

1. 被保险人的特征

(1)被保险人是因保险事故发生而遭受损失的人。在机动车辆保险合同中,被保险人是保险标的即保险车辆的所有人或具有利益的人。

(2)被保险人是享有赔偿请求权的人。因为被保险人是保险事故发生而遭受损失的人,所以享有赔偿请求的权利,投保人不享有赔偿请求的权利。

2. 投保人和被保险人的关系

(1)投保人与被保险人的相等关系。在机动车辆保险中,投保人以自己的机动车辆投保,投保人同时也就是被保险人。

(2)投保人与被保险人的不相等关系。投保人以他人的机动车辆投保,保险合同一经成立,投保人与被保险人分属两者。在这种情况下,要求投保人对于被保险人的财产损失具有直接的或间接的利益关系。

(三)中介组织

由于机动车辆保险在承保与理赔中涉及的面广,中间环节较多,因而在机动车辆保险合同成立及其理赔过程中存在众多的社会中介组织,如保险代理人、保险经纪人、保险公估行等。

四、机动车辆保险合同的客体

保险标的是指作为保险对象的财产及其有关利益或者人的寿命和身体,它是保险合同双方当事人权利与义务所指的对象。在财产保险合同中,保险标的是指财产本身或与财产相关的利益与责任;人身保险合同的保险标的是指人的生命或身体。机动车辆保险合同的保险标的是指机动车辆及其相关利益。

投保人与保险人订立机动车辆保险合同的主要目的不是保障保险标的不发生损失,而是保障机动车辆发生损失后的补偿。因此保险人保障的是被保险人对保险标的所具有的利益,即保险利益。保险利益是机动车辆保险合同的客体。

机动车辆保险利益是指投保人对机动车辆所产生的实际或法律上的利益,如果这种利益丧失将使之蒙受经济损失。

(一)机动车辆保险利益的特点

(1)这种利益是投保人对机动车辆具有经济上的价值。

(2)这种利益得到法律上所允许或承认。

(3)这种利益是能够用货币进行估价或约定。

（二）机动车辆保险利益的表现形式

机动车辆保险利益具体表现在财产利益、收益利益、责任利益与费用利益四个方面：

（1）财产利益包括机动车辆的所有利益、占有利益、抵押利益、留置利益、担保利益及债权利益。

（2）收益利益包括对机动车辆的期待利益、营运收入利益、租金利益等。

（3）责任利益包括机动车辆的民事损害赔偿责任利益。

（4）费用利益是指施救费用利益及救助费用利益等内容。

五、机动车辆保险合同的内容

机动车辆保险合同的内容主要用来规定保险关系双方当事人所享有的权利和承担的义务，它通过保险条款使这种权利义务具体化，它包括基本条款和附加条款。

基本条款是机动车辆保险合同中不可缺少的条款，没有基本条款也就没有机动车辆保险合同。基本条款中包括以下内容：保险人名称和住所、投保人、被保险人名称和住所、保险标的、保险责任和责任免除、保险期限和保险责任开始时间、保险价值、保险金额、保险费、保险赔偿办法、违约责任和争议处理等。上述内容便构成了机动车辆保险合同的基本条款。

附加条款是应投保人的要求而增加承保危险的条款。相当于扩大了承保范围，满足部分投保人的特殊要求。

六、机动车辆保险合同的形式

在机动车辆保险的具体实务工作中，机动车辆保险合同主要有以下几种形式。

（一）投保单

机动车辆保险投保单又称为"要保单"或者称为"投保申请书"，是投保人申请保险的一种书面形式。通常，投保单由保险人事先设计并印就，上面列明了保险合同的具体内容，投保人只需在投保单上按列明的项目逐项填写即可。投保人填写好投保单后，保险人审核同意签章承保，这意味保险人接受了投保人的书面要约，说明机动车辆保险合同已告成立。

机动车辆投保单的主要包括：

(1) 被保险人、投保人的名称。

(2) 保险车辆的名称。

(3) 投保的险别。

(4) 保险金额。

(5) 保险期限等内容。

上述投保单的内容经保险人签章后，保险合同即告成立，保险人按照约定的时间开始承担保险责任。在保险双方当事人约定的时间后，保险人仍未签发保险单，投保单仍具法律效力。

（二）暂保单

暂保单是保险人出立正式保单以前签发的临时保险合同，用以证明保险人同意承保。

暂保单的内容较为简单,仅包括保险标的、保险责任、保险金额以及保险关系当事人的权利义务等。

暂保单具有与正式保单同等的法律效力。同正式保单相比,暂保单的内容相对简单、保险期限短,可由保险人或兼业保险代理机构签发;而正式保单尽管法律效力与暂保单相同,但其内容较为复杂,保险期限通常为一年,保险单只能由保险人签发。

(三) 保险单

保险单简称"保单",是保险人和投保人之间订立保险合同的正式书面凭证。它根据机动车辆投保人申请,在保险合同成立之后,由保险人向投保人签发。保险单上列明了保险合同的所有内容,它是保险双方当事人确定权利、义务和在发生保险事故遭受经济损失后,被保险人向保险人索赔的重要依据。

(四) 保险凭证

保险凭证是保险人发给被保险人证明保险合同已经订立的一种凭证,它也是保险合同的一种存在形式。凡凭证没有记载的内容,均以同类险种的保险单为准,是一种简化的保险单。

在机动车辆保险业务中,保险人除签发保险单外,还须出立保险凭证,用以证明被保险人已经投保机动车辆损失险及第三者责任险,便于交通事故的处理。

(五) 批单

批单是更改保险合同某些内容的更改说明书。在机动车辆保险业务的过程中,往往涉及车辆过户、转让、出售等变更车辆所有权的行为,因而也带来机动车辆保险单中的某些要素如被保险人、保险金额、保险期限等内容变更。这些变更内容需要用某种形式将其记载下来,或者重新出具保险单。但是在实际业务中,这样的变更行为是非常频繁的,因而重新出具保险单往往成了一种烦琐的工作,批单的出现及广泛使用便成为顺理成章的事情。投保人或被保险人在保险有效期内如果需要对保单内容作部分更改,需向保险人提出申请,保险人如同意更改则批改的内容在保单或保险凭证上批注或附贴便条。凡经批改过的内容均以批单为准,批单是保险单中的一个重要组成部分。

(六) 书面协议

保险人经与投保人协商同意,可将双方约定的承保内容及彼此的权利义务关系以书面协议形式明确下来。这种书面协议也是保险合同的一种形式。同正式保单相比,书面协议的内容不事先拟就,而是根据保险关系双方当事人协商一致的结果来签订,具有较大的灵活性和针对性,是一种不固定格式的保险单,因而它与保险单具有同等法律效力。

七、保险合同的解除

投保人与保险人订立保险合同或在保险合同执行过程中,如果出现了某些特定情况,保险人、投保人或被保险人有权解除保险合同关系。这些特定情况包含以下几方面内容。

(1) 投保人故意隐瞒事实,不履行如实告知义务的,或者因过失未履行如实告知义务,足以影响保险人决定是否同意承保或者提高保险费率的,保险人有权解除保险合同。投保人故意隐瞒事实,不履行如实告知义务,保险人不仅不承担保险合同解除之前的保险事故赔偿与给付责任,而且也不退还所交保险费。因过失造成未向保险人如实告知的,保险人同样不承担在保险合同解除前发生保险事故的赔偿与给付责任,但可以退还所交保险费。因为故意隐瞒与过失行为对投保人而言,其主观意愿有显著区别。

(2) 投保人或被保险人未按照合同约定履行其对保险标的的安全应尽的责任,保险人有权解除保险合同。

(3) 合同执行过程中,由于保险标的的危险程度增加,被保险人应当及时通知保险人,否则,保险人有权解除保险合同。

(4) 保险责任开始前,也就是说保险合同成立前,投保人可以要求解除合同。但是投保人应当向保险人支付手续费,保险人应当退还保险费。保险责任开始后,投保人也可以要求解除保险合同。不过,投保人应当支付自保险责任开始之日起至合同解除之日止期间的保险费,保险人退还投保人剩余保险费。除了上述几种情形外,保险人在保险合同成立后,不能解除保险合同;投保人可以解除保险合同。但是在货物运输保险合同和运输工具航程保险合同中,保险责任开始后,保险人、被保险人均不能解除保险合同。

八、《保险法》对机动车辆保险合同与保险业务的规定

机动车辆保险合同是保险合同的一种,《保险法》关于保险合同的一般规定,包括合同订立、变更、解除以及保险合同双方当事人的权利义务关系等基本内容对机动车辆保险合同的订立、变更等行为同样是适用的,这一点是毫无疑问的。不过,机动车辆保险业务活动毕竟与其他的具体险种合同行为存在差别,知道并掌握这些差别,对于正确投保机动车辆保险具有十分重要的意义。

(1) 根据《保险法》第五十五条的规定,机动车辆的保险价值,可以由投保人和保险人约定并在保险合同中载明,也可以按照保险事故发生时,机动车辆的实际价值确定。投保机动车辆保险时,车辆损失险的保险金额不能超过保险价值,超过保险价值的,超过部分无效;保险金额低于保险价值,保险人按照保险金额与保险价值的比例承担赔偿责任。这就是说,机动车辆保险金额定得太高,超出了保险价值,多投保的那一部分,投保人也不能多得;如果保险金额定得太低,投保人的损失将得不到足额补偿。

(2) 根据《保险法》第六十条的规定,如果机动车辆的损毁因第三者造成的保险事故引起,保险人自向被保险人赔偿保险赔款之日起,在赔款金额范围内代位行使被保险人对第三者请求赔偿的权利。如果被保险人已经从第三者取得损害赔偿的,保险人在赔偿保险赔款时,可以相应扣减被保险人从第三者已取得的赔款金额。同时,根据《保险法》第六十一条的规定,机动车辆的损毁是因第三者造成的事故引起,在保险人未赔偿保险赔款之前和赔偿保险赔款之后,被保险人均不能放弃对第三者的请求赔偿权利。如果放弃了这种请求赔偿权利,这种行为不仅无效,而且保险人不承担赔偿保险金责任,或者保险人可以相应扣减保险赔偿金。在机动车辆保险实际业务中,被保险人碍于情面,或者认为反正有保险公司的赔偿,轻率地放弃对事故责任方的索赔权,而导致保险人拒赔或引发保险纠纷的事例,不胜枚举。因此,被保险人对《保险法》的内容不可等闲视之。

第五节 汽车保险市场与中介机构

一、机动车辆保险市场

(一)机动车辆保险市场的地位

1. 保险市场的含义

保险市场是指保险商品交换关系的总和,它既可以指固定的交易场所(狭义的定义),也可以是所有实现保险商品让渡的交换关系的总和(广义的定义)。现代保险市场已经突破了传统的有形市场的概念,即保险市场核心内容的交换关系通过确定的地理场所实现,也可以通过各种现代媒介,包括电话、因特网等实现。

2. 保险市场的主体

保险市场的主体是指保险市场交易活动的参与者,包括保险商品的供给方、需求方和充当供需双方媒介的中介方。

(1)保险商品的供给方。保险商品的供给方是指保险市场上提供各类保险产品,承担、分散和转移风险的各类保险人,包括国有保险公司、保险股份有限公司和个人保险公司。

(2)保险产品的需求方。保险产品的需求方是指保险市场上所有现实和潜在的保险商品的购买者,包括个人投保人和团体投保人、企业投保人和独立投保人、私营企业投保人和国有企业投保人等。

(3)保险市场的中介方。保险市场的中介方主要是指活动于保险人与投保人之间充当保险供需双方媒介,把保险人和投保人联系起来并建立保险合同关系的人,主要有保险代理人和保险经纪人。保险市场的中介方还包括公证人、公估人、律师、精算师等。

3. 机动车保险市场的地位

对机动车辆保险在保险市场中地位的认识是指导这一业务健康发展的关键,应当明确机动车辆保险在保险市场,特别是在财产保险市场中的重要地位,这种重要地位体现在以下几个方面。

(1)重要地位是由机动车辆保险被保险人的广泛性决定的,机动车辆保险不再是以企业和单位为主要对象的业务,而逐步发展成为以私人为主要对象的业务,机动车辆保险正在成为与人们生活息息相关的一个险种。

(2)机动车辆保险,尤其是第三者责任保险在稳定社会关系和维护社会公共秩序方面的特殊作用,使其不仅仅是合同双方的经济活动,而逐步成为社会法制体系的一个重要组成部分。

(3)与其他保险不同,由于机动车辆保险的出险率高,保险人的理赔技术和服务将成为一个十分突出的问题,它将直接影响保险业的健康发展。

(4)就保险市场,尤其是财产保险市场而言,机动车辆保险业务所占的比例已经对整个市场起到了"举足轻重"的作用,无论是从保险公司经营管理的角度,还是从监管部门对于市场的监督与管理的角度,机动车辆保险均具有突出的地位。

根据以上四个方面的分析,可以得出这样的结论:机动车辆保险不能简单地视为一种普通的经济合同关系,因为,它对于人们生产和生活的影响已经超出了合同双方的范围,成为一种具有一定社会意义的经济制度,因此,也就对机动车辆保险的经营与监管提出了更高的要求。

(二) 保险市场机制

所谓保险市场机制是指价值规律、供求规律和竞争规律三者之间相互制约、相互作用的关系。现代意义的市场是以市场机制为主体进行经济活动的系统和体系。市场机制的具体内容包括价值规律、供求规律和竞争规律及其相互关系。

保险市场机制是指将市场机制一般引用于保险经济活动中所形成的价值规律、供求规律和竞争规律三者之间相互制约、相互作用的关系。但由于保险市场具有不同于一般市场的独有特征,市场机制在保险市场上表现出特殊的作用。

1. 价值规律

价值规律在流通领域中要求等价交换,即要求价格与价值相一致。价值规律在流通领域中的运动,表现为价格的运动。价格既反映价值量,又反映供求状况,它既不能时时处处与价值相一致,又不能过久、过低于或高于价值,而是以价值为中心,围绕着价值上下波动。

保险商品是一种特殊商品,这种商品的价值一方面体现为保险人提供的保险经济保障(包括有形的补偿或给付和无形的心理保障)所对应的等价劳动的价值,另一方面体现为保险从业人员社会必要劳动时间的凝结。保险费率既保险商品的价格,投保人根据所缴纳的保险费是为了换取保险人的保险保障而付出的代价,无论是从个体还是总体的角度,都表现为等价交换。但是,由于保险费率的主要构成部分是依据过去的、历史的经验测算出来的未来损失的概率,所以,价值规律对于保险费率的自发调节作用只能限于凝结在费率中的附加费率部分的社会必要劳动时间,因而,对于保险商品的价值形成方面具有一定的局限性,只能通过要求保险企业改进经营技术,提高服务效率,来降低附加费率成本。

在我国的机动车辆保险业务的发展过程中,曾经一度出现了市场上的一些公司为了追求短期利润和局部的利益,置价值规律于不顾的现象,具体体现为:盲目降低费率、向投保人支付高比例的回扣、无限提高代理费用、随意放宽赔偿条件等。这些做法严重背离了市场经济的价值规律,最终受到了经济规律的惩罚,整个市场也为此付出了巨大的代价。

2. 供求规律

供求规律是流通领域的一条重要规律。供求规律表现为供给与需求之间的关系,这种关系表现为供给总是追随着需求。但是在商品经济条件下,供给不是大于需求就是小于需求,二者很少正好相等。然而,供给不能过久、过多地大于需求或小于需求。从长期发展的趋势看,供给量与需求量是大致相等的。

供求规律通过对供需双方力量的调节达到市场均衡,从而决定市场的均衡价格,即市场供需状况决定商品的价格。因而,就一般商品市场而言,其价格的形成,直接取决于市场的供需状况。但是,在保险市场上的保险商品的价格即保险费率并不完全取决于市场供求的力量对比。保险市场上的保险费率的形成,一方面取决于风险发生的频率,另一方面取决于保险商品的供求情况。如机动车辆保险的市场费率,就是保险人根据预定机动车辆损失率、预定营业费用率和利润三个因素事先确定的,而不可依据市场供求的情况完全由市场来确定。也就是说,保险人不能根据需求情况的变化随意调整市场费率。因此,保险市场的保险费率不是完全由市场的供求情况决定,相反,保险市场的保险费率形成需要由专门的精算技术予以确立。尽管费率的确定要考虑供求情况,但是,供求状况本身并不是确立保险费率的主要因素。

3. 竞争规律

竞争包括供者之间的竞争、求者之间的竞争以及供求之间的竞争。在竞争过程中,优胜劣汰。竞争的结果,是供给和需求、社会生产和社会消费总是在相互脱离、又相互一致的两种状态之间运动。但是从总的趋势看,二者是趋向平衡的。

价格竞争是任何市场的重要特征。一般的商品竞争,就其手段而言,价格是最有利的竞争手段。而在保险市场上,由于交易的对象与风险直接相关联,使得保险商品费率的形成并不完全取决于供求力量的对比,相反,风险发生的频率即保额损失率才是决定费率的主要因素,因此,一般商品价格竞争机制,在保险市场受到某种程度的限制。

随着社会的进步,人们对于竞争已经有了理性的认识,市场竞争已从单纯的价格竞争转变为服务等非价格领域的竞争。2000年以来,我国机动车辆保险市场的经营者已经认识到这一点,从而引导市场竞争向质量、服务和创新方向发展。

(三) 市场营销的模式

保险的市场营销是指与保险有关的活动,即保险人为了充分满足保险市场上存在的风险保障的需求和欲望而开展的总体和系统性活动。具体包括保险市场的调查和预测、保险市场营销环境分析、投保人的行为研究、新险种的开发、保险营销渠道的选择、保险商品的推销以及售后服务等一系列活动。

保险市场营销的模式是指保险公司获得业务的渠道和模式。各家保险公司可以根据本公司的具体情况和市场特点,选择市场营销模式。

1. 直接业务模式

直接业务模式是指保险公司利用自己的职员进行市场营销获得业务的模式。这种模式可以通过保险公司的职员拜访客户,或者接待客户上门获得业务。

2. 代理业务模式

代理业务模式是指保险公司通过其代理人,包括专业代理人,兼业代理人和个人代理人等渠道获得业务。

3. 经纪人业务模式

经纪人业务模式是指保险公司通过经纪人或经纪公司的渠道获得业务。

二、保险中介

保险中介是指专门从事保险销售、保险理赔、业务咨询、风险管理、活动安排、价值评估、损失鉴定等经营活动,并依法收取佣金或手续费的组织或个人。保险中介的主体形式是多样的,主要包括保险代理人、保险经纪人和保险公估人等三种。他们在保险业发展中发挥着重要的作用。

(一)机动车辆保险代理人的管理

无论在国外还是在国内,保险代理人在机动车辆保险业务领域均起到了举足轻重的作用,如日本大量的机动车辆保险业务是通过保险代理人机构开展的。在我国刚刚恢复保险业务的时期,在相当长的一段时间内是由车辆管理部门作为机动车辆保险的代理。随着保险市场的形成和完善,车辆管理机构已经退出了代理领域。取而代之的是以车行、汽车修理厂、车辆检测机构、金融机构为主的代理机构。

1. 代理人的性质和分类

保险代理人的性质是保险人的代理人。保险代理人是根据保险人的委托,向保险人收取代理手续费,并在保险人授权的范围内办理保险业务的单位或者个人。保险代理人在保险人授权范围内进行保险代理业务的行为所产生的法律责任,由保险人承担。

保险代理人可以分为三类:专业代理人,兼业代理人和个人代理人。

(1)专业代理人是指从事保险代理业务的保险代理公司。在保险代理人中,它是唯一具有独立法人资格的保险代理人,根据《保险代理机构管理规定》,保险代理机构可以以合伙企业、有限责任公司或股份有限公司形式设立。

(2)兼业代理人是指受保险人委托,在从事自身业务的同时,指定专人为保险人代办保险业务的单位。根据我国《保险兼业代理管理暂行办法》规定,保险兼业代理人从事保险代理业务应遵守国家的有关法律法规和行政规章,遵循自愿和诚实信用原则。保险兼业代理人在授权范围内代理保险业务的行为所产生的法律责任,由保险人承担。申请保险兼业代理资格应具备下列条件:具有工商行政管理机关核发的营业执照;有同经营主业直接相关的一定规模的保险代理业务来源;有固定的营业场所;具有在其经营场所直接代理保险业务的便利条件。

(3)个人代理人是指根据保险人的委托,向保险人收取代理手续费,并在保险人授权的范围内办理保险业务的个人。根据《保险代理人管理规定(试行)》,我国个人代理人的业务范围包括:代理销售保险单和代理收取保险费。但是,个人代理人不得办理企业财产保险业务和团体人身保险业务,不得签发保险单,任何个人不得兼职从事个人保险代理业务。

2. 代理人从业资格和执业许可的管理

根据《保险代理人管理规定(试行)》,从事保险代理业务的人员必须参加专门的资格考试,考试合格并取得有关部门颁发的资格证书才能够申请执业。

需要执业的法人或自然人在满足了资格条件之后,应向有关部门提出执业申请,经过批准核发《经营代理业务许可证》之后才能正式开展保险代理业务。

3. 授权管理、保单管理和保费管理的有机结合

保险公司对代理的管理可以通过授权管理、保单管理和保费管理来实现,这三方面的管理必须有机结合。

保险公司要对其代理人的执业资格能力进行考察,更重要的是对代理人的资信进行考察,保险公司在决定与代理人建立代理关系之前,一定要慎重地评估代理人的资信,严格授权管理。

保单管理是指在对代理人开展业务过程中保单领用、签发和传递过程的管理。首先,应

当在代理协议中明确授权出单的范围,防止代理人对出单权的滥用。其次,应当通过保单领用和发放保险单的管理,严格和有效控制保单的使用与回收。

保费的管理是代理人管理的关键一环。一方面可以通过要求代理人分别设立保费和费用账户的方式进行管理,另一方面应当注意动态的监督控制保费在途时间。

(二) 机动车辆保险经纪人管理

保险经纪人是基于投保人的利益,为投保人和保险人订立合同提供中介服务,并依法从保险人那里收取佣金的公司或个人。保险经纪人是投保人的代表。在投保人的授权范围内,经纪人的行为可以约束投保人。投保人因经纪人的过失而遭受损失,经纪人在法律上须负赔偿责任。

目前,保险经纪人一般较少涉足机动车辆保险业务领域,其主要原因:一是2003年以前,机动车辆保险的条款和费率均为统一和法定的,没有太多的调整余地;二是机动车辆风险管理较为规范,作为投保人的大型运输单位具有良好的风险管理经验和技术手段,保险经纪人在机动车辆保险领域不具有特别的优势,所以,保险经纪人较少涉足这一领域。

(三) 保险公估人

保险公估人是站在第三者的立场上,依法为保险合同当事人办理保险标的(机动车辆)的查勘、鉴定、估计损失及理赔清算业务并予证明的人。保险公估人的主要任务是在风险事故发生后判断损失的原因及程度,并出具公证书。公证书不具有强制力,但它是有关部门处理保险争议的权威性依据。

由于保险的公估人通常是由具有专业知识和技术的专家组成,且具有公正、公平的立场,因而权威性较高,所作出的公证书通常为保险双方当事人接受,成为建立保险关系、履行保险合同、解决保险纠纷的有力保障。

被保险人和保险人都有权委托保险公估人办理相关事宜。

思考与练习题

1. 机动车辆保险的基本特征是什么?
2. 我国机动车损失险的保险责任范围包括哪些方面?
3. 机动车损失险除外责任包括哪些内容?
4. 机动车第三者责任险的承保内容是什么?
5. 机动车保险的附加险包括哪些?
6. 投保人投保过程中应注意什么问题?
7. 核保有什么意义?
8. 市场机制在保险市场的作用是什么?

第五章　交通事故责任强制保险

2006年3月，与人民群众生活密切相关的《机动车交通事故责任强制保险条例》（以下简称《交强险条例》）由国务院发布，并于2006年7月1日起正式实施。作为规范机动车交通事故责任强制保险制度的行政法规，该条例严格遵守了《中华人民共和国道路交通安全法》（以下简称《道路交通安全法》）有关强制保险的规定，贯彻了《道路交通安全法》"以人为本、关爱生命、关注安全、保畅交通"的理念。建立机动车交通事故责任强制保险制度，是我国经济社会发展的必然要求，体现了以人为本的人文关怀精神。

第一节　交通事故责任强制保险概述

一、交通事故责任强制保险的概念

机动车交通事故责任强制保险（简称交强险）是指由保险公司对被保险机动车发生道路交通事故造成本车人员、被保险人以外的受害人的人身伤亡、财产损失，在责任限额内予以赔偿的强制性责任保险。交强险从2006年7月1日起正式实施，2016年2月修正。

交强险的保障对象是被保险机动车致害的交通事故受害人，但不包括被保险机动车本车人员、被保险人。其保障内容包括受害人的人身伤亡和财产损失。

二、交通事故责任强制保险的意义

交强险的出台是我国保险业的一件大事，是我国政治经济生活中的一件大事。交强险体现了以人为本的立法精神，既保障了交通事故受害人能得到及时的医疗救助和经济补偿，同时也使肇事者的经济责任得到减轻。改革开放以来，随着我国经济社会快速发展，机动车、驾驶人数量以及道路交通流量大幅增加，人们正步入汽车化时代。与此同时，机动车交通事故也持续攀升。由于机动车未投保机动车交通事故第三者责任保险，导致肇事者无力赔偿、机动车肇事后逃逸等现象不断发生，特别是一些群死群伤的恶性重大交通事故引发了不少社会矛盾，有的甚至影响到社会的稳定。因此，迫切需要建立切实有效的风险管理机制和保障体系，以保护道路通行者的人身财产安全，促进道路交通安全。《机动车交通事故责任强制保险条例》的颁布实施，是国家以立法的形式强制机动车所有人或者管理人购买交强险，为机动车道路交通事故的受害人提供基本保障的重大举措。这是我国保险业法制建设的重大进步，也是政府执政为民的体现。

交强险的出台是我国政府借鉴其他国家管理、处理交通事故的成功经验，用市场的手段、保险的办法管理道路交通、化解社会矛盾的重大举措，体现了保险的社会管理功能，充分发挥了保险的作用。车祸的发生可能造成极大的社会危害，要化解社会矛盾与社会风险，保障机动车所有人或者管理人与社会不特定人群的合法权益，就必须进行事先防范，让保险公司介入，强制机动车所有人或者管理人投保，以分散风险。可见，借助交强险所具有的社会管理效用，履行了政府职责，为有效保护交通事故受害人的人身安全、财产损失，维护社会公共利益提供了法律保障。交强险的意义具体表现为以下几个方面。

（一）交强险是一项全新的保险制度

交强险制度的实施不仅关系到广大保险消费者的切身利益，关系到保险行业的健康发展，也关系到社会的和谐稳定。交强险制度有利于道路交通事故受害人获得及时的经济赔付和医疗救治；有利于减轻交通事故肇事方的经济负担，化解经济赔偿纠纷；有利于促进驾驶人增强交通安全意识，促进道路交通安全；有利于充分发挥保险的保障功能，维护社会稳定。交强险在构建和谐社会中发挥着重要作用。

（二）交强险促进了保险业的发展

交强险有利于普及保险知识，增强全民保险意识，是保险业发展的重要历史机遇。保险公司要通过管理创新、经营创新、产品创新、服务创新，为社会提供全面丰富的保险保障和保险服务，树立良好的行业形象，促进保险业又好又快的发展。

（三）实施交强险制度是促进财产保险业诚信规范经营的有利契机

保险公司要根据法律法规要求，切实加强交强险的经营管理，通过转变增长方式，转换经营机制，加强内部控制管理，促进财产保险业规范管理和诚信经营。

三、交通事故责任强制保险的特点

（一）鲜明的强制性

我国现在实行的社会主义市场经济体制，在经济生活中倡导契约自由。但是，要防止契约自由本身无法克服的弊端，在特殊领域仍然要实行国家干预，以保护公共利益。交强险最明显的亮点在于：基于社会公共利益的需要而对契约自由的合理限制，原本是由缔约双方依照自愿原则签订合同，现在强制双方都必须签订强制保护第三者的保险合同。

《交强险条例》第二条规定，在中华人民共和国境内道路上行驶的机动车的所有人或者管理人应当投保交强险。交强险的"强制性"不仅体现在强制投保上，同时也体现在强制承保上。违反强制性规定的机动车所有人、管理人或保险公司都将受到处罚。

1. 未投保交强险的机动车不得上路

《交强险条例》规定，未投保交强险的机动车，不得登记，不得检验；机动车所有人、管理人未按照规定投保交强险的，由公安机关交通管理部门扣留机动车，通知机动车所有人、管理者依照规定投保，处依照规定投保最低责任限额应缴纳的保险费的两倍罚款；上道路行驶的机动车未放置保险标志的，公安机关交通管理部门应当扣留机动车，通知当事人提供保险标志或者补办相应手续，可以处警告或者20元以上200元以下罚款。

2. 经营交强险的保险公司必须承保

具有经营交强险资格的保险公司既不能拒绝承保交强险业务，也不能随意解除交强险合同（投保人未履行如实告知义务的除外）。交强险规定，投保人在投保时可以选择具备经营交强险业务资格的保险公司，被选择的保险公司不得拒绝或者拖延承保。保险公司不得解除交强险合同，但投保人对重要事项未履行如实告知义务的除外。交强险同时规定，保险公司违反规定，有拒绝或者拖延承保交强险的行为以及违反规定解除交强险合同行为的，由保监会责令改正，并处5万元以上30万元以下罚款，可以限制业务范围、责令停止接受新业务或者吊销经营保险业务许可证。

（二）体现"奖优罚劣"的原则

利用经济杠杆促使驾驶人守法合规是世界各国强制保险制度的通行做法，即安全驾驶者将享有优惠的费率，经常肇事者将负担高额保费。对有交通违法行为和发生交通事故的保险车辆提高保费，对没有交通违法行为和没有发生交通事故的保险车辆降低保费。将交通违法行为、交通事故与保费挂钩，这比单纯的行政处罚更为有效。

目前，我国道路交通安全形势依然很严峻，交强险建立"奖优罚劣"的费率浮动机制这一调节手段有多方面好处。首先，将费率和事故挂钩后，保费因人而异，遵守交通法规的车主们，不必为违法者增多造成的"大锅饭"涨价而买单。其次，运用费率经济杠杆这一调节手段，可以有效预防和减少道路交通事故发生，提高行人的出行安全。最后，政府利用市场机制进行道路交通安全管理，有利于其转变职能，提高道路交通安全畅通管理效率。

为了使交通违法行为、交通事故与保费挂钩得以落实，要逐步建立交强险与道路交通安全违法行为和道路交通事故的信息共享机制，保监会和公安、交通等相关部门正在进行信息共享平台的建设工作。

《交强险条例》规定，被保险人没有发生道路交通安全违法行为和道路交通事故的，保险公司应当在下一年度降低其保险费率。在此后的年度内，被保险人仍然没有发生道路交通安全违法行为和道路交通事故的，保险公司应当继续降低其保险费率。被保险人发生道路交通安全违法行为或者道路交通事故的，保险公司应当在下一年度提高其保险费率。多次发生道路交通安全违法行为、道路交通事故，或者发生严重道路交通事故的，保险公司应当加大提高其保险费率的幅度。在道路交通事故中被保险人没有责任的，不提高其保险费率。

（三）坚持社会效益原则

我国实施交强险制度，其目的是为了维护社会公共利益，将保障受害人得到及时有效的赔偿作为首要目标，而不是为保险公司拓展销售渠道、谋取公司利益提供方便。为了使公众利益得到保护，保险公司得以正常经营，交强险规定：保险公司经营交强险不以营利为目的，并且交强险业务必须与其他业务分开管理单独核算。保监会将定期核查保险公司经营交强险业务的盈亏情况，以保护投保人的利益。依照《保险法》第一百三十六条的规定，强制保险必须由保险监督管理机构审批保险条款和保险费率，交强险做出相应规定，保监会按照交强险业务总体上"不盈利不亏损"的原则审批保险费率。"不盈利"原则是由交强险保护社会公众利益的立法宗旨所决定的,"不亏损"原则是由保险公司是市场主体的性质所决定的。确切地说,所谓"不盈利不亏损"原则,是指保险公司在厘定交强险费率时只考虑成本因素,不设定预期利润率,即费率构成中不含利润。也就是说,"不盈不亏"原则体现在费率制定环节,而不是简单等同于保险公司的经营结果。保险公司在实际经营过程中,可以通过加强管理、降低成本来实现微利,也可能由于新环境下赔付成本过高而出现亏损。自《道路交通安全法》实施以来,涉及交通事故赔偿的法律环境发生了较大改变。一是《道路交通安全法》第七十六条的规定使交强险的赔付范围扩大;二是最高人民法院《关于审理人身损害赔偿案件适用法律若干问题的解释》提高了人身损害赔偿标准,这两个法律文件的同时实施使保险赔付成本上升。此外,交强险规定社会救助基金的主要来源是交强险保费收入的一定比例,这些因素都将导致交强险费率水平较原商业性机动车第三者责任保险费率有所提高。

为便于人们了解交强险保费收入和使用情况,参与公共事务的管理,同时确保保费收入能够"取之于民,用之于民",使保费交得明白,用得清楚,使强制保险制度得以有效实施,交强险规定,保监会应当每年对保险公司的交强险业务情况进行核查,并向社会公布。根据保险公司交强险业务的总体盈利或者亏损情况,可以要求或者允许保险公司调整保险费率。对于费率调整幅度较大的,还应当进行听证。交强险的这一规定,在一定程度上是对保险监督管理机构的制约,从一定意义上说,这对保险监督管理机构、保险公司提出了更高的要求。

(四) 突出以人为本,保障及时理赔

由于设立交强险制度的目的在于保障交通事故受害人依法得到及时的医疗救助及有效的经济补偿,因此,为防止保险公司拖延赔付、无理拒赔,保护交通事故受害人的利益,交强险规定了保险公司的三项义务。

1. 及时答复义务

如被保险人或者受害人通知保险公司,保险公司应该及时答复,并告知具体的赔偿程序等有关事项。

2. 书面告知义务

保险公司自收到赔偿要求之日起 1 日内,向被保险人签发书面文件,说明赔偿标准,被保险人需要向保险公司提供的与赔偿有关的证明和资料。

3. 限期理赔义务

保险公司自收到被保险人提供的证明和资料之日起 5 日内,对是否属于保险责任作出核定,并将结果通知被保险人;对不属于保险责任的,书面说明理由;对属于保险责任的,在与被保险人达成赔偿保险金的协议后 10 日内,支付保险金。

与商业三者险(即第三者责任险)的理赔规定相比较,交强险的理赔规定更明确、具体、严格,更能切实保障交通事故受害人的权益,使交通事故受害人能够得到及时理赔。

(五) 明确保障对象

《交强险条例》第三条规定,受害人中不包括本车人员及被保险人。作为被保险机动车发生道路交通事故时的受害人,是交强险合同双方以外的第三方。但是,出于防范道德风险、降低成本等考虑,对受害第三者的范围作了限制。

将被保险人排除在第三者范围之外,符合交强险的原理和多数国家的通行做法,也有利于防止道德风险。而将本车人员排除在第三者范围之外,其主要理由如下:

(1)受交强险的赔偿限额、投保人的实际承受能力的限制,不能不顾现实盲目扩大范围。

(2)基于乘车人与驾驶人建立了一种信任关系,对可能发生的风险有一定的预测和认识。

(3)对客运车辆出现的群死群伤事故,已通过其他制度实现了保障。2016年2月修订的《中华人民共和国道路运输条例》第三十五条规定,客运车辆从事客运服务必须投保承运人责任险,因此,本车人员相应的责任保障已得到实现,无须在交强险制度中重复规定。

(六) 实行无过错责任原则

《交强险条例》第三条规定,机动车交通事故责任强制保险,是指由保险公司对被保险机动车发生道路交通事故造成本车人员、被保险人以外的交通事故受害人的人身伤亡、财产损失,在责任限额内予以赔偿的强制性责任保险。该规定贯彻了《道路交通安全法》第七十六条的有关规定,确立了交强险的无过错责任原则。

如果交强险规定过高的赔偿金额,则可能导致以生命换取金钱的道德风险的扩大,为此,交强险从两方面作了立法技术限制。

(1)《交强险条例》规定,道路交通事故的损失是由交通事故受害人故意造成的,保险公司不予赔偿。

(2)《交强险条例》在考虑我国的现实情况以及借鉴国外经验的基础上,规定在全国范围内实行统一的责任限额。责任限额分为死亡伤残赔偿限额、医疗费用赔偿限额、财产损失赔偿限额以及被保险人在道路交通事故中无责任的赔偿限额。

(七) 实行救助基金制度

《道路交通安全法》第十七条规定国家设立道路交通事故社会救助基金制度,《交强险条例》第二十四条细化了这一具体制度。依照《交强险条例》第二十五条的规定,救助基金的来源之一,包括按照交强险的保险费的一定比例提取的资金。

道路交通事故社会救助基金是交强险的重要组成部分,担负了较大的社会职责。如果不设立救助基金,就会严重影响到实施。救助基金可起到两个作用:

(1)救助基金的数额直接影响强制保险保险费的高低,如果救助基金的数额无法确定,则将导致强制保险的费率无法确定,影响强制保险的收取。

(2)救助基金,可以保证交通事故受害人得到及时、有效的赔偿。

四、交通事故责任强制保险与第三者责任险的关系

机动车所有人、管理者按照规定投保交强险后,商业三者险是否存在取决于市场的需求。从目前情况来看,《道路交通安全法》和最高人民法院《关于审理人身损害赔偿案件适

用法律若干问题的解释》的相关规定,使交强险的赔付范围扩大、赔偿标准提高,但交强险只能提供一个基本保障,保险赔偿金额较低。因此,出于对家庭和社会负责的角度考虑,机动车所有人、管理者在投保交强险的同时,可以投保商业三者险作为补充,以有效分散风险。当然,在机动车所有人、管理者投保交强险和商业三者险两类保险的情况下,当发生交通事故时,应由交强险先行赔付,不足部分再由商业三者险赔付。这为交通事故受害人设置了双重保护,更加有利于保证交通事故受害人得到及时救助,保护受害人的利益,符合交强险的宗旨和目的。

交强险与商业三者险的区别主要有以下几方面。

(1)交强险处于赔付最前沿,但凡发生交通事故,只要造成人身伤亡、财产损失,保险公司就要先行赔付。超过限额部分,再由相关人员承担。而商业三者险则是"有责赔付",只在投保人有责任时才赔付。

(2)未按规定投保交强险的车主将面临高额罚款,处罚所得的款项用于国家设立的救助基金。如果发生交通事故,先由保险公司按照交强险责任限额进行赔付,超过保险责任限额部分将由救助基金垫付。

(3)商业三者险的每次事故最高赔偿限额分几个档次:5万元、10万元、20万元、50万元、100万元,100万元以上由被保险人自愿选择投保。而交强险的赔偿限额最高为12.2万元。

车主如果希望自己的机动车得到更好的保障,在投保交强险后,都应补充商业第三者责任险。一般大的交通事故赔付金额都在20万元以上,交强险只有12.2万元保额是远远不够的。由于交强险实行固定费率、固定保额,对那些高风险人群,选择20万元或以上的三者险是必不可少的。

第二节 交通事故责任强制保险条款的内容

一、基本定义

(1)被保险人是指投保人及其允许的合法驾驶人。

(2)投保人是指与保险人订立交强险合同,并按照合同负有支付保险费义务的机动车的所有人、管理人。

(3)受害人是指因被保险机动车发生交通事故遭受人身伤亡或者财产损失的人,但不包括被保险机动车本车车上人员、被保险人。

(4)责任限额是指被保险机动车发生交通事故,保险人对每次保险事故所有受害人的人身伤亡和财产损失所承担的最高赔偿金额。责任限额分为死亡伤残赔偿限额、医疗费用赔偿限额、财产损失赔偿限额以及被保险人在道路交通事故中无责任的赔偿限额。其中无责任的赔偿限额分为无责任死亡伤残赔偿限额、无责任医疗费用赔偿限额以及无责任财产损失赔偿限额。

(5)抢救费用是指被保险机动车发生交通事故导致受害人受伤时,医疗机构对生命体征不平稳和虽然生命体征平稳但如果不采取处理措施会产生生命危险或者导致残疾、器官功能障碍，或者导致病程明显延长的受害人，参照国务院卫生主管部门组织制定的交通事故人员创伤临床诊疗指南和国家基本医疗保险标准，采取必要的处理措施所发生的医疗费用。

二、交强险的保险责任、责任免除和保险期间

（一）保险责任

交强险规定在中华人民共和国境内(不含港、澳、台地区)，被保险人在使用被保险机动车过程中发生交通事故，致使受害人遭受人身伤亡或者财产损失，依法应当由被保险人承担的损害赔偿责任，保险人按照交强险合同的约定负责赔偿，赔偿限额如下：

（1）死亡伤残赔偿限额为110000元；医疗费用赔偿限额为10000元；财产损失赔偿限额为2000元。

（2）被保险人无责任时，无责任死亡伤残赔偿限额为11000元；无责任医疗费用赔偿限额为1000元；无责任财产损失赔偿限额为100元。

死亡伤残赔偿限额和无责任死亡伤残赔偿限额项下负责赔偿丧葬费、死亡补偿费、受害人亲属办理丧葬事宜支出的交通费用、残疾赔偿金、残疾辅助器具费、护理费、康复费、交通费、被扶养人生活费、住宿费、误工费，被保险人依照法院判决或者调解承担的精神损害抚慰金。

医疗费用赔偿限额和无责任医疗费用赔偿限额项下负责赔偿医药费、诊疗费、住院费、住院伙食补助费，必要的、合理的后续治疗费、整容费、营养费。

（二）垫付与追偿

被保险机动车在下列之一的情形下发生交通事故，造成受害人受伤需要抢救的，保险人在接到公安机关交通管理部门的书面通知和医疗机构出具的抢救费用清单后，按照国务院卫生主管部门组织制定的交通事故人员创伤临床诊疗指南和国家基本医疗保险标准进行核实。对于符合规定的抢救费用，保险人在医疗费用赔偿限额内垫付。被保险人在交通事故中无责任的，保险人在无责任医疗费用赔偿限额内垫付。对于其他损失和费用，保险人不负责垫付和赔偿。

①驾驶人未取得驾驶资格的。
②驾驶人醉酒的。
③被保险机动车被盗抢期间肇事的。
④被保险人故意制造交通事故的。

对于垫付的抢救费用，保险人有权向致害人追偿。

（三）责任免除

下列损失和费用，交强险不负责赔偿和垫付：
（1）因受害人故意造成的交通事故的损失。
（2）属被保险人所有的财产及被保险机动车上的财产遭受的损失。

(3)被保险机动车发生交通事故,致使受害人停业、停驶、停电、停水、停气、停产、通信或者网络中断、数据丢失、电压变化等造成的损失以及受害人财产因市场价格变动造成的贬值、修理后因价值降低造成的损失等其他各种间接损失。

(4)因交通事故产生的仲裁或者诉讼费用以及其他相关费用。

(四)保险期间

除国家法律、行政法规另有规定外,交强险合同的保险期间为一年,以保险单载明的起止时间为准。

三、投保人、被保险人的义务

(1)投保人投保时,应当如实填写投保单,向保险人如实告知重要事项,并提供被保险机动车的行驶证和驾驶证复印件。重要事项包括机动车的种类、厂牌型号、识别代码、号牌号码、使用性质和机动车所有人或者管理人的姓名(名称)、性别、年龄、住所、身份证或者驾驶证号码(组织机构代码)、续保前该机动车发生事故的情况以及保监会规定的其他事项。

(2)签订交强险合同时,投保人不得在保险条款和保险费率之外,向保险人提出附加其他条件的要求。

(3)投保人续保的,应当提供被保险机动车上一年度交强险的保险单。

(4)在保险合同有效期内,被保险机动车因改装、加装、使用性质改变等导致危险程度增加的,被保险人应当及时通知保险人,并办理批改手续。

(5)被保险机动车发生交通事故,被保险人应当及时采取合理、必要的施救和保护措施,并在事故发生后及时通知保险人。

(6)发生保险事故后,被保险人应当积极协助保险人进行现场查勘和事故调查。发生与保险赔偿有关的仲裁或者诉讼时,被保险人应当及时书面通知保险人。

四、赔偿处理

(1)被保险机动车发生交通事故的,由被保险人向保险人申请赔偿保险金。被保险人索赔时,应当向保险人提供以下材料:

①交强险的保险单;

②被保险人出具的索赔申请书;

③被保险人和受害人的有效身份证明、被保险机动车行驶证和驾驶人的驾驶证;

④公安机关交通管理部门出具的事故证明,或者人民法院等机构出具的有关法律文书及其他证明;

⑤被保险人根据有关法律法规规定选择自行协商方式处理交通事故的,应当提供依照《交通事故处理程序规定》规定的记录交通事故情况的协议书;

⑥受害人财产损失程度证明、人身伤残程度证明、相关医疗证明以及有关损失清单和费用单据;

⑦其他与确认保险事故的性质、原因、损失程度等有关的证明和资料。

(2)保险事故发生后,保险人按照国家有关法律法规规定的赔偿范围、项目和标准以及交强险合同的约定,并根据国务院卫生主管部门组织制定的交通事故人员创伤临床诊疗指南和国家基本医疗保险标准,在交强险的责任限额内核定人身伤亡的赔偿金额。

(3)因保险事故造成受害人人身伤亡的,未经保险人书面同意,被保险人自行承诺或支付的赔偿金额,保险人在交强险责任限额内有权重新核定。

因保险事故损坏的受害人财产需要修理的,被保险人应当在修理前会同保险人检验,协商确定修理或者更换项目、方式和费用。否则,保险人在交强险责任限额内有权重新核定。

(4)被保险机动车发生涉及受害人受伤的交通事故,因抢救受害人需要保险人支付抢救费用的,保险人在接到公安机关交通管理部门的书面通知和医疗机构出具的抢救费用清单后,按照国务院卫生主管部门组织制定的交通事故人员创伤临床诊疗指南和国家基本医疗保险标准进行核实。对于符合规定的抢救费用,保险人在医疗费用赔偿限额内支付。被保险人在交通事故中无责任的,保险人在无责任医疗费用赔偿限额内支付。

五、合同变更、解除与争议处理

(1)在交强险合同有效期内,被保险机动车所有权发生转移的,投保人应当及时通知保险人,并办理交强险合同变更手续。

(2)在下列三种情况下,投保人可以要求解除交强险合同:
①被保险机动车被依法注销登记的;
②被保险机动车办理停驶的;
③被保险机动车经公安机关证实丢失的。

交强险合同解除后,投保人应当及时将保险单、保险标志交还保险人;无法交回保险标志的,应当向保险人说明情况,征得保险人同意。

(3)发生《机动车交通事故责任强制保险条例》所列明的投保人、保险人解除交强险合同的情况时,保险人按照日费率收取自保险责任开始之日起至合同解除之日止期间的保险费。

(4)因履行交强险合同发生争议的,由合同当事人协商解决。协商不成的,提交保险单载明的仲裁委员会仲裁。保险单未载明仲裁机构或者争议发生后未达成仲裁协议的,可以向人民法院起诉。交强险合同争议处理适用中华人民共和国法律。

第三节 交通事故责任强制保险的实施与管理

一、加强基础建设,确保交强险顺利实施

(1)未经保监会批准,任何单位和个人不得经营交强险业务。拟经营交强险业务的保险公司,应向保监会提出申请,获保监会核准后,方可经营。

(2)保险公司按要求将交强险业务与其他保险业务分开管理、单独核算,认真执行保监会对交强险财务核算的有关规定。总公司应加强对分支机构的管理,确保各级分支机构严格按有关规定核算交强险业务。

(3)保险公司按照要求评估交强险准备金,确保交强险核算科学合理,确保准备金评估数据完整、准确和合理。

(4)保险公司应加快信息系统的升级改造工作,在相关信息系统中实现交强险的单独记录和处理,并定期对财务系统与业务系统中交强险数据进行检验,保证业务系统数据与财务系统数据的一致性。

(5)保险公司应按规定管理交强险单证和标志。保险公司在签发保单时,应同时发放交强险标志,并出具单独的发票。交强险单证与商业保险单证不得混用。

(6)保险公司应根据有关规定,配合有关管理部门,切实做好道路救助基金的相关工作。

(7)保险公司应配合有关部门尽快建立保险信息与道路交通安全违法行为和道路交通事故信息的共享机制,为实施"奖优罚劣"的费率浮动机制创造条件。

二、加强交强险管理,诚信经营

(1)保险公司不得诱导、误导投保人在责任限额内重复投保。

(2)保险公司不得在销售交强险时强制投保人订立商业保险合同以及提出附加其他条件的要求。在投保人自愿的前提下,保险公司应为投保人提供优质、便捷、高效的其他商业机动车辆保险服务。

(3)保险公司应按保险行业协会制定的交强险实务流程,结合公司经营情况,规范投保理赔各环节的管理,优化业务手续和流程,建立健全交强险业务管理制度和客户服务制度。

(4)保险公司要高度重视交强险的宣传工作,要建立宣传责任人制度。

(5)保险公司经营交强险业务应执行全国统一的条款和费率方案。严禁擅自变更保险条款;严禁擅自提高或降低保险费。

(6)保险公司应选择经保险监管部门核准的中介机构开展交强险业务。应严格区分直接业务和中介业务,交强险直接业务不得支付手续费;不得向任何未取得中介资格的单位或个人支付手续费、佣金或者类似的费用;手续费比例每单不得高于4%;中介业务手续费必须严格按有关规定支付;支付保险中介机构手续费必须取得"保险中介服务统一发票"。

保险中介机构在办理与交强险相关的中介服务过程中应严格执行保监会的有关规定。

三、推进行业自律,促进规范经营

(1)保险行业协会要切实发挥行业组织的引导、指导和协调作用。要逐步完善行业条款费率制定工作;指导保险公司完成交强险业务流程改造;促进信息共享平台建设。要加强交强险的宣传工作。对交强险实施过程中发现的问题,要及时沟通协调解决。

(2)保险行业协会要推动行业自律,促进各保险公司采取切实有效措施,诚信规范经营,提高服务水平,树立良好行业形象。如北京保险行业协会已制定了交强险自律公约,发挥交强险促进和谐社会发展的积极作用。

思考与练习题

1. 什么是交通事故责任强制保险?
2. 交通事故责任强制保险有何意义?
3. 交通事故责任强制保险有何特点?
4. 交强险的赔偿限额是多少?
5. 交强险的保险责任免除条款有哪些?
6. 被保险人索赔时应该向保险人提供哪些材料?
7. 在哪三种情况下投保人可以要求解除交强险合同?

第六章 汽车保险主险

机动车辆保险(汽车保险)是运输工具保险的主要险别。根据我国《保险法》对于保险条款管理的有关规定,商业保险的条款分为主要险种的基本保险条款和其他险种的保险条款。2000年7月1日我国开始执行统一的《机动车辆保险条款》,2003年1月1日各保险公司,如中国人民保险公司、太平洋保险公司、平安保险公司、华安保险公司等,都分别制定并执行各自的《机动车辆保险条款》。2006年10月以后,各保险公司又根据《道路交通安全法》和《机动车交通事故责任强制保险条例》的要求,对汽车保险条款进行了修订。2012年3月,中国保险行业协会正式发布《机动车辆商业保险示范条款》。

机动车辆保险条款具有细分市场需求、细分客户群体、细分风险特性,量体裁衣,实行个性化产品、差别化费率等特点,以满足客户的多样化选择。条款中,既有按客户种类和车辆用途划分的家庭自用、非营业、营业三大类客户群为主的汽车损失主险条款,又有以车辆类型划分的特种车辆、摩托车、拖拉机专用条款,还有根据不同客户车辆综合性保险的需求,不分客户群和车辆类型的机动车辆保险条款。

机动车保险主险分为机动车损失险、第三者责任险、车上人员责任险和全车盗抢险。主险四个险种的条款相互交叉在一起,包括保险责任、责任免除、保险金额和责任限额、保险期限、赔偿处理、保险人、投保人和被保险人义务、保险费调整七个部分。

第一节 主险的保险责任与责任免除

机动车损失险(车身险)指保险车辆遭受保险责任范围内的自然灾害或意外事故,造成保险车辆本身损失,保险人依照保险合同的规定给予赔偿。

第三者责任险指保险车辆因意外事故致使第三者遭受人身伤亡或财产的直接损失,保险人依照保险合同的规定给予赔偿。

车上人员责任保险是指被保险机动车发生意外事故,致使车上人员遭受人身伤亡,保险人依照保险合同的约定负责赔偿。

全车盗抢保险是指被保险机动车被保险机动车被盗窃、抢劫、抢夺,及受到损坏或车上零部件、附属设备丢失需要修复的合理费用,保险人依照保险合同的约定负责赔偿。

以中国人民保险公司和太平洋保险公司的主险《保险条款》为例,其总则部分规定如下。

(1)机动车保险合同由保险条款、投保单、保险单、批单和特别约定组成。凡涉及本保险合同的约定,均应采用书面形式。

机动车保险合同是投保人与保险人之间所订立的,以机动车(包括汽车、摩托车、拖拉机和工程车等特种机动车)作为保险标的的保险协议。

保险人对于保险事故造成的被保险机动车损失及致第三人的人身伤亡或财产损失,承担保险赔偿责任。

(2)机动车保险合同中的机动车是指在中华人民共和国境内(不含港、澳、台地区)行驶的汽车、电车、电瓶车、摩托车、拖拉机、各种专用机械车和特种车,另有约定的除外。

这里规定了机动车保险合同承保的标的的种类。机动车包括:汽车、电车、电瓶车、摩托车、拖拉机、各种专用机械车和特种车(如起重车、油罐车、消防车、救护车等)。其中,双燃料汽车(又称清洁燃料车辆)归属汽车范畴,例如:清洁燃料公共汽车;大型联合收割机属专用机械车;摩托车包括两轮或三轮摩托车、轻便摩托车、残疾人三轮、四轮摩托车;只有企业自行编号、仅在特定区域内使用的其他车辆,视其使用性质和车辆用途确定其是属于汽车还是专用机械车或特种车范畴。

(3)机动车保险合同为不定值保险合同。保险人按照承保险别承担保险责任,附加险不能单独承保。不定值保险合同是指双方当事人在订立保险合同时不预先确定保险标的的保险价值,而是按照保险事故发生时保险标的的实际价值确定保险价值的保险合同。

这里规定了机动车保险合同的类别和险别。规定附加险不能单独办理,附加险应在办理同一合同项下与其相对应的基本险后才能投保或承保。保险人承担保险责任的原则是按照其承保的保险险别及该险别所约定的保险责任范围,承担相应的保险赔偿责任。

(4)机动车保险合同中的第三者是指除投保人、被保险人、保险人以外的,因保险车辆发生意外事故遭受人身伤亡或财产损失的保险车辆下的受害者。

总则部分既适用于主险,同时也适用于附加险。

一、主险的保险责任

(一)机动车损失险的保险责任

1)被保险人或其允许的驾驶人在使用保险车辆过程中,因下列原因造成保险车辆的损失,保险人负责赔偿。

被保险人或其允许的驾驶人,应同时具备两个条件:第一,被保险人或其允许的驾驶人是指被保险人本人以及经被保险人委派、雇佣或认可的驾驶保险车辆的人员。第二,驾驶人必须持有效驾驶证,并且所驾车辆与驾驶证规定的准驾车型相符;驾驶出租汽车或营业性客车的驾驶人还必须具备交通运输管理部门核发的许可证书或其他必备证书,否则仍认定为不合格。

使用保险车辆过程是指保险车辆作为一种工具被运用的整个过程,包括行驶和停放。例如,被保险的吊车固定车轮后进行吊卸作业属于使用过程。

机动车保险条款的保险责任采用列明式,未列明的不属于保险责任。条款中列明的意外事故或自然灾害造成保险车的直接损失,保险人负责赔偿。机动车损失保险条款中约定的灾害事故包括以下几类。

(1)碰撞、倾覆、坠落。

①碰撞:指保险车辆与外界静止的或运动中的物体的意外撞击。这里的碰撞包括两种

情况:一是保险车辆与外界物体的意外撞击造成的本车损失;二是保险车辆按《中华人民共和国道路交通管理条例》关于车辆装载的规定载运货物(当车辆装载货物不符合装载规定时,须报请公安交通管理部门批准,并按指定时间、路线、时速行驶),车与货即视为一体,所装货物与外界物体的意外撞击造成的本车损失。同时,碰撞应是保险车辆与外界物体直接接触。保险车辆的人为划痕不属本保险责任。

②倾覆:保险车辆由于自然灾害或意外事故,造成本身翻倒,车体触地,使其失去正常状态和行驶能力,不经施救不能恢复行驶。

③坠落:指保险车辆在行驶中发生意外事故,整车腾空(包括翻转360°以上)后,仍四轮着地所产生的损失。

(2)火灾、爆炸。

①火灾:在时间或空间上失去控制的燃烧所造成的灾害。这里指车辆本身以外的火源及主险的车辆损失险所列的灾害事故造成的燃烧,导致保险车辆的损失。

②爆炸:仅指化学性爆炸,即物体在瞬息分解或燃烧时放出大量的热和气体,并以很大的压力向四周扩散,形成破坏力的现象。发动机因其内部原因发生爆炸或爆裂,轮胎爆炸等,不属本保险责任。

(3)外界物体坠落、倒塌。

①外界物体坠落:陨石或飞行器等空中掉落物体所致的保险车辆受损,属本保险责任。吊车的吊物脱落以及吊钩或吊臂的断落等,造成保险车辆的损失,也属本保险责任。但吊车本身在操作时由于吊钩、吊臂上下起落砸坏保险车辆的损失,不属本保险责任。

②外界物体倒塌:保险车辆自身以外,由物质构成并占有一定空间的个体倒下或陷下,造成保险车辆的损失。如:地上或地下建筑物坍塌,树木倾倒致使保险车辆受损,都属本保险责任。

(4)暴风、龙卷风。

①暴风:风力速度28.5m/s(相当于11级大风)以上。在掌握上,只要风力速度达17.2m/s(相当于8级风),造成保险车辆的损失,即构成本保险责任。

②龙卷风:一种范围小而时间短的猛烈旋风,平均最大风速一般在79~103m/s,极端最大风速一般在100m/s以上。

(5)雷击、雹灾、暴雨、洪水、海啸。

①雷击:由雷电造成的灾害。由于雷电直接击中保险车辆或通过其他物体引起保险车辆的损失,均属于本保险责任。

②雹灾:由于冰雹降落造成的灾害。

③暴雨:每小时降雨量达16mm以上,或连续12h降雨量达30mm以上,或连续24h降雨量达50mm以上。

④洪水:凡江河泛滥,山洪暴发,潮水上岸及倒灌,致使保险车辆遭受泡损、淹没的损失,都属于本保险责任。

⑤海啸:是由于地震或风暴而造成的海面巨大涨落现象,按成因分为地震海啸和风暴海啸。由于海啸以致海水上岸泡损、淹没、冲失保险车辆均属于本保险责任。

(6)地陷、冰陷、崖崩、雪崩、泥石流、滑坡。

①地陷:地表突然下陷造成保险车辆的损失,属于本保险责任。

②冰陷:在公安交通管理部门允许车辆行驶的冰面上,保险车辆在通过时,冰面突然下陷造成保险车辆的损失,属本保险责任。

③崖崩:石崖、土崖因自然风化、雨蚀而崩裂坍塌,或山上岩石滚落,或雨水使山上沙土透湿而崩塌,致使保险车辆遭受的损失,属本保险责任。

④雪崩:大量积雪突然崩落的现象。

⑤泥石流:山地突然爆发饱含大量泥沙、石块的洪流。

⑥滑坡:斜坡上不稳的岩石或土在重力作用下突然整体向下滑动。

⑦载运保险车辆的渡船遭受自然灾害(只限于有驾驶人随船的情形)。保险车辆在行驶途中,因需跨过江河、湖泊、海峡才能恢复到道路行驶而过渡,驾驶人把车辆开上渡船,并随车照料到对岸,这期间因遭受自然灾害,致使保险车辆本身发生损失,保险人予以赔偿。由货船、客船、客货船或滚装船等运输工具承载保险车辆的过渡,不属于保险责任。

2)发生保险事故时,被保险人为防止或者减少保险车辆的损失所支付的必要的、合理的施救费用,由保险人承担,最高不超过保险金额的数额。

保险车辆在遭受保险责任范围内的自然灾害或意外事故时,为了减少车辆损失,采取施救、保护措施所支出的合理费用,保险人负责赔偿。此项费用不包括车辆的修复费用。最高赔偿金额以保险金额为限。

施救措施是指发生保险责任范围内的灾害或事故时,为减少和避免保险车辆的损失所实施的抢救行为。

保护措施是指保险责任范围内的自然灾害或意外事故发生以后,为防止保险车辆损失扩大和加重的行为。例如:保险车辆受损后不能行驶,雇人在事故现场看守的合理费用(不得超过3天,每天3人,参照劳动力平均收入计算),由当地有关部门出具证明的可以赔偿。

合理费用是指保护、施救行为支出的费用是直接的、必要的,并符合国家有关的政策规定。

保险人在处理以上费用时有一些具体的规定。在具体运用时要注意以下9条原则:

(1)保险车辆发生火灾时,被保险人或其允许的驾驶人使用他人非专业消防单位的消防设备,施救保险车辆所消耗的合理费用及设备损失应赔偿。

(2)保险车辆出险后,失去正常的行驶能力,被保险人雇用吊车或其他车辆进行抢救的费用,以及将出险车辆拖运到最近修理厂的运输费用,按有关行政管理部门核准的收费标准或该车修理费用的20%(以低者为准),保险人应予负责。

(3)在抢救过程中,因抢救而损坏他人的财产,如果应由被保险人承担赔偿,保险人可酌情予以赔偿。但在抢救时,抢救人员个人物品的损失和丢失,不予赔偿。

(4)抢救车辆在拖运受损保险车辆途中发生意外事故,造成保险车辆损失扩大部分和费用支出增加部分,如果该抢救车辆是被保险人自己或他人义务派来抢救的,予以赔偿;如果该抢救车辆是受雇的,则不予赔偿。

(5)保险车辆出险后,被保险人或其代表奔赴肇事现场处理所支出的费用,不予负责。

(6)保险人只对保险车辆的施救、保护费用负责。例如,保险车辆发生保险事故后,受损保险车辆与其所装载货物(或其拖带的未保险挂车)同时被施救,其救货(或救护未保险挂车)的费用应予剔除。如果它们之间的施救费分不清楚,则应按保险车辆与货物(或未保险挂车)的实际价值进行比例分摊赔偿。

(7)保险车辆为进口车或特种车,发生保险责任范围内事故后,经确认出险地最近修理厂或当地修理厂确无能力修复时,在取得保险人同意后,该肇事车被移送到其他修理厂或去外地修理的移送费,保险人予以负责。但护送保险车辆人员的工资和差旅费,不予负责。

(8)施救保护费用(含吊车和拖运车费用)与修理费用应分别计算。当车辆全损无施救价值时,一般不给施救费。残余部分如果有一定价值,可适当给予一定的施救费,但不得超过残值的10%。在施救前,如果施救保护费用与修理费用相加,估计已达到或超过保险金额时,则可推定全损予以赔偿,但保险人不接受权益转让。

(9)保险车辆发生保险责任范围内事故后,对其停车费、保管费、扣车费以及各种罚款,保险人不予负责。

(二)第三者责任险的保险责任

1)被保险人或其允许的驾驶人在使用保险车辆过程中发生意外事故,致使第三者遭受人身伤亡或财产直接损毁,依法应当由被保险人承担的经济赔偿责任,保险人依照《道路交通事故处理办法》和保险合同的规定负责赔偿。但因事故产生的善后工作,保险人不负责处理。

(1)被保险人允许的驾驶人,这里有两层含义:一是被保险人允许的驾驶人,指持有驾驶证的被保险人本人、配偶及他们的直系亲属或被保险人的雇员,或驾驶人使用保险车辆在执行被保险人委派的工作期间,或被保险人与使用保险车辆的驾驶人具有营业性的租赁关系。二是合格,指上述驾驶人必须持有有效驾驶证,并且所驾车辆与驾驶证规定的准驾车型相符。只有"允许"和"合格"两个条件同时具备的驾驶人在使用保险车辆发生保险事故造成损失时,保险人才予以赔偿。保险车辆被人私自开走,或未经车主、保险车辆所属单位主管负责人同意,驾驶人私自许诺的人开车,均不能视为"被保险人允许的驾驶人"开车,此类情况发生肇事,保险人不负责赔偿。

(2)意外事故指不是行为人出于故意,而是行为人不可预见的以及不可抗拒的并造成人员伤亡或财产损失的突发事件。车辆使用中发生的意外事故分为以下两种。

①道路交通事故:凡在道路上发生的交通事故属于道路交通事故,即保险车辆在公路、城市街道、胡同(里巷)、公共广场、公共停车场发生的意外事故。道路即《中华人民共和国道路交通管理条例》所规定的:"公路、城市街道和胡同(里巷),以及公共广场、公共停车场等供车辆、行人通行的地方"。

②非道路事故:保险车辆在铁路道口、渡口、机关大院、农村场院、乡间小道等处发生的意外事故。

在我国,道路交通事故一般由公安交通管理部门处理。但对保险车辆在非道路地点发生的非道路事故,公安交通管理部门一般不予受理。这时可请出险当地政府有关部门根据道路交通事故处理规定研究处理,但应参照《道路交通事故处理办法》规定的赔偿范围、项目和标准以及保险合同的规定计算保险赔款金额。事故双方或保险双方当事人对公安交通管理部门或出险当地政府有关部门的处理意见有严重分歧的案件,可提交法院处理解决。

(3) 第三者。在保险合同中,保险人是第一方,也叫第一者;被保险人或使用保险车辆的致害人是第二方,也叫第二者;除保险人与被保险人之外的,因保险车辆的意外事故致使保险车辆下的人员遭受人身伤亡或财产损失,在车下的受害人是第三方,也叫第三者。同一被保险人的车辆之间发生意外事故,相对方均不构成第三者。

(4) 人身伤亡指人的身体受伤害或人的生命终止。

(5) 财产的直接损毁指保险车辆发生意外事故,直接造成事故现场他人现有财产的实际损毁。

(6) 依法应当由被保险人承担的经济赔偿责任是指按道路交通事故处理办法和有关法律、法规,被保险人(或驾驶人)承担的事故责任所应当支付的赔偿金额。

(7) 保险人负责赔偿指保险人按照《道路交通事故处理办法》及保险合同的规定给予补偿。保险合同的规定指主险条款、附加险条款、特别约定、保险单、保险批单等所载的有关规定,第三者责任险按规定的范围、项目、标准进行赔偿。另外,保险人并不是无条件地完全承担被保险人依法应当支付的赔偿金额,而是依照《道路交通事故处理办法》及保险合同的规定给予赔偿,无论是道路交通事故还是非道路事故,第三者责任险的赔偿均依照《道路交通事故处理办法》规定的赔偿范围、项目、标准作为计算保险赔款的基础,在此基础上,根据保险合同所载的有关规定计算保险赔款,在理赔时还应剔除合同中规定的免赔部分。

(8) 善后工作是指民事赔偿责任以外对事故进行妥善料理的有关事项。如保险车辆对他人造成伤害所涉及的抢救、医疗、调解、诉讼等具体事宜。

【例 6-1】 甲厂和乙厂的车在行驶中相撞,甲厂车辆损失 5000 元,车上货物损失 10000 元;乙厂车辆损失 4000 元,车上货物损失 5000 元。公安交通管理部门裁定甲厂车负主要责任,承担经济损失 70%,为 16800 元;乙厂车负次要责任,承担经济损失 30%,为 7200 元。试计算双方应获得的赔款。

解 甲厂应承担的经济损失 = (甲厂车损 + 乙厂车损 + 甲厂车上货损 + 乙厂车上货损) × 70%
$$= (5000 + 4000 + 10000 + 5000) \times 70\% = 16800(元)$$

乙厂应承担的经济损失 = (甲厂车损 + 乙厂车损 + 甲厂车上货损 + 乙厂车上货损) × 30%
$$= (5000 + 4000 + 10000 + 5000) \times 30\% = 7200(元)$$

甲、乙厂的车都投保了车辆损失险(按新车购置价确定保险金额)和第三者责任险,由于第三者责任险不负责本车上货物的损失,所以,保险人的赔款计算与公安交通管理部门的赔款计算不一样,其赔款计算应如下:

甲厂自负车损 = 甲厂车损 5000 元 × 70% = 3500 元

甲厂应赔乙厂 = (乙厂车损 4000 元 + 乙厂车上货损 5000 元) × 70% = 6300 元

保险人负责甲厂车损和第三者责任赔款 = (甲厂自负车损 3500 元 + 甲厂应赔乙厂 6300 元) × (1 - 免赔率 15%) = 8330 元

乙厂自负车损 = 乙厂车损 4000 元 × 30% = 1200 元

乙厂应赔甲厂 = (甲厂车损 5000 元 + 甲厂车上货损 10000 元) × 30% = 4500 元

$$\begin{aligned}\text{保险人负责乙厂车损和} \\ \text{第三者责任赔款}\end{aligned} = \begin{pmatrix}\text{乙厂自负车损 1200 元} + \\ \text{乙厂应赔甲厂 4500 元}\end{pmatrix} \times (1 - \text{免赔率 } 5\%) = 5145 \text{ 元}$$

结果,此案甲厂应承担经济损失 16800 元,得到保险人赔款 8330 元;乙厂应承担经济损失 7200 元,得到保险人赔款 5145 元。这里的差额部分即保险合同规定不赔的部分。

2)经保险人事先书面同意,被保险人给第三者造成损害而被提起仲裁或者诉讼的,对应由被保险人支付的仲裁或者诉讼费用以及其他费用,保险人负责赔偿。赔偿的数额在保险单载明的责任限额以外另行计算,最高不超过责任限额的 30%。

(三)车上人员责任保险的保险责任

保险期间内,被保险人或其允许的合法驾驶人在使用被保险机动车过程中发生意外事故,致使车上人员遭受人身伤亡,依法应当由被保险人承担的损害赔偿责任,保险人依照本保险合同的约定负责赔偿。

(四)机动车盗抢保险的保险责任

保险期间内,被保险机动车的下列损失和费用,保险人依照本保险合同的约定负责赔偿:

(1)被保险机动车被盗窃、抢劫、抢夺,经出险当地县级以上公安刑侦部门立案证明,满 60 天未查明下落的全车损失。

(2)被保险机动车全车被盗窃、抢劫、抢夺后,受到损坏或车上零部件、附属设备丢失需要修复的合理费用。

(3)被保险机动车在被抢劫、抢夺过程中,受到损坏需要修复的合理费用。

二、主险的责任免除

(一)机动车损失险、第三者责任险和车上人员责任险的共同责任免除

下列情况下,不论任何原因造成的保险车辆损失和对第三者、车上人员的损害赔偿责任,保险人均不负责赔偿。

(1)地震及次生灾害、战争、军事冲突、恐怖活动、暴乱、扣押、收缴、罚没、政府征用。

①地震及次生灾害:因地壳发生急剧的自然变异,影响地面而发生震动的现象。无论地震使保险车辆直接受损,还是地震造成外界物体倒塌所致保险车辆的损失,保险人都不负责赔偿。

次生灾害是指地震造成工程结构、设施和自然环境破坏而引发的火灾、爆炸、瘟疫、有毒有害物质污染、海啸、水灾、泥石流、滑坡等灾害。

②战争:国家与国家、民族与民族、政治集团与政治集团之间为了一定的政治、经济目的而进行的武装斗争。

③军事冲突:国家或民族之间在一定范围内的武装对抗。

④暴乱:破坏社会秩序的武装骚动。

战争、军事冲突和暴乱以政府宣布为准。

⑤扣押:指采用强制手段扣留保险车辆。

⑥罚没:指司法或行政机关没收违法者的保险车辆,作为处罚。

⑦政府征用:特指政府利用行政手段有偿或无偿占用保险车辆。

(2)竞赛、测试,在营业性维修、养护场所修理、养护期间。

①竞赛:指保险车辆作为赛车直接参加车辆比赛活动。

②测试:指对保险车辆的性能和技术参数进行测量或试验。

③在营业性修理场所修理、养护期间:指保险车辆进入维修厂(站、店)维护、修理期间,由于自然灾害或意外事故所造成的保险车辆或他人的损失。

其中营业性修理场所是指保险车辆进入以盈利为目的的修理厂(站、店);修理期间是指保险车辆从进入维修厂(站、店)开始到维护、修理结束并验收合格提车时止,包括维护修理过程中的测试。

(3)利用保险车辆从事违法活动。被保险人及其允许的驾驶人不能利用保险车辆从事法律、法规和有关规定所不允许的活动和经营。

(4)驾驶人饮酒、吸食或注射毒品、被药物麻醉后使用保险车辆。

①驾驶人饮酒:指驾驶人饮酒后开车,可根据下列之一来判定:

a.公安交通管理部门处理交通事故时做出的酒后驾车结论;

b.有饮酒后驾车的证据。

②吸毒:指驾驶人吸食或注射鸦片、海洛因、大麻、可卡因以及国家规定管制的其他能够使人形成瘾癖的麻醉药品和精神药品。

③被药物麻醉:指驾驶人吸食或注射有麻醉成分的药品,在整个身体或身体的某一部分暂时失去控制的情况下驾驶车辆。

(5)保险车辆肇事逃逸是指保险车辆肇事后,为了逃避法律法规制裁,逃离肇事现场的行为。事故发生后,被保险人或其允许的合法驾驶人在未依法采取措施的情况下驾驶被保险机动车或者遗弃被保险机动车逃离事故现场,或故意破坏、伪造现场、毁灭证据。

(6)驾驶人有下列情形之一者:

①无驾驶证、驾驶证有效期已届满或驾驶车辆与驾驶证载明的准驾车型不符。

公安交通管理部门规定的其他属于无有效驾驶证的情况下驾车,有以下几种情况:

a.持军队或武警部队驾驶证驾驶地方车辆;持地方驾驶证驾驶军队或武警部队车辆;

b.持学习驾驶证学习驾车时,无教练员随车指导,或不按指定时间、路线学习驾车;

c.实习期驾驶大型客车、电车、起重车和带挂车的汽车时,无正式驾驶人并坐监督指导;

d.实习期驾驶执行任务的警车、消防车、工程救护车、救护车和载运危险品的车辆;

e.持学习驾驶证及实习期在高速公路上驾车;

f.驾驶人持审验不合格的驾驶证,或未经公安交通管理部门同意,持未审验的驾驶证驾车;

g.公安交通管理部门规定的其他属于无效驾驶证的情况。

使用各种专用机械车、特种车的人员无国家有关部门核发的有效操作证;驾驶营业性客车的驾驶人无国家有关部门核发的有效资格证书。

②持未按规定审验的驾驶证,以及在暂扣、扣留、吊销、注销驾驶证期间驾驶被保险机动车。

③依照法律法规或公安机关交通管理部门有关规定不允许驾驶被保险机动车的其他情况下驾车。

(7)非被保险人允许的驾驶人使用保险车辆:指被保险人或其允许的驾驶人以外的其他人员使用保险车辆。

(8)被保险机动车转让他人,被保险人、受让人未履行保险合同规定的通知义务,且因转让导致被保险机动车危险程度显著增加而发生保险事故。

(9)除另有约定外,发生保险事故时保险车辆没有公安交通管理部门核发的行驶证和号牌,或未按规定检验或检验不合格。

发生保险事故时,保险车辆必须具备以下两个条件:

①保险车辆须有公安交通管理部门核发的行驶证或号牌;

②保险车辆达到《机动车运行安全技术条件》(GB 7258—2017)的要求,并在规定期间内经公安交通管理部门的检验合格。

但保险合同另有书面约定的情况下,保险人应承担保险责任。其中,"另有书面约定"是指保险合同中所作出明示的,与该条文内容相反的约定。如:保险合同中特别约定承保的,在特定区域内行驶的,没有公安交通管理部门核发的正式号牌的特种车(矿山机械车、机场内专用车等);或政府部门规定需先保险后检验核发号牌的新入户车辆等。

(二)机动车损失险的责任免除

保险车辆的下列损失和费用,保险人不负责赔偿。

(1)自然磨损、朽蚀、腐蚀故障、车轮单独损坏。

①自然磨损:指车辆由于使用造成的机件损耗。

②朽蚀:指机件与有害气体、液体相接触,被腐蚀损坏。

③故障:由于车辆某个部件或系统性能发生问题,影响车辆的正常工作。

④车轮单独损坏:保险车辆在使用过程中,不论何种原因造成车轮的单独破损。但由于自然磨损、朽蚀、故障、轮胎损坏而引起的保险事故(如碰撞、倾覆等),造成保险车辆其他部位的损失,保险人应予以赔偿。

(2)玻璃单独破碎、无明显碰撞痕迹的车身划痕。

玻璃单独破碎:指不论任何原因引起的玻璃单独破碎。玻璃包括风窗玻璃、车窗玻璃。

(3)人工直接供油、高温烘烤造成的损失。

人工直接供油:不经过车辆正常供油系统的供油;

高温烘烤:无论是否使用明火,凡违反车辆安全操作规则的加热、烘烤升温的行为。

(4)自燃以及不明原因火灾造成的损失。

自燃:指因本车电器、线路、供油系统发生故障或所载货物因自身原因起火燃烧。即指没有外界火源,保险车辆也未发生碰撞、倾覆的情况下,由于保险车辆本车漏油或电器、线路、供油系统、载运的货物等自身发生问题引起的火灾。

不明原因的火灾:公安消防部门的《火灾原因认定书》中认定的起火原因不明的火灾。

(5)遭受保险责任范围内的损失后,未经必要修理继续使用,致使损失扩大的部分。指保险车辆因发生保险事故遭受损失后,没有及时进行必要的修理,或修理后车辆未达到正常使用标准而继续使用,造成保险车辆损失扩大的部分。

(6)标准配置以外新增设备的损失。

(7)发动机进水后导致的发动机损坏;在淹及排气管或进气管的水中起动车辆,或被水淹后未经必要处理而起动车辆,致使发动机损坏。

保险车辆在停放或行驶的过程中,被水淹及排气筒或进气管,驾驶人继续起动车辆或利用惯性起动车辆;以及车辆被水淹后转移至高处,或水退后未经必要的处理而起动车辆,造成的发动机损坏。

(8)保险车辆所载货物坠落、倒塌、撞击、泄漏造成的损失。

受本车所载货物撞击的损失是指保险车辆行驶时,车上货物与本车相互撞击,造成本车的损失。

车辆所载货物坠落是指保险车辆装载的货物从车上掉下砸伤他人或砸坏他人财产。

(9)非全车遭盗窃,仅车上零部件或附属设备被盗窃或损坏。

(10)被保险机动车被诈骗造成的损失。

(11)被保险人因民事、经济纠纷而导致被保险机动车被抢劫、抢夺。

(12)全车被盗窃、抢劫、抢夺,但被保险人索赔时未能提供机动车停驶手续或出险当地县级以上公安刑侦部门出具的盗抢立案证明。

(三)第三者责任险的责任免除

保险车辆造成下列人身伤亡或财产损失,不论在法律上是否应当由被保险人承担赔偿责任,保险人均不负责赔偿。

(1)被保险人及其家庭成员的人身伤亡、所有或代管的财产的损失。

归被保险人或其允许的驾驶人所有或代管的财产指的是包括被保险人或其允许的驾驶人自有的财产,或与他人共有财产的自有部分,或代替他人保管的财产。

对于有些规模较大的投保单位,"自有的财产"可以掌握在其所属各自独立核算单位的财产范围内。例如,某运输公司下属甲、乙两个车队各自独立核算,由运输公司统一投保第三者责任险后,甲队车辆撞坏甲队的财产,保险人不予负责,甲队车辆撞坏乙队的财产,保险人可予以负责。

第三者责任险在财产损失赔偿上掌握的原则是:保险人付给受害方的赔款最终不能落到被保险人手中,但碰撞标的均投保了车辆损失险的可酌情处理。

如甲、乙两车被保险人都是同一个单位,而且在财务核算上也是同一核算单位。两车均单独投保第三者责任险,甲、乙两车相撞造成两车不同程度损坏,保险人不予赔偿。

又如:甲、乙两车被保险人都是同一个单位,而且在财务核算上也是同一核算单位。甲车投保了车辆损失险及第三者责任险,乙车单保第三者责任险,两车碰撞。甲车损失10000元、乙车损失5000元,甲车负主要责任(承担70%的责任)、乙车负次要责任(承担30%的责任)。赔偿方式是:保险人赔偿甲车的车辆损失险7000元,乙车的一切损失及应承担甲车的30%的经济责任一概不予赔偿。

(2)本车驾驶人及其家庭成员的人身伤亡、所有或代管的财产的损失。私有车辆、个人承包车辆的被保险人或其允许的驾驶人及其家庭成员,以及他们所有或代管的财产。具体有以下 4 种情况。

① 私有、个人承包车辆的被保险人家庭成员,可根据独立经济的户口划分区别。

例如:父母、兄弟多人,各自另立户口分居,家庭成员指每户中的成员,而不能单纯按是否直系亲属来划分。夫妻分居两地,虽有两个户口,因两者经济上并不独立,实际上是合一的,所以只能视为一个户口。

本条应遵循一个原则,即肇事者本身不能获得赔偿,即保险人付给受害方的赔款,最终不能落到被保险人手中。

② 私有、个人承包车辆的被保险人及其家庭成员所有或代管的财产。指被保险人或其允许的驾驶人及其家庭成员自有的财产,或与他人共有财产的自有部分,或他们代替他人保管的财产。

③ 私有车辆:车辆所有权属于私人的车辆。如:个人和私营企业等的车辆。

④ 个人承包车辆:以个人名义承包单位、他人的车辆。

(3)本车上其他人员的人身伤亡或财产损失。

本车上的一切人员和财产是指意外事故发生的瞬间,在本保险车辆上的一切人员和财产,包括此时在车上的驾驶人。这里包括车辆行驶中或车辆未停稳时非正常下车的人员,以及吊车正在吊装的财产。

(四) 车上人员责任保险的责任免除

被保险机动车造成车上人员的下列人身伤亡,不论在法律上是否应当由被保险人承担赔偿责任,保险人均不负责赔偿:

(1)被保险人及驾驶人以外的其他车上人员的故意、重大过失行为造成的自身伤亡。

(2)违法、违章搭乘人员的人身伤亡。

(3)车上人员因疾病、分娩、自残、斗殴、自杀、犯罪行为造成的自身伤亡。

(4)车上人员在被保险机动车车下时遭受的人身伤亡。

(五) 其他责任免除

下列损失和费用,保险人不负责赔偿。

(1)保险车辆发生意外事故,致使被保险人或第三者停业、停驶、停电、停水、停气、停产、通信或网络中断、电压变化、数据丢失等造成的损失以及其他各种间接损失。

保险车辆发生保险事故受损后,丧失行驶能力,从受损到修复这一期间,被保险人停止营业或不能继续运输等造成的损失,保险人均不负责赔偿。

保险车辆发生意外事故致使第三者营业停止、车辆停驶、生产或通信中断和不能正常供电、供水、供气的损失以及由此而引起的其他人员、财产或利益的损失,不论在法律上是否应当由被保险人负责,保险人都不负责赔偿。

(2)精神损害赔偿是指因保险事故引起的、无论是否依法应由被保险人承担的任何有关精神损害的赔偿。

(3)因污染(含放射性污染)造成的损失。

因污染引起的任何补偿和赔偿:指不论是否发生保险事故,保险车辆本身及保险车辆所载货物泄漏造成的对外界任何污染而引起的补偿和赔偿,保险人都不负责赔偿。

污染包括保险车辆在正常使用过程中,由于车辆油料或所载货物的泄漏造成的污染,以及保险车辆发生事故导致本车或第三者车辆的油料或所载货物的泄漏造成的污染。

车辆所载货物泄漏:指保险车辆装载液体、气体因流泻、渗漏而对外界一切物体造成腐蚀、污染、人畜中毒、植物枯萎以及其他财物的损失。例如:保险车辆漏油造成对路面的损害。

(4)保险车辆或第三者财产因市场价格变动造成的贬值、修理后价值降低引起的损失。

(5)保险车辆被盗窃、抢劫、抢夺期间造成第三者人身伤亡或财产损失,以及因被盗窃、抢劫、抢夺受到损坏或车上零部件、附属设备丢失。

保险车辆全车被盗窃、抢劫、抢夺期间指保险车辆被盗窃、抢劫、抢夺行为发生之时起至公安部门将该车收缴之日止。

附属设备是指购买新车时,随车装备的基本设备。随车工具,新增设备等,不属于附属设备。

保险车辆全车被盗窃、抢劫、抢夺期间发生交通事故,造成第三者的人身伤亡或财产损失,保险人不负赔偿责任。

(6)被保险人或驾驶人的故意行为造成的损失。

被保险人或其允许的驾驶人的故意行为是指明知自己可能造成损害的结果,而仍希望或放任这种结果的发生。

(7)仲裁或诉讼费用及其他相关费用。

第二节 主险保险金额与责任限额的确定

一、机动车保险的保险费率和保险费

(一)费率划分的标准

(1)按车辆使用性质划分。按车辆使用性质分为非营业车辆和营业车辆。

非营业车辆是指各级党政机关、社会团体、企事业单位自用的车辆或仅用于个人及家庭生活的车辆;

营业车辆是指从事社会运输并收取运费的车辆。

对于兼有两类使用性质的车辆,按高档费率计算保险费。

(2)按车辆种类划分。基本险费率表包括若干个车种档次和 A(进口)、B(国产)两个类别,如客车按座位分档、货车按吨位分档等。

A 类车辆是指以下车辆:

①整车进口的一切机动车辆;

②主要零配件由国外进口,国内组装的车辆;

③合资企业生产的 16 座以上(含 16 座)的客车;

④外资、合资企业生产的摩托车;

⑤下列车辆品牌和车型:北京切诺基 V6、广州本田、上海别克、上海帕萨特、湖北雷诺、长春奥迪系列、天津本田。其他合资企业生产的国产化率低于 70% 的机动车辆。

B 类车辆是指 A 类以外的机动车辆。

(二)保险费的计算方式

主险费率包括机动车损失险、第三者责任险、车上人员责任险和全车盗抢险的费率,车辆按投保险别分别计算保险费。机动车损失险的费率为:非营业车辆费率为 1.2%,营业车辆费率为 1.6% ~ 2.0%。费率可根据赔款等情况进行调整。

(1)机动车损失险保险费的计算公式为:

$$机动车损失险保险费 = 基本保险费 + 保险金额 \times 费率(\%)$$

(2)第三者责任险按车辆种类及使用性质,选择不同的赔偿限额档次,收取固定保险费。

【例 6-2】 某私人拥有一台非营业的上海别克轿车(六座以下)。现单独投保第三者责任险,赔偿限额为 200 万元。则其保费计算公式如下:

$$保险费 = \frac{N \times A \times (1.05 - 0.025N)}{2}$$

式中:A——同档次车辆,赔偿限额为 100 万元时的第三者责任险保费;

N——投保限额/50 万元。

计算:
$$A = 1820 \; 元$$
$$N = \frac{200 \; 万元}{50 \; 万元} = 4$$

该车应收保险费为:

$$保险费 = \frac{4 \times 1820 \times (1.05 - 0.025 \times 4)}{2} = 3458(元)$$

(3)车上人员责任险保险费的计算公式为:

$$车上人员责任险保险费 = 单座责任限额 \times 投保座位数 \times 费率$$

车上人员责任险的费率不同地区存在差别,如北京地区的费率为 0.41%,每个座位保额按 1 万 ~ 5 万元确定。

(4)全车盗抢险保险费的计算公式为:

$$盗抢险保险费 = 原始车价 \times (1 - 折旧率) \times 盗抢险费率$$

全车盗抢险的费率为 0.5% - 1.2%。

(三)短期保险费的计算

机动车辆保险的费率表是年费率表。投保时,保险期限不足一年的,按短期月费率收取保险费(不足一个月的按一个月计算)。短期月费率表见表 6-1。

短 期 月 费 率　　　　　表 6-1

保险期限(月)	1	2	3	4	5	6	7	8	9	10	11	12
短期月费率(%)	10	20	30	40	50	60	70	80	85	90	95	100

注:保险期限不足一个月的,按一个月计算。

短期保险费的计算公式为：

$$短期保险费 = 年保险费 \times 短期月费率$$

二、机动车保险主险保险金额的确定

(一)机动车损失险保险金额的确定方式

机动车损失险的保险金额由投保人和保险人从下列三种方式中选择确定,保险人根据确定保险金额的不同方式承担相应的赔偿责任。这三种方式是机动车损失险保险金额的确定及相应的保险赔偿处理的依据。

(1)按投保时保险车辆的新车购置价确定。保险合同中的新车购置价是指保险合同签定时,在保险合同签订地购置与保险车辆同类型新车(含车辆购置税、附加费)的价格。

(2)按投保时保险车辆的实际价值确定。保险合同中的实际价值是指同类型车辆市场新车购置价减去该车已使用年限折旧金额后的价格。折旧率表见表6-2。

折旧率表(单位:%)　　　　　　　表6-2

车辆种类	年折旧率			
	个　人	非营业	营　　业	
			出　租	其　他
9座以下载客汽车	6.00	6.00	12.50	10
10座以上载客汽车		10	12.50	10
微型载货汽车		10	12.50	12.50
带拖挂的载货汽车		10	12.50	12.50
矿山作业专用车		12.50	12.50	12.50
农用运输车		12.50	16.00	16.00
摩托车		10	10	10
拖拉机		10	10	10
其他车辆		10	12.50	10

折旧按每满一年扣除一年计算,不足一年的部分,不计折旧。折旧率按国家有关规定执行,但最高折旧金额不超过投保时保险车辆新车购置价的80%。

(3)在投保时保险车辆的新车购置价内,由投保人与保险人协商确定。这种方式的保险金额不得超过同类型新车购置价,超过部分无效。

以上规定了机动车损失险保险金额的确定方式及相应的保险赔偿处理依据。投保人和保险人可根据实际情况,选择新车购置价、实际价值、协商价值三种方式之一确定保险金额。原则上新车按新车购置价承保,旧车可以在三种方式中由投保人和保险人双方自愿协商确定,但保险金额的不同确定方式直接影响和决定了发生保险事故时,保险赔偿的计算原则。

投保车辆标准配置以外的新增设备,应在保险合同中列明设备名称与价格清单,并按设备的实际价值相应增加保险金额。新增设备随保险车辆一并折旧。

(二) 第三者责任险责任限额的确定

第三者责任险每次事故的最高赔偿限额是保险人计算保险费的依据，同时也是保险人承担第三者责任险每次事故赔偿金额的最高限额。

(1)每次事故的责任限额，由投保人和保险人在签订保险合同时按5万元、10万元、20万元、50万元、100万元和100万元以上不超过1000万元的档次协商确定。第三者责任险的每次事故的最高赔偿限额应根据不同车辆种类选择确定。确定方式如下：

①在不同区域内，摩托车、拖拉机的最高赔偿限额分四个档次：2万元、5万元、10万元和20万元；摩托车、拖拉机的每次事故最高赔偿限额因不同区域其选择原则是不同的，与《机动车辆保险费率规章》中的有关摩托车、拖拉机定额保单销售区域的划分相一致。即广东、福建、浙江、江苏四省、直辖市（北京、上海、天津、重庆）、计划单列市（深圳、厦门、宁波、青岛、大连）、各省省会城市、各自治区首府城市属于A类，最低选择5万元，其他区域属于B类，最低选择2万元。

②除摩托车、拖拉机外的其他机动车辆第三者责任险的最高赔偿限额分为六个档次：5万元、10万元、20万元、50万元、100万元和100万元以上，且最高不超过1000万元。例如，六座以下客车分为5万元、10万元、20万元、50万元、100万元及100万元以上不超过1000万元等档次，供投保人和保险人在投保时自行协商选择确定。

(2)主车与挂车连接时发生保险事故，保险人在主车的责任限额内承担赔偿责任。发生保险事故时，挂车引起的赔偿责任视同主车引起的赔偿责任。保险人对挂车赔偿责任与主车赔偿责任所负赔偿金额之和，以主车赔偿限额为限。

注意：挂车投保后与主车视为一体，是指主车和挂车都必须投保了第三者责任险，而且是主车拖带挂车。无论赔偿责任是否是由挂车引起的，均视同是由主车引起的，保险人第三者责任险的总赔偿责任以主车赔偿限额为限。主车、挂车在不同保险公司投保的，发生保险事故后，被保险人应向承保主车的保险公司索赔，还应提供主车、挂车各自的保险单。两家保险公司按照所收取的保险单上载明的第三者责任险保险费比例分摊赔偿。

(三)车上人员责任险责任限额的确定

车上人员责任保险驾驶人每次事故责任限额和乘客每次事故每人责任限额由投保人和保险人在投保时协商确定。投保乘客座位数按照被保险机动车的核定载客数（驾驶人座位除外）确定。

(四)机动车盗抢险保险金额的确定

机动车盗抢保险的保险金额由投保人和保险人在投保时被保险机动车的实际价值内协商确定。

三、主险的保险期间

除另有约定外，机动车保险合同主险的保险期间为一年，以保险单载明的起讫时间为准。

除法律另有规定外，投保时保险期间不足一年的按短期月费率计收保险费。保险期间不足一个月的按一个月计算。以上规定了机动车保险合同期间与保险费率的关系。

对于保险合同期间和短期月费率的对应关系,应以各险别的保险期间来确定。

第三节 保险人、投保人、被保险人的义务

一、保险人的义务

(1)保险人在承保时,应向投保人说明投保险险种的保险责任、责任免除、保险期限、保险费及支付办法、投保人和被保险人义务等内容。

(2)保险人应及时受理被保险人的事故报案,并尽快进行查勘。

保险人接到报案后48h内未进行查勘且未给予受理意见,造成财产损失无法确定的,以被保险人提供的财产损毁照片、损失清单、事故证明和修理发票作为赔付理算依据。

(3)保险人收到被保险人的索赔请求后,应当及时作出核定。

①保险人应根据事故性质、损失情况,及时向被保险人提供索赔须知;审核索赔材料后认为有关的证明和资料不完整的,应当及时一次性通知被保险人补充提供有关的证明和资料。

②在被保险人提供了各种必要单证后,保险人应当迅速审查核定,并将核定结果及时通知被保险人。

③对属于保险责任的,保险人应在与被保险人达成赔偿协议后10日内支付赔款。

④对不属于保险责任的,保险人应自作出核定之日起3日内向被保险人发出拒绝赔偿通知书,并说明理由;

⑤保险人自收到索赔请求和有关证明、资料之日起60日内,对其赔偿金额不能确定的,应当根据已有证明和资料可以确定的数额先予支付;保险人最终确定赔偿金额后,应当支付相应的差额。

保险人赔偿期限的规定:被保险人根据有关规定,向保险人提供的各种必要单证齐全后,保险人应当迅速审查,核实赔款,履行理赔审批手续。审批后的赔款金额经被保险人认定后,保险人应在10日内一次赔偿结案。

(4)保险人对在办理保险业务中知道的投保人、被保险人的业务和财产情况及个人隐私,负有保密的义务。

二、投保人、被保险人的义务

(1)投保人应如实填写投保单并回答保险人提出的询问,履行如实告知义务。在保险期间内,保险车辆改装、加装或非营业用车辆从事营业运输等,导致保险车辆危险程度增加的,应当及时书面通知保险人。否则,因保险车辆危险程度增加而发生的保险事故,保险人不承担赔偿责任。

投保人应履行告知义务,在投保机动车保险时,应按投保单和保险人的要求如实申报保险车辆的情况。在保险合同有效期内,保险车辆改变使用性质或改变车型,被保险人应事先通知保险人,并申请批改车辆使用性质或车型。被保险人将以非营业性质投保的车辆出租

的,视为该车辆已变更用途。

危险程度增加:指订立合同时由于未曾预见或未予估计可能增加的危险程度,直接影响到保险人在承保当时决定是否加收保险费和接受承保。在保险合同有效期内,保险车辆危险程度增加,被保险人应事先通知保险人,并申请办理改批,按规定补交保险费。

(2)除另有约定外,投保人应当在保险合同成立时交清保险费。保险费交清前发生的保险事故,保险人不承担赔偿责任。

(3)发生保险事故时,被保险人应当及时采取合理的、必要的施救和保护措施,防止或者减少损失,并在保险事故发生后48h内通知保险人。否则,造成损失无法确定或扩大的部分,保险人不承担赔偿责任。

被保险人应履行施救和报案的义务。保险车辆发生交通事故后,被保险人应当积极采取合理的保护、施救措施,以防止损失的扩大,并立即向出险地的公安交通管理部门报告,同时在48h内通知保险人。

(4)发生保险事故后,被保险人应当积极协助保险人进行现场查勘。被保险人在索赔时应当提供有关证明和资料。发生与保险赔偿有关的仲裁或者诉讼时,被保险人应当及时书面通知保险人。

被保险人必须遵守诚实信用的原则,在向保险人索赔时提供的情况和各种证明、资料必须真实可靠,对被保险人提供涂改、伪造的单证或制造假案等图谋骗取赔款的,保险人应拒绝赔偿或追回已支付的保险赔款。

第四节 主险的赔偿处理和保险费调整

一、主险的赔偿处理

(1)被保险人索赔时,应当向保险人提供与确认保险事故的性质、原因、损失程度等有关的证明和资料。被保险人应当提供保险单、损失清单、有关费用单据、保险车辆行驶证和发生事故时驾驶人的驾驶证。

属于道路交通事故的,被保险人应当提供公安交通管理部门或法院等机构出具的事故证明、有关的法律文书(裁定书、裁决书、调解书、判决书等)及其他证明。

属于非道路交通事故的,应提供相关的事故证明。

保险人依据保险合同的规定,认为有关证明和资料不完整的,应当及时通知被保险人补充。

(2)因保险事故损坏的保险车辆和第三者财产,应当尽量修复。修理前被保险人应当会同保险人检验,协商确定修理项目、方式和费用。否则,保险人有权重新核定或拒绝赔偿。

保险车辆和第三者财产损坏的检验修复原则:保险车辆因发生保险事故遭受损失或致使第三者的财产损坏,若估计修复费用不会达到或接近保险车辆或第三者财产的实际价值,应根据"交通事故财产损失以修为主"的原则尽量修复。修复是指对于交通事故损坏的财物,应尽量使其恢复到损坏以前的状态和使用性能。修理前,被保险人要会同保险人检验受损保险车辆或第三者财产,明确修理项目、修理方式和修理费用。对不经过保险人定损而被保险人自行修理的,保险人有权重新核定修理费用或拒绝赔偿。在保险人重新核定修理费用时,被保险人应当如实向保险人提供受损情况、修理情况及有关的证明材料,如果发现其存在隐瞒事实、不如实申报,或严重影响保险人正常取证和确定事故原因、损失程度等行为,保险人可部分或全部拒绝赔偿。

(3)保险人依据保险车辆驾驶人在事故中所负的责任比例,承担相应的赔偿责任。

按照我国《道路交通事故处理办法》规定的交通事故"以责论处"的原则,被保险人应按照在交通事故中所负的责任比例承担己方损失和对他方的赔偿责任,保险人则按照保险合同的规定对被保险人在事故中应负责任比例下承担的己方损失和对他方赔偿责任范围内承担保险赔偿责任。对于任何与所负交通事故责任不相适应而加重被保险人损害赔偿责任的,保险人对加重部分的赔偿不予负责。

(4)保险车辆重复保险的,本保险人按照本保险合同的保险金额(责任限额)与各保险合同保险金额(责任限额)的总和的比例承担赔偿责任。其他保险人应承担的赔偿金额,本保险人不负责垫付。

(5)保险人受理报案、现场查勘、参与诉讼、进行抗辩、向被保险人提供专业建议等行为,均不构成保险人对赔偿责任的承诺。

(6)保险事故发生时,被保险人对被保险机动车不具有保险利益的,不得向保险人请求赔偿。

二、机动车损失险、全车盗抢险的赔偿处理

(一)保险人的赔偿方式

1. 按投保时保险车辆的新车购置价确定保险金额

(1)发生全部损失时,在保险金额内计算赔偿,保险金额高于保险事故发生时保险车辆实际价值的,按保险事故发生时保险车辆的实际价值计算赔偿。

(2)发生部分损失时,按实际修理费用计算赔偿,但不得超过保险事故发生时保险车辆的实际价值。

2. 按投保时保险车辆的实际价值确定保险金额或协商确定保险金额

(1)发生全部损失时,保险金额高于保险事故发生时保险车辆实际价值的,以保险事故发生时保险车辆的实际价值计算赔偿;保险金额等于或低于保险事故发生时保险车辆实际价值的,按保险金额计算赔偿。

(2)发生部分损失时,按保险金额与投保时保险车辆的新车购置价的比例计算赔偿,但不得超过保险事故发生时保险车辆的实际价值。

车辆损失险赔偿的计算办法:在机动车保险合同有效期内,保险车辆发生保险事故而遭受的损失或费用支出,保险人按以下规定赔偿:

①全部损失:全部损失包括实际全损和推定全损。实际全损指保险车辆整体损毁或保险车辆受损严重,失去修复价值;推定全损指保险车辆的修复费用达到或超过出险当时的实际价值,保险人推定全损。保险车辆发生全部损失后,如果保险金额高于出险当时的实际价

值,按出险当时的实际价值计算赔偿。即

$$赔款 = (实际价值 - 残值) \times 事故责任比例 \times (1 - 免赔率)$$

出险当时的实际价值按以下方式确定:按出险时的同类型车辆市场新车购置价减去该车已使用年限折旧金额后的价值合理确定;或按照出险当时同类车型、相似使用时间、相似使用状况的车辆在市场上的交易价格确定。折旧按每满一年扣除一年计算,不足一年的部分,不计折旧。折旧率按国家有关规定执行,但最高折旧金额不超过新车购置价的80%。

保险车辆发生全部损失后,如果保险金额等于或低于出险当时的实际价值,按保险金额计算赔偿。即

$$赔款 = (保险金额 - 残值) \times 事故责任比例 \times (1 - 免赔率)$$

②部分损失:指保险车辆受损后,未达到"整体损毁"或"推定全损"程度的局部损失。保险车辆的保险金额按投保时新车购置价确定的,无论保险金额是否低于出险当时的新车购置价,发生部分损失按照实际修复费用赔偿。即

$$赔款 = (实际修复费用 - 残值) \times 事故责任比例 \times (1 - 免赔率)$$

保险车辆的保险金额低于投保时的新车购置价,发生部分损失按照保险金额与投保时的新车购置价比例计算赔偿。即

$$赔款 = (实际修复费用 - 残值) \times (保险金额/新车购置价) \times 事故责任比例 \times (1 - 免赔率)$$

保险车辆最高赔款金额及施救费分别以保险金额为限。保险车辆按部分损失一次赔款金额加免赔金额之和达到保险金额时,车辆损失险的保险责任即行终止。但保险车辆在保险期限内,不论发生一次或多次保险责任范围内的部分损失或费用支出,只要每次赔款加免赔金额之和未达到保险金额,其保险责任仍然有效。

3. 施救费用的赔偿方式

施救费用在保险车辆损失赔偿金额以外另行计算,最高不超过保险金额的数额。

施救费仅限于对保险车辆的必要、合理的施救支出。被施救的财产中,含有保险合同未承保财产的,按保险车辆与被施救财产价值的比例分摊施救费用。即按保险车辆的实际价值占施救总财产的实际价值的比例分摊施救费用。具体计算公式为:

(1)保险金额等于投保时新车购置价,即

$$施救费 = 实际施救费用 \times 事故责任比例 \times (保险车辆实际价值/实际施救财产价值) \times (1 - 免赔率)$$

(2)保险金额低于投保时新车购置价,即

$$施救费 = 实际施救费用 \times 事故责任比例 \times (保险金额/新车购置价) \times (保险车辆实际价值/实际施救财产价值) \times (1 - 免赔率)$$

(二)车辆残值的处理

保险车辆遭受损失后的残余部分由保险人、被保险人协商处理。

保险事故车辆残值的处理办法,保险车辆遭受损失后尚有价值的剩余部分,应由保险人同被保险人协商作价折归被保险人,并在计算赔款时直接扣除。第三者财产遭受损失后的残值也按此处理。

(三) 免赔率的规定

根据保险车辆驾驶人在事故中所负责任比例,保险人在依据条款约定计算赔款的基础上,按下列免赔率免赔。

(1) 机动车保险每次保险事故与赔偿计算应实行按责免赔的原则。机动车损失险(包括第三者责任险车上人员责任险)的损失经保险人、被保险人确认,还应根据保险车辆驾驶人在事故中所负责任,实行绝对免赔率,按照免赔率扣除一定的金额(即被保险人自负责任):第三者责任险负全部责任的免赔率为20%,负主要责任的免赔率为15%,负同等责任的免赔率为10%,负次要责任的免赔率为5%。

(2) 机动车损失险和车上人员责任险。负事故全部责任的以及单方肇事事故,扣除应付赔款金额的15%;负事故主要责任的,扣除应付赔款金额的10%;负事故同等责任的,扣除应付赔款金额的8%;负事故次要责任的,扣除应付赔款金额的5%。

单方肇事事故是指不涉及与第三方有关的损害赔偿的事故,但不包括因自然灾害引起的事故。

要明确单方肇事事故的具体含义,并明确自然灾害导致的事故不属于单方肇事事故,即保险车辆发生主险条款中所列的自然灾害引起的保险事故,保险人不扣除免赔。

(3) 保险车辆的损失应当由第三方负责赔偿的,无法找到第三方时,机动车损失险的免赔率为30%。

(四) 事故车辆的修理

保险事故发生后,被保险人经与保险人协商确定保险车辆的修理项目、方式和费用,可以自行选择修理厂修理,也可以选择保险人推荐的修理厂修理。

保险人所推荐的修理厂的资质应不低于二级。保险车辆修复后,保险人可根据被保险人的委托直接与修理厂结算修理费用,但应当由被保险人自己负担的部分除外。

(五) 代位追偿权利

因第三方对保险车辆的损害而造成保险事故的,保险人自向被保险人赔偿保险金之日起,在赔偿金额范围内代位行使被保险人对第三方请求赔偿的权利,但被保险人必须协助保险人向第三方追偿。

保险事故发生后,保险人未赔偿之前,被保险人放弃对第三者请求赔偿的权利的,保险人不承担赔偿责任。被保险人故意或者因重大过失致使保险人不能行使代位请求赔偿的权利的,保险人可以扣减或者要求返还相应的赔款。

(六) 全车盗抢险的赔偿处理

发生保险事故后,保险人按下列方式进行赔偿:

(1) 被保险人索赔时,须提供保险单、《机动车行驶证》《机动车登记证书》、机动车来历凭证、车辆购置税完税证明(车辆购置附加费缴费证明)或免税证明、机动车停驶手续以及出险当地县级以上公安刑侦部门出具的盗抢立案证明。

(2) 全车损失,在保险金额内计算赔偿,但不得超过保险事故发生时被保险机动车的实际价值。

部分损失,在保险金额内按实际修复费用计算赔偿,但不得超过保险事故发生时被保险机动车的实际价值。

(3)保险人确认索赔单证齐全、有效后,被保险人签具权益转让书,保险人赔付结案。

(4)被保险机动车全车被盗窃、抢劫、抢夺后被找回的:

①保险人尚未支付赔款的,被保险机动车应归还被保险人。

②保险人已支付赔款的,被保险机动车应归还被保险人,被保险人应将赔款返还给保险人;被保险人不同意收回被保险机动车,被保险机动车的所有权归保险人,被保险人应协助保险人办理有关手续。

(七)保险合同的终止

下列情况下,保险人支付赔款后,保险责任终止,保险人不退还机动车损失保险、机动车全车盗抢保险及其附加险的保险费。

(1)保险车辆发生全部损失。

(2)按投保时保险车辆的实际价值确定保险金额的,一次赔款金额与免赔金额之和(不含施救费)达到保险事故发生时保险车辆的实际价值。

(3)保险金额低于投保时保险车辆的实际价值的,一次赔款金额与免赔金额之和(不含施救费)达到保险金额。

三、第三者责任险、车上人员责任险的赔偿处理

(一)免赔率的规定

根据保险车辆驾驶人在事故中所负责任,保险人在保险单载明的责任限额内,按下列免赔率免赔。

(1)第三者责任险的免赔率:负全部责任的免赔率为20%,负主要责任的免赔率为15%,负同等责任的免赔率为10%,负次要责任的免赔率为5%。

(2)车上人员责任险的免赔率:负全部责任的免赔率为15%,负主要责任的免赔率为10%,负同等责任的免赔率为8%,负次要责任的免赔率为5%。

(二)第三者责任险、车上人员责任险的赔偿

保险事故发生后,保险人按照国家有关法律、法规规定的赔偿范围、项目和标准以及保险合同的约定,在保险单载明的责任限额内核定赔偿金额。

保险人对被保险人给第三者造成的损害,可以直接向该第三者赔偿。被保险人给第三者造成损害,被保险人对第三者应负的赔偿责任确定的,根据被保险人的请求,保险人应当直接向该第三者赔偿。被保险人怠于请求的,第三者有权就其应获赔偿部分直接向保险人请求赔偿。被保险人给第三者造成损害,被保险人未向该第三者赔偿的,保险人不得向被保险人赔偿。

车上人员责任保险驾驶人的赔偿金额不超过保险单载明的驾驶人每次事故责任限额;每位乘客的赔偿金额不超过保险单载明的乘客每次事故每人责任限额,赔偿人数以投保乘客座位数为限。

保险人按照国家基本医疗保险的标准核定医疗费用的赔偿金额。

未经保险人书面同意,被保险人自行承诺或支付的赔偿金额,保险人有权重新核定。不属于保险人赔偿范围或超出保险人应赔偿金额的,保险人不承担赔偿责任。

第三者责任险的赔偿依据和赔偿标准。

(1)保险车辆发生第三者责任事故时,应当依据我国现行《道路交通事故处理办法》规定的赔偿范围、项目和标准以及保险合同的规定处理。

(2)根据保险单载明的责任限额核定赔偿金额。

①当被保险人按事故责任比例应付的赔偿金额超过责任限额,即

$$赔款 = 责任限额 \times (1 - 免赔率)$$

②当被保险人按事故责任比例应付的赔偿金额低于责任限额,即

$$赔款 = 应付赔偿金额 \times (1 - 免赔率)$$

(3)自行承诺或支付的赔偿金额是指不符合《道路交通事故处理办法》规定的赔偿范围、项目和标准以及保险合同的规定,且事先未征得保险人同意,被保险人擅自同意承担或支付的赔款。

(三)一次性赔偿原则

赔款金额经保险人与被保险人协商确定并支付赔款后,对被保险人追加的索赔请求,保险人不承担赔偿责任。机动车第三者责任险和车上人员责任险应遵循一次性赔偿结案的原则,保险人对保险事故赔偿结案后,对被保险人追加受害人的任何赔偿费用不再负责。

(四)保险的连续责任

第三者责任险和车上人员责任险的被保险人获得赔偿后,保险合同继续有效,直至保险期间届满。第三者责任险和车上人员责任险的保险责任为连续责任,保险车辆发生该类保险事故,保险人赔偿后,无论每次事故是否达到保险责任限额,在保险期间内,其保险责任仍然有效,直至保险期间届满。

四、主险保险费的调整

保险费调整的比例和方式以保险监管部门批准的机动车保险费率方案的规定为准。保险及其附加险根据上一保险期间发生保险赔偿的次数,在续保时实行保险费浮动。

上一保险年度未发生本保险及其附加险赔款的保险车辆续保,且保险期限均为一年时,按下列条件和方式享受保险费优待。

(1)上一保险年度未享受无赔款保险费优待的,续保时优待比例为10%;上一保险年度已享受保险费优待的,续保时优待比例在上一保险年度优待比例外增加10%;保险费优待比例最高不超过30%。

为了鼓励被保险人及其驾驶人严格遵守交通规则,安全行车,保险人规定了对无赔款保险车辆实行"无赔款优待"办法。上一年保险期限内无赔款,续保时可享受无赔款减收保险费优待。

优待条件：
①保险期限必须满一年；
②保险期限内无赔款；
③保险期满前办理续保。

（2）上一保险年度享受保险费优待的车辆发生本保险及其附加险赔款，续保时保险费优待比例按以下公式计算，直至保险费优待比例为零时止。

$$续保时保险费优待比例 = 上一保险年度保险费优待比例 - N \times 10\%$$

式中：N——续保时上一保险年度发生赔款次数。

在具体确定无赔款优待应注意以下几点：
①保险车辆发生保险事故，续保时案件未决，被保险人不能享受无赔款优待。但事故处理后，保险人应退还无赔款优待应减收的保险费。
②在一年保险期限内，发生所有权转移的保险车辆，续保时不享受无赔款优待。
③无赔款优待仅限于续保险种，即上年度投保而本年度未续保的险种和本年度新投保的险种，均不享受无赔款优待。

（3）同一投保人投保车辆不止一辆的，保险费调整按辆分别计算。
（4）保险费调整以续保年度应交保险费为计算基础。

本保险合同中的应交保险费是指按照保险监管部门批准的费率规章计算出的保险费。

【例6-3】 某新购机动车车损险保20万元，保险费3000元，第三者责任险5万元，保费800元，附加自燃损失险20万元，保费2000元，玻璃单独破碎险500元，合计保费6300元。在保险期间内未发生保险事故，试求第二年续保时应交纳的保险费（投保险种与上年相同）。

解 优待比例为10%

$$应交保费 = 6300 \times (1 - 10\%) = 6300 - 630 = 5670（元）$$

【例6-4】 某日，甲、乙两车相撞，经交通管理部门裁定：甲车车损10万元，医疗费8万元，货物损失12万元；乙车车损22万元，医疗费4万元，货物损失14万元。甲车负主要责任，承担经济损失的70%；乙车负次要责任，承担经济损失的30%。该两辆车均投保了机动车损失险和第三者责任险，甲车在A保险公司投保了保险金额为16万元的机动车损失险、赔偿限额为50万元的第三者责任险；乙车在B保险公司投保了保险金额为20万元的机动车损失险、赔偿限额为20万元的第三者责任险。

问：在不考虑免赔额的条件下，分别计算A、B保险公司对甲、乙两车的被保险人各应承担多少赔偿金额？

解 甲车自负车损 = 甲车车损10万元 × 70% = 7万元

甲车应赔乙车 = （乙车车损22万元 + 乙车车上货损14万元 +
乙车人员医疗费用4万元） × 70% = 28万元

保险人负责甲车车损和第三者责任赔款 = 甲车自付车损7万元 + 甲车应赔乙车28万元
= 35万元

乙车自付车损 = 乙车车损22万元 × 30% = 6.6万元

乙车应赔甲车 = (甲车车损 10 万元 + 甲车车上货损 12 万元 + 甲车人员医疗费用 8 万元) × 30% = 9 万元

保险人负责乙车车损和第三者责任赔款 = 乙车自付车损 6.6 万元 + 乙车应赔甲车 9 万元 = 15.6 万元

【例 6-5】 赵某某年 8 月 8 日购买一辆汽车,购买价格 24 万元,同月 16 日,赵某向 X 保险公司购买了保险金额 24 万元的机动车损失保险和责任限额 5 万元的第三者责任保险,保险期限为 1 年,并于当日交清了保险费。第二年 2 月 8 日,赵某将该汽车以 23 万元的价格卖给刘某,赵某并没有经 X 保险公司办理批单手续,也没有告知该保险公司。2013 年 3 月 18 日,具有合格驾驶证的车主刘某合法驾驶,不料发生车祸,车辆全损,未造成第三者人员伤亡和财产损失。问:

(1) 若赵某向 X 保险公司索赔,保险公司是否赔偿?为什么?
(2) 若刘某向 X 保险公司索赔,保险公司是否赔偿?为什么?

解 (1) 保险公司可以拒赔,因为:一是被保险人违反了最大诚信原则,车辆转让时没有向保险公司告知,没办理批单手续,保险合同失效;二是被保险人赵某对该车辆已经不存在保险利益,则保险合同自车辆转让时起无效。

(2) 保险公司可以拒赔。因为:刘某同 X 保险公司没有保险关系,不是被保险人。

【例 6-6】 某车主将其所有的车辆向 A 保险公司投保机动车损失险,保险金额 12 万元;向 B 保险公司投保第三者责任险,赔偿限额 20 万元。保险期限内发生交通事故,导致对方车辆、财产损失 12 万元和人身伤害所支付的医疗费 6 万元;本车全损,车辆损失 15 万元和人身伤害所支付的医疗费 2 万元。经公安交通管理部门裁定,车主负全部责任。则:

(1) A 保险公司应赔偿多少?为什么?
(2) B 保险公司应赔偿多少?为什么?

解 (1) A 保险公司应赔偿 12 × (1 - 15%) = 10.2(万元)

因为 A 保险公司承保机动车损失险,只负责赔偿本车辆的损失;虽然在本次事故中,本车辆实际价值为 15 万元,由于保险金额是 12 万元,故保险公司应按 12 万元赔偿,免赔率为 15%。

(2) B 保险公司应赔偿 18 × (1 - 20%) = 14.4(万元)

因为 B 保险公司承保第三者责任险,赔偿限额为 20 万元,由于车主责任造成对方车辆、财产损失 12 万元和人身伤害 6 万元,共计 18 万元,未达到 20 万元的赔偿限额。故按 18 万元赔偿,免赔率为 20%。

【例 6-7】 某年 1 月 9 日,车主李某将自己的一辆黄河牌货车向保险公司投保了机动车损失险、第三者责任险和车上人员责任险,保险金额为 9.68 万元。当某年 3 月 2 日,车主聘请的驾驶人王某驾车运煤,空车返回时车辆翻于公路右侧 23m 的山坡下。王某跳车后幸免于难,但多处软组织受伤,治疗用去医疗费 500 元。

事故发生后,保险公司会同当地交警部门进行了查勘和事故调查,3 月 5 日,交警部门向车主李某送达了交通事故责任认定书,认定驾驶人王某负全部责任。此次事故造成车辆损失 74740 元,加上医疗费 500 元,共计 75240 元。李某向保险公司索赔,问:保险人是否应承担赔偿责任？应赔偿的金额是多少？

解 保险人应承担赔偿责任。

$$赔偿金额为 75240 \times (1 - 15\%) = 63954(元)$$

第五节 主险保险合同的变更、解除和争议处理

一、保险合同的变更和解除

机动车保险合同解除时，除法律、法规和保险合同另有规定外，应按照《机动车保险费率规章》的有关规定计收已确定了责任部分的保险费，并退还未到期责任部分的保险费。

（1）保险合同的内容如需变更，须经保险人与投保人书面协商一致，并履行一定的手续。在保险合同有效期内，被保险人要求调整保险金额或赔偿限额，应向保险人书面申请办理批改。申请变更的内容在保险人签发批单后生效。

（2）在保险期间内，保险车辆转卖、转让、赠予他人，被保险人应书面通知保险人并办理批改手续。在向公安交通管理部门办理异动手续后，应向保险人申请办理批改被保险人称谓。未办理批改手续的，保险人不承担赔偿责任。

（3）保险合同的解除：被保险人要求退保的处理方法。

在保险责任开始前，投保人要求解除保险合同的，应当向保险人支付应交保险费的5%作为退保手续费，保险人应当退还保险费。

保险责任开始后，投保人要求解除保险合同的，自通知保险人之日起，保险合同解除。保险人按日收取自保险责任开始之日起至合同解除之日止期间的保险费，并退还剩余部分保险费。

【例6-8】 汽车保险未过户，出了事故自己兜。

夏某遇到了一件比较烦心的事，明明是一辆投过保的汽车，可出了车祸却没法向保险公司索赔。

某年11月，夏某买了一辆二手汽车，并到车管所办妥了过户手续。当时随车过来的还有一张保险期限至第二年7月的车辆保险单据，是由前任车主为该车投保的第三者责任险。

第二年6月2日，夏某不慎撞伤了人，估计得赔几千元医疗费。交警部门提醒他可以到保险公司索赔。保险公司的服务人员却告诉他，由于他没有在车辆过户后及时到保险公司办理这份保单的过户手续，目前这份第三者责任险的被保险人依然是前任车主，因此保险公司没有义务为夏某支付赔偿费用。

根据机动车辆保险条款中的相应规定，第三者责任险的解释是，如果被保险人或其允许的驾驶人在使用保险车辆的过程中，发生了意外事故，致使第三者遭受人身伤亡或财产直接损毁，依法应当由被保险人承担的经济赔偿责任，保险公司依照《道路交通事故处理办法》和保险合同的规定给予赔偿。从这项条款来看，该车在6月2日发生事故时，车辆已经归夏某所有，要承担事故赔偿的也是他。此时，由于夏某没有及时办理保单的过户手续，该保单的被保险人仍是原车主。而原车主并不需要为这起事故承担任何责任。那么保险公司依法支付

本应由原车主承担的赔偿费用也就无从谈起了。

夏某说,当初也看到保险单上提到新任车主有义务把保单过户,但不清楚不过户有什么严重后果,所以没当一回事。看来,在二手车保单过户的问题上,部分车主还是不够重视。在二手车买卖后,一定要及时书面通知保险人并办理批改手续。

二、保险合同的争议处理

(1) 因履行保险合同发生争议的,由当事人协商解决。协商不成的,提交保险单载明的仲裁机构仲裁。保险单未载明仲裁机构或者争议发生后未达成仲裁协议的,可向人民法院起诉。

(2) 保险合同争议处理适用中华人民共和国法律。

三、其他应说明的问题

(1) 保险人按照保险监管部门批准的机动车辆保险费率规章计算保险费。

(2) 在投保机动车损失保险和第三者责任保险等主险的基础上,投保人可分别投保相对应的附加险。

附加险条款与主险保险条款相抵触的,以附加险条款为准;附加险条款未尽事宜,以主险保险条款为准。

思考与练习题

1. 机动车损失险和第三者责任险等主险都包含哪几个部分?
2. 机动车保险合同由几部分构成?
3. 简述机动车损失险的保险责任。
4. 简述第三者责任险的保险责任。
5. 简述机动车损失险、第三者责任险和车上人员责任险的共同免除责任。
6. 机动车责任划分标准有几项?
7. 简述机动车损失险保险金额的确定方式。
8. 简述第三者责任险责任限额确定的方式。
9. 保险人的义务是什么?
10. 投保人和被保险人的义务分别是什么?
11. 某家自用车,车损险保20万元,车龄4~5年,现交车损险2166元,第三者险5万元,保险费800元,附加自燃损失险20万元,保费2000元,玻璃破碎险500元,在保险期内,未发生保险事故,试求第二年续保时应交纳的保险费(投保的险种与上一年相同)。
12. 简述全车盗抢险的保险责任范围。
13. 全车盗抢险免责范围包括哪些?
14. 在全车盗抢险的赔偿处理中如何计算赔偿金额?

第七章　汽车保险附加险

2003年机动车辆保险条款和费率放开后,各保险公司为了满足机动车辆保险客户的需求,扩大市场份额,提高市场占有率和服务质量,纷纷推出新的附加险品种,使机动车辆保险附加险由原来的9种增加到2007年的30余种。2012年保险行业协会出台的《机动车辆商业保险示范条款》将现有的30多种附加险规范为11种,各保险公司在此基础上可进行调整。

在投保了机动车辆主险的基础上方可投保附加险。附加险条款、条款解释与主险条款、条款解释相抵触之处,以附加险条款、条款解释为准。未尽之处,以主险条款、条款解释为准。

附加险部分规定了机动车保险附加险的险别和投保方式。下面以人保财险公司为例,介绍常见的附加险。

第一节　机动车损失险的附加险

机动车损失险的附加险包括:玻璃单独破碎险、机动车停驶损失险、自燃损失险、发动机涉水损失险、新增加设备损失险、车身划痕损失险等。未投保机动车损失险的,不得投保上述相应的附加险。所投保的附加险必须在保单上列明。

机动车损失险的保险责任终止时,相应的附加险的保险责任同时终止。

一、玻璃单独破碎险

(一)保险责任

保险车辆风窗玻璃或车窗玻璃的单独破碎,保险人负责赔偿。

投保了本保险的机动车在使用过程中,发生本车玻璃单独破碎,保险人按实际损失金额计算赔偿。

(二)投保方式

投保人与保险人可协商选择或按进口或国产玻璃投保。保险人根据协商选择的投保方式承担相应的赔偿责任。

投保人在与保险人协商的基础上,可自愿选择按进口风窗玻璃或国产风窗玻璃投保。

(三)责任免除

安装、维修车辆过程中造成的玻璃单独破碎,保险人可免除责任。除此之外还包括:

(1)灯具、车镜玻璃破碎,保险人不负责赔偿。

(2)被保险人或驾驶人的故意行为,造成的玻璃破碎,保险人也不负赔偿责任。

玻璃单独破碎险条款可从以下几方面来理解:

①本附加险所称玻璃,仅指保险车辆的风窗玻璃和车窗玻璃;

②机动车辆灯具玻璃、车镜玻璃破碎等均不属本附加险责任;

③发生玻璃单独破碎后,保险人按受损玻璃的实际修复费用给予赔偿;

④选择进口风窗玻璃投保的,按进口风窗玻璃的价格予以赔偿;选择国产风窗玻璃投保的,按国产风窗玻璃的价格予以赔偿。

⑤本附加险不计免赔,不适用主险中的各项免赔率、免赔额约定。

(四)其他事项

本附加险在保险期间内发生赔款,续保时,不影响除本附加险以外的其他险种的无赔款保险费优待。

二、自燃损失险

(一)保险责任

(1)在没有外界火源的情况下,因保险车辆电器、线路、供油系统、供气系统发生故障或所载货物自身原因起火燃烧造成本车的损失。

(2)发生保险事故时,被保险人为防止或者减少保险车辆的损失所支付的必要的、合理的施救费用,由保险人承担。施救费用数额在被保险机动车损失赔偿金额以外另行计算,最高不超过本附加险保险金额的数额。

投保了本保险的机动车辆在使用过程中,因本车电器、线路、供油系统、供气系统发生故障及运载货物自身原因起火燃烧,造成保险车辆的损失,以及被保险人在发生本保险事故时,为减少保险车辆损失所支出的必要合理的施救费用,保险人在保险单该项目所载明的保险金额内,按保险车辆的实际损失计算赔偿;发生全部损失的按出险时保险车辆实际价值在保险单该项目所载明的保险金额内计算赔偿。

(二)责任免除

(1)自燃仅造成电器、线路、供油系统、供气系统的损失。

(2)所载货物自身的损失。

(3)由于擅自改装、加装电器及设备导致被保险机动车起火造成的损失。

对下列原因造成的损失,保险人不负责赔偿。

①被保险人在使用保险车辆过程中,因人工直接供油、高温烘烤等违反车辆安全操作规则造成的损失。

②被保险人的故意行为或违法行为造成保险车辆的损失。

(三)保险金额

保险金额由投保人和保险人在投保时保险车辆的实际价值内协商确定。

(四)赔偿处理

(1)全部损失,在保险金额内计算赔偿;部分损失,在保险金额内按实际修理费用计算赔偿。
(2)施救费用在保险金额内按实际支出计算赔偿。
(3)每次赔偿实行20%的免赔率。

自燃损失险的几个具体问题。
①自燃,指保险车辆因本车电器、线路、供油系统、货物自身等问题造成的火灾。
②发生部分损失,按照实际修复费用赔偿。
③无论部分损失还是全部损失,每次赔款均实行20%的绝对免赔率。

三、新增加设备损失险

(一)保险责任

投保了本附加险的机动车辆在使用过程中,发生机动车损失险条款所列的保险事故,造成车上新增加设备的直接损毁,保险人在保险单该项目所载明的保险金额内,按实际损失计算赔偿。

(二)责任免除

每次赔偿的免赔约定以机动车损失保险条款约定为准。

(三)保险金额

保险金额以新增加设备投保时的实际价值确定。新增加设备的实际价值是指新增加设备的购置价减去折旧金额后的金额,新增加设备的折旧率以对应的主险条款规定为准。

(四)赔偿处理

本附加险每次赔偿均实行绝对免赔率,绝对免赔率的比例按照主险的规定确定,以所对应的主险条款规定为准。

(五)其他事项

本保险所指的新增加设备,是指保险车辆出厂时原有各项设备以外,被保险人另外加装的设备及设施。办理本保险时,应列明车上新增加设备明细表及价格。

新增加设备损失险可从以下几方面来理解。
(1)本保险所指的新增加设备是指除保险车辆出厂时原有各项附属设备以外,被保险人另外加装或改装的设备与设施。如在保险车辆上加装制冷、加氧设备、清洁燃料设备、CD及电视录像设备、检测设备、真皮或电动座椅、电动升降器、防盗设备、GPS等。
(2)未发生保险事故,而新增加设备单独损毁,如被盗窃、丢失、故障、老化、被破坏等,保险人不负赔偿责任。
(3)实际价值指在投保时新增加设备的市场价格,保险金额在实际价值内由保险人和被保险人协商确定。
(4)发生部分损失,按照实际修复费用赔偿。
(5)办理本保险时,应列明车上新增加设备明细表及价格。未列明的新增加设备,保险人不负责赔偿。

四、车身划痕损失险

车身划痕损失险是指由于他人恶意行为造成车身划痕损坏,保险人将按实际损失进行赔偿。

(一)保险责任

机动车停放过程中,由他人恶意行为造成的无明显碰撞痕迹的划痕,保险人负责赔偿。比如:车辆停在小区,小孩淘气用锐器将车身油漆划坏,投保了该险种就能得到理赔。

(二)责任免除

(1)被保险人及其家庭成员、驾驶人及其家庭成员的故意行为造成的损失。

(2)他人因与被保险人或其家庭成员发生民事、经济纠纷造成保险车辆的任何损失。

(3)车身表面自然老化、损坏腐蚀造成的任何损失。

(4)其他不属于保险责任范围内的损失和费用。

(三)保险金额

保险金额为 2000 元、5000 元、10000 元或 20000 元,由投保人和保险人在投保时协商确定。

(四)赔偿处理

(1)在保险金额内按实际修理费用计算赔偿。

(2)每次赔偿实行 15% 的绝对免赔率,不适用主险中的各项免赔率、免赔额约定。

(3)在保险期间内,累计赔款金额达到保险金额,本附加险保险责任终止。

五、发动机涉水损失险

发动机涉水损失险或称发动机特别损失险,是一种新衍生的车险险种,是指为发动机购买的附加险。

本附加险仅适用于家庭自用汽车、党政机关、事业团体用车、企业非营业用车,且只有在投保了机动车损失保险后,方可投保本附加险。

(一)保险责任

保险期间内,投保了本附加险的被保险机动车在使用过程中,因下列原因导致发动机进水后而造成发动机的直接损毁,保险人负责赔偿。

(1)被保险机动车在积水路面涉水行驶。

(2)被保险机动车在水中起动。

发生保险事故时,被保险人为防止或者减少被保险机动车的损失所支付的必要的、合理的施救费用,由保险人承担;施救费用数额在被保险机动车损失赔偿金额以外另行计算,最高不超过保险金额的数额。

涉水险主要是保障车辆在积水路面涉水行驶或被水淹后致使发动机损坏可给予赔偿。即使车辆被水淹后被保险人强行启动发动机而造成的损害,保险公司仍然给予赔偿。

被保险人或其允许的合法驾驶人在使用保险机动车过程中,因下列原因造成保险机动

车的发动机损坏,保险人按照保险合同约定负责赔偿:

（1）遭受暴雨、洪水的当时,保险机动车被水淹及排气筒或进气管,驾驶人继续起动机动车或利用惯性动机动车。

（2）遭受暴雨、洪水后,未经必要处理而起动机动车。

（3）发生本附加险保险责任范围内的事故时,被保险人为防止或者减少保险机动车损失而采取施救、保护措施所支出的必要合理的费用。

(二)责任免除

本附加险每次赔偿均实行15%或20%的绝对免赔率,不适用主险中的各项免赔率、免赔额约定。

(三)赔偿处理

在保险金额内按实际修复费用计算赔偿。但在保险期间内累计赔款金额达到保险金额的,保险责任终止。

六、机动车停驶损失险

(一)保险责任

因发生机动车损失保险的保险事故,致使保险车辆停驶,保险人在保险单载明的保险金额内承担赔偿责任。

投保了本保险的机动车辆在使用过程中,因发生主险保险责任范围内的保险事故,造成车身损毁,致使车辆停驶,保险人按以下规定承担赔偿责任。

（1）部分损失的,保险人在双方约定的修复时间内,按保险单约定的日赔偿金额乘以从送修之日起至修复竣工之日止的实际天数计算赔偿。

（2）全车损毁的,按保险单约定的赔偿限额计算赔偿。

（3）在保险期间内,上述赔款累计计算,最高以保险单约定的赔偿天数为限。

(二)责任免除

（1）被保险人或驾驶人未及时将保险车辆送修或拖延修理时间造成的损失。

（2）因修理质量不合格,重新返修造成的损失。

另外,保险人对车辆被扣押期间的停驶损失不负责赔偿。

(三)保险金额

保险金额按照投保时约定的日赔偿金额乘以约定的赔偿天数确定。约定的日赔偿金额最高为300元,约定的赔偿天数最长为60日。

赔偿限额以投保人与保险人投保时约定的赔偿天数乘以约定的日赔偿金额为准,但本保险的最高约定赔偿天数为60日。

(四)赔偿处理

全车损失,按保险单载明的保险金额计算赔偿;部分损失,在保险金额内按约定的日赔偿金额乘以从送修之日起至修复之日止的实际天数计算赔偿,实际天数超过双方约定修理天数的,以双方约定的修理天数为准。

在保险期间内,赔款金额累计达到保险单载明的保险金额,本附加险保险责任终止。

车辆停驶损失险可从以下几方面来理解:

(1)投保本附加险时,由保险双方在保险单上约定日赔偿金额和赔偿天数。约定赔偿天数最高为60日。

(2)赔款的计算公式为:

$$部分损失赔款 = 日赔偿金额 \times 实际修理天数$$

$$全车损毁赔款 = 日赔偿金额 \times 约定赔偿天数$$

(3)在保险期限内,每次赔偿后要冲减约定的赔偿天数,赔偿天数一次或多次累计达到约定赔偿天数时,本附加险的保险责任即行终止。

(4)本附加险的保险期限到期时,无论赔偿天数一次或多次累计是否达到约定天数,本附加险的保险责任即行终止;但如本附加险的保险期限到期时,保险车辆尚未修复完毕,保险人在约定的赔偿天数内继续承担保险责任。

七、随车行李物品损失险

(一)保险责任

保险期间内,投保了本附加险的机动车因发生机动车损失保险责任范围内的事故,造成车上所载行李物品的直接损毁,保险人在保险单载明的本附加险的保险金额内,对实际损失依据被保险机动车驾驶人在事故中所负责任比例承担相应的赔偿责任。

(二)责任免除

(1)下列财产的损失,保险人不负责赔偿:

①金银、珠宝、钻石及制品、玉器、水晶制品、首饰、古币、古玩、字画、邮票、艺术品、稀有金属等珍贵财物;

②货币、票证、有价证券、文件、书籍、账册、图表、技术资料、电脑资料、枪支弹药以及无法鉴定价值的物品;

③电话、电视、音像设备及制品、电脑及软件;

④国家明文规定的违禁物品、易燃、易爆以及其他危险物品;

⑤动物、植物;

⑥用于商业和贸易目的的货物或样品。

(2)行李物品丢失、被盗窃、抢劫、抢夺,以及因丢失、被盗窃、抢劫、抢夺受到的损坏,保险人不负责赔偿。

(三)保险金额

本附加险的保险金额由保险人和投保人在投保时协商确定,并在保险单中载明。

(四)赔偿处理

(1)被保险人向保险人申请索赔时,应提供证明损失物品价值的相关凭据和残骸以及其他与确认保险事故的性质、原因、损失程度等有关的证明和资料;

(2) 每次赔偿的免赔率以本条款所对应的主险条款规定为准；
(3) 保险期间内,累计赔款金额达到保险单载明的本附加险的保险金额,本附加险保险责任终止。

八、修理期间费用补偿险

(一) 保险责任

保险期间内,投保了本条款的机动车在使用过程中,发生机动车损失保险责任范围内的事故,造成车身损毁,致使被保险机动车停驶,保险人按保险合同约定,在保险金额内向被保险人补偿修理期间费用,作为代步车费用或弥补停驶损失。

(二) 责任免除

下列情况下,保险人不承担修理期间费用补偿：

(1) 因机动车损失保险责任范围以外的事故而致被保险机动车的损毁或修理。
(2) 非在保险人认可的修理厂修理时,因车辆修理质量不合要求造成返修。
(3) 被保险人或驾驶人拖延车辆送修期间。
(4) 本附加险每次事故的绝对免赔额为1天的赔偿金额,不适用主险中的各项免赔率、免赔额约定。

(三) 保险金额

本附加险保险金额 = 补偿天数 × 日补偿金额。补偿天数及日补偿金额由投保人与保险人协商确定并在保险合同中载明,保险期间内约定的补偿天数最高不超过90天。

(四) 赔偿处理

全车损失,按保险单载明的保险金额计算赔偿;部分损失,在保险金额内按约定的日赔偿金额乘以从送修之日起至修复之日止的实际天数计算赔偿,实际天数超过双方约定修理天数的,以双方约定的修理天数为准。

保险期间内,累计赔款金额达到保险单载明的保险金额,本附加险保险责任终止。

第二节　其他附加险

其他附加险主要有:车上货物责任险、精神损害抚慰金责任险等。

一、车上货物责任险

投保了机动车第三者责任保险的机动车,可投保本附加险。

(一) 保险责任

保险期间内,发生意外事故致使被保险机动车所载货物遭受直接损毁,依法应由被保险人承担的损害赔偿责任,保险人负责赔偿。

(二) 责任免除

(1) 偷盗、哄抢、自然损耗、本身缺陷、短少、死亡、腐烂、变质、串味、生锈、动物走失、飞失、货物自身起火燃烧或爆炸造成的货物损失。

(2) 违法、违章载运造成的损失。

(3) 因包装、紧固不善,装载、遮盖不当导致的任何损失。

(4) 车上人员携带的私人物品的损失。

(5) 保险事故导致的货物减值、运输延迟、营业损失及其他各种间接损失。

(6) 法律、行政法规禁止运输的货物的损失。

(7) 本附加险每次赔偿实行20%的绝对免赔率,不适用主险中的各项免赔率、免赔额约定。

(三) 责任限额

责任限额由投保人和保险人在投保时协商确定。

(四) 赔偿处理

被保险人索赔时,应提供运单、起运地货物价格证明等相关单据。保险人在责任限额内按起运地价格计算赔偿。

二、精神损害抚慰金责任险

在投保了第三者责任险或车上人员责任险的基础上,方可投保本附加险。

(一) 保险责任

保险期间内,被保险机动车在使用过程中发生意外事故致使第三者或本车上人员的人身伤亡,受害人据此提出的精神损害赔偿请求,保险人依照法院判决及保险合同约定,应由被保险人或被保险机动车驾驶人支付的精神损害抚慰金,保险人在扣除机动车交通事故强制责任保险应当支付的赔款后在本保险赔偿限额内负责赔偿。

(二) 责任免除

发生以下情形或损失之一者,保险人不承担精神损害赔偿责任:

(1) 被保险机动车驾驶人在事故中无过错。

(2) 被保险机动车未发生直接碰撞事故,仅因第三者或本车上人员的惊恐而引起的损害。

(3) 怀孕妇女的流产发生在交通事故发生之日起30天以外的。

(4) 被保险机动车违反安全装载规定。

(5) 应当由机动车交通事故责任强制保险赔偿的损失和费用。

(6) 根据被保险人与他人的合同协议,应由他人承担的精神损害抚慰金。

(三) 责任限额

每次事故责任限额和每次事故每人责任限额由投保人和保险人在签订保险合同时协商确定,其中每次事故每人责任限额不超过5万元。

(四) 赔偿处理

(1) 本附加险赔偿金额按人民法院对被保险人应承担精神损害赔偿责任的生效判决以

及保险合同的约定进行计算赔偿;协商、调解结果中所确定的被保险人的精神损害赔偿责任,经保险人书面同意后,保险人负责赔偿。

(2)每次事故赔偿实行20%的绝对免赔率,不适用主险中的各项免赔率、免赔额约定。

三、油污污染责任险

投保人在同时投保了机动车损失险和第三者责任险的基础上,可投保本附加险。

(一)保险责任

保险期间内,被保险机动车在使用过程中发生意外事故,由于被保险机动车或第三方机动车自身油料或所载油料泄漏造成道路的污染损失及清理费用,依法应由被保险人承担的损害赔偿责任,保险人依照合同约定负责赔偿。

(二)责任免除

(1)道路以外的损失。

(2)由于污染所导致的罚款及任何间接损失。

(3)应当由机动车交通事故责任强制保险赔偿的损失和费用。

(三)责任限额

每次事故责任限额由投保人和保险人按5万元、10万元、20万元、30万元、50万元的档次协商确定。

(四)赔偿处理

(1)保险事故发生后,根据法院、仲裁机构依法判决、裁定、裁决或调解,或者经事故双方当事人协商一致并经保险人书面同意的,应由被保险人承担的损害赔偿责任,保险人在保险单载明的本附加险责任限额内给予赔偿。

(2)被保险人索赔时,应提供公安机关交通管理部门、交通行政管理部门等出具的事故证明、事故现场记录以及其他与确认保险事故的性质、原因、损失程度等有关的证明和资料。

(3)每次事故赔偿实行20%的免赔率。

四、机动车出境险

投保人在同时投保了机动车损失险和第三者责任险的基础上,可投保本附加险。

(一)保险责任

保险期间内,经双方同意并在保险单上载明,保险人已承保的机动车损失保险、机动车第三者责任保险的保险责任扩展至香港、澳门或与中华人民共和国接壤的其他国家和地区。扩展区域从出境处起算,由投保人和保险人按照200km、500km和1000km的半径范围来确定。

(二)责任免除

出境后,在非约定区域内被保险机动车发生事故造成的损失,保险人不负责赔偿。

（三）其他

本附加险生效后,投保人不得退保。

第三节 特约险

只有在投保一项主险或同时投保几项主险的基础上,方可投保相应的特约附加险,当主险中任一险别的保险责任终止时,相应特约附加险的保险责任同时终止。

一、不计免赔率特约条款

投保了任一主险及其他设置了免赔率的附加险后,均可投保本附加险。

(一)保险责任

经特别约定,保险事故发生后,按对应的投保险种约定的免赔率计算的,应由被保险人自行承担的免赔金额,保险人负责赔偿。

办理本项特约保险的机动车辆发生保险事故造成赔偿,对其在符合赔偿规定的金额内按主险条款规定的免赔金额,保险人负责赔偿。

不计免赔是指根据主险条款的规定,保险人负责赔偿机动车损失险和第三者责任险所实行的免赔金额。

在保险期限内,不论保险车辆发生一次或多次主险保险事故,本附加险均承担相应的不计免赔责任。

(二)责任免除

下列应由被保险人自行承担的免赔金额,保险人不负责赔偿:

(1)机动车损失保险中应当由第三方负责赔偿而确实无法找到第三方的。

(2)因违反安全装载规定增加的损失金额。

(3)同一保险年度内多次出险,每次增加的损失金额。

(4)非指定驾驶人使用保险车辆发生保险事故增加的损失金额。

(5)被保险人根据有关法律法规规定选择自行协商方式处理交通事故,但不能证明事故原因的。

(6)投保时约定行驶区域,保险事故发生在约定行驶区域以外而增加的。

(7)发生机动车盗抢保险规定的全车损失保险事故时,被保险人未能提供《机动车行驶证》《机动车登记证书》机动车来历凭证、车辆购置税完税证明(车辆购置附加费缴费证明)或免税证明而增加的。

(8)可附加本条款但未选择附加本条款的险种规定的。

(9)不可附加本条款的险种规定的。

对于各附加险项下规定的免赔金额,保险人不负责赔偿。

二、可选免赔额特约条款

只有在投保了机动车损失险基础上方可特约本条款。保险人按投保人选择的免赔额给予相应的保险费优惠,当机动车损失险的保险责任终止时,本保险责任同时终止。

被保险机动车发生机动车损失保险合同约定的保险事故,保险人在按照机动车损失保险合同的约定计算赔款后,扣减本特约条款约定的免赔额。

特约了本条款的投保人在投保时可以与保险人协商确定一个绝对免赔额。按保险合同其他条款计算的保险人应负赔偿额度低于该绝对免赔额时,保险人不承担赔偿责任;高于该绝对免赔额时,保险人在扣除该免赔额后,对高于部分予以赔偿。选择了本特约条款后,赔款计算式为:

$$赔款 = 按车辆损失险计算的赔款 - 选定的免赔额$$

投保了本条款的投保人可以依其所选定免赔额的不同享受相应的费率优惠。

被保险人发生保险事故后,应及时进行施救并避免损失的进一步扩大,如被保险人未尽到合理施救的义务致使损失扩大时,保险人有权对损失或扩大的损失部分予以拒赔。

本条款不适用于玻璃单独破碎险、全车盗抢险及车辆停驶损失险。

特约了本条款后,主条款的免赔规定不发生改变。

三、换件特约条款

只有在投保了机动车损失险的使用年限在3年以内的机动车方可附加本特约条款。当机动车损失险的保险责任终止时,本保险责任同时终止。

(一) 保险责任

保险期间内,因发生机动车损失保险的保险事故,造成被保险机动车的损坏而需要修复时,对受损零部件维修费用达到该部件更换费用20%的,保险人按照保险合同的约定对应予修理的配件给予更换。

(二) 赔偿处理

被保险机动车遭受损失后,受损零部件按最小可分解件进行更换,被更换的零部件归保险人所有。车身的漆面损伤不做换件处理。

特约了本条款的保险车辆发生机动车损失险责任范围内的事故,造成保险车辆损坏需要修理时,保险人按被保险人的要求对应予修理的配件给予更换,被更换的配件归保险人所有。

特约了本条款后,主条款的免赔规定不发生改变。

四、代步机动车服务特约条款

只有在投保了机动车损失险基础上方可特约本条款。当机动车损失险的保险责任终止时,本保险责任同时终止。

(一) 保险责任

保险期间内,被保险机动车因遭受机动车损失保险合同约定的保险事故而修理,且被保险人在修理期限内需要代步机动车并提出请求的,保险人依照本特约条款的约定提供代步机动车。

(二)责任免除

具有下列情形之一的,保险人不负责提供代步机动车:

(1)被保险机动车处于查封、扣押期间的。

(2)被保险机动车因修理质量不合格,处于返修期间的。

(3)被保险人或驾驶人未及时将被保险机动车送修或拖延修理时间的。

(4)被保险机动车发生全部损失或推定全损的。

(5)机动车损失保险合同约定的保险事故以外的原因造成被保险机动车损失的。

(三)服务期限

(1)被保险人依照本特约条款要求提供代步机动车服务的,应当在保险事故发生后及时向保险人提出请求,与保险人协商确定事故机动车的修理期限。

(2)保险人提供代步机动车服务的期限与修理期限一致。实际修理期限少于协商确定的修理期限的,以实际修理期限为准;实际修理期限超过协商确定的修理期限的,以协商确定的修理期限为准。

(3)保险人对每次提供代步机动车服务的期限进行累计计算,累计服务期限最长为60日。

(四)责任终止

具有下列情形之一的,本特约条款的保险责任终止:

(1)机动车损失保险合同终止的。

(2)保险人提供代步机动车的累计服务期限达到60日的。

(3)本特约条款依照法律、行政法规规定或投保人与保险人的约定终止的。

(五)其他事项

(1)保险人提供的代步机动车仅满足被保险人基本的日常代步需要,具体机动车的品牌型号由保险人确定。

(2)被保险人使用保险人提供的代步机动车期间,除代步机动车租金以外的一切费用、责任或损失,保险人均不负责承担。

五、异地出险住宿费特约条款

投保人在同时投保了机动车损失险和第三者责任险的基础上,可附加本特约条款。

(一)保险责任

保险期间内,被保险机动车在保险合同签订地的地市级行政区域外发生机动车损失保险或第三者责任保险合同约定的保险事故,因在事故发生地修理被保险机动车或处理保险事故,被保险人或其受托人在事故发生地所在地市级行政区域内发生的必要的、合理的住宿费,保险人依照本特约条款的约定负责赔偿。

(二)责任免除

(1)被保险人或其受托人在事故发生地所在的地市级行政区域以外的地点发生的住宿

费,保险人不负责赔偿。事故发生地为直辖市的,对被保险人或其受托人在直辖市行政区域以外的地点发生的住宿费,保险人不负责赔偿。

(2)被保险人不能提供本特约条款约定的住宿费发票或住宿时间证明的,保险人不负责赔偿。

(三)保险金额

保险金额由投保人和保险人在签订保险合同时按500元、800元和1000元的档次协商确定。

(四)赔偿处理

(1)被保险人索赔时应提供住宿费发票及住宿旅馆出具的住宿时间证明。

(2)保险人在保险金额内按每日住宿费之和计算赔偿。每日住宿费按以下方式确定:每日住宿费按同一旅馆的住宿费发票总金额除以住宿天数计算,超过200元的,按200元计算。居住不同旅馆的,每日住宿费按前述方式分别计算。

(3)保险期间内,累计赔款金额达到保险金额的,本特约条款保险责任终止。

六、多次出险增加免赔率特约条款

投保了机动车损失保险的机动车,可附加本特约条款。保险人按照保险监管部门批准的机动车保险费率方案对机动车损失保险给予保险费优惠。

附加本特约条款的被保险机动车在保险期间内发生多次保险事故的(自然灾害引起的事故除外),免赔率从第三次开始每次增加5%,累计增加免赔率不超过25%。

七、指定专修厂特约条款

投保了机动车损失保险的机动车,可附加本特约条款。

投保人在投保时未选择本特约条款的,机动车损失保险事故发生后,因保险事故损坏的机动车,在修理前应当按照主险条款的规定,由被保险人与保险人协商确定修理方式和费用。

投保人在投保时选择本特约条款,并增加支付本特约条款的保险费的,机动车损失保险事故发生后,被保险人可自主选择具有被保险机动车专修资格的修理厂进行修理。

八、法律费用特约条款

投保了机动车第三者责任保险或车上人员责任保险的机动车,可附加本特约条款。

保险期间内,经保险人事先书面同意,被保险人因发生第三者责任保险或车上人员责任保险的保险事故给第三者或车上人员造成损害而被提起仲裁或诉讼的,对应由被保险人支付的仲裁或者诉讼费用以及其他费用,保险人在本特约条款的每次事故责任限额内负责赔偿。每次事故责任限额由投保人和保险人在投保时按1万元、2万元、5万元的档次协商确定。

九、机动车损失保险无法找到第三方特约条款

投保了机动车损失保险后,可投保本附加险。

投保了本附加险后,对于机动车损失保险条款中相关条款列明的,被保险机动车损失应当由第三方负责赔偿,但因无法找到第三方而增加的由被保险人自行承担的免赔金额,保险人负责赔偿。

思考与练习题

1. 机动车损失险的附加险都包含哪些内容?
2. 玻璃单独破碎险有几种投保方法?
3. 简述机动车停驶损失险免责范围。
4. 简述自燃损失险免责范围。
5. 常用的其他附加险有哪几种?
6. 简述精神损害抚慰金责任险的责任免除。
7. 简述不计免赔率特约条款的主要内容。

第八章　汽车保险费率

第一节　保险价格理论

一、保险价格理论的基本概念

在市场经济条件下确立了保险的商业属性,保险企业在经营作为商品的保险过程中必须遵循市场经济的价值规律。

保险商品的理论价格是指以保险商品价格的内在因素为基础而形成的价格,决定保险商品内在价格的因素是保险商品的价值,保险商品的价值也是保险商品理论的基础。

保险商品的理论价格由纯费率和附加费率两部分构成。

（1）纯费率（亦称技术费率）的确定,通常是在以往一定期限内的平均保险金额损失率的基础上再加上一定数量的风险附加率。

（2）附加费率是各个保险公司根据其自身的经营水平、税负和预期利润水平决定的。所以,保险商品狭义的理论价格是由纯费率决定的。

二、保险精算

保险精算的主要目的之一就是要确定保险的纯费率,即通过对一定期限内的平均保险金额损失率的统计分析以实现科学地确定保险价格的目的。在非寿险领域,由于风险的不均衡特征,导致其在确定保险价格的理论和技术方面均存在一定的障碍。所以,传统意义上的精算大都是针对寿险业务的。但是,在非寿险领域,就机动车保险而言则存在例外的情况,机动车保险业务具有满足保险精算的一些基本特征,即风险单位的差异较小,风险单位具有一定的数量集合,较为符合保险精算的理论基础。这也是机动车保险成为逐步崛起的非寿险精算领域的原因所在。

由此可见,在机动车保险的经营过程中必须重视对于以往一定期限内的平均保险金额损失率的统计和分析,因为,科学地确定机动车保险的纯费率是经营的基础和关键一环。

$$机动车保险平均保险金额损失率 = \frac{一定时期保险赔款总和}{一定时期保险金额总和}$$

以上的分析是针对机动车保险业务在一定时期总体和宏观的情况,即是针对承保的各类风险的综合,也是针对各类被保险人的综合,目的是实现险种范围内的保费负担的合理性。

但是,从机动车保险科学和合理定价的角度出发,需要对损失情况作进一步的细化分析,亦即对于特定类型的风险事故的损失率进行分析,如具体分析盗抢或者碰撞风险的损失率;对于特定类型的保险人进行分析,如私人和单位、运输公司和非运输公司的损失率;对于特定的保险标的进行分析,如轿车和货车、国产车和进口车的损失率。进行这种细化分析的目的是使保险费率与具体风险形成合理的对价关系,即使费率或者保险费与风险因素形成科学的函数关系。

同时,保险人通过对于损失的情况进行统计和细化分析,对于其在经营的过程中具有直接的现实意义。一方面能够有针对性地向被保险人提出改善风险状况的建议,提高产品和服务的内涵;一方面能够有针对性地对经营的风险进行选择,以确保经营的稳定和利润的最大化。

第二节 保险费率确定的基本原则

根据保险价格理论,厘定保险费率的科学方法是依据不同保险对象的客观环境和主观条件形成的危险度,采用非寿险精算的方法进行确定。但是,非寿险精算是一个纯技术的范畴,在实际经营过程中,非寿险精算仅仅是提供一个确定费率的基本依据和方法,而保险人确定费率还应当遵循一些基本的原则。

一、公平合理原则

公平合理原则的核心是确保实现每一个被保险人的保费负担基本上是依据或者反映了保险标的的危险程度。这种公平合理的原则应在两个层面加以体现。

(1)在保险人和被保险人之间。在保险人和被保险人之间体现公平合理的原则,是指保险人的总体收费应当符合保险价格确定的基本原理,尤其是在附加费率部分,不应让被保险人负担保险人不合理的经营成本和利润。

(2)在不同的被保险人之间。在被保险人之间体现公平合理是指不同被保险人的保险标的的危险程度可能存在较大的差异,保险人对不同的被保险人收取的保险费应当反映这种差异。

由于保险商品存在一定的特殊性,要实现绝对的公平合理是不可能的,所以,公平合理只能是相对的,只是要求保险人在确定费率的过程中注意体现一种公平合理的倾向,力求实现费率确定的相对公平合理。

二、保证偿付原则

保证偿付原则的核心是确保保险人具有充分的偿付能力。保险费是保险标的的损失偿付的基本资金,所以,厘定的保险费率应保证保险公司具有相应的偿付能力,这是保险的基本职能决定的。保险费率过低,势必削弱保险公司的偿付能力,从而影响对被保险人的实际保障。在市场经济条件下,经常出现一些保险公司在市场竞争中为了争取市场份额,盲目地降低保险费率,结果是严重影响其自身的偿付能力,损害了被保险人的利益,甚至对整个保险业和社会产生巨大的负面影响。为了防止这种现象的发生,各国对于保险费率的厘定,大都实行由同业公会制定统一费率的方式,有的国家在一定的历史时期甚至采用由国家保险监督管理部门颁布统一费率,并要求强制执行的方式。如我国2000年7月1日开始实施的《机动车保险条款》就采取统一费率的方法。

保证偿付能力是保险费率确定原则的关键,原因是保险公司是否具有足够的偿付能力,这不仅仅影响到保险业的经营秩序和稳定,同时,也可能对广大的被保险人,乃至整个社会产生直接的影响。

三、相对稳定原则

相对稳定原则是指保险费率厘定之后,应当在相当长的一段时间内保持稳定,不要轻易地变动。由于机动车保险业务存在保费总量大,单量多的特点,经常的费率变动势必增加保险公司的业务工作量,导致经营成本上升。同时也会给被保险人需要不断适应新的费率带来不便。要实现保险费率确定相对稳定的原则,在确定保险费率时就应充分考虑各种可能影响费率的因素,建立科学的费率体系,更重要的是应对未来的趋势做出科学的预测,确保费率的适度超前,从而实现费率的相对稳定。

要求费率的确定具有一定的稳定性是相对的,一旦经营的外部环境发生了较大的变化,保险费率就必须进行相应的调整,以符合公平合理的原则。

四、促进防损原则

防灾防损是保险的一个重要职能,其内涵是保险公司在经营过程中应协调某一风险群体的利益,积极推动和参与针对这一风险群体的预防灾害和损失活动,减少或者避免不必要的灾害事故的发生。这样不仅可以减少保险公司的赔付金额和减少被保险人的损失,更重要的是可以保障社会财富,稳定企业的经营,安定人民的生活,促进社会经济的发展。为此,保险人在厘定保险费率的过程中应将防灾防损的费用列入成本,并将这部分费用用于防灾防损工作。在机动车保险业务中防灾防损职能显得尤为重要。一方面保险公司将积极参与汽车制造商对于汽车安全性能的改进工作,如每年均有一些大的保险公司均资助汽车制造商进行测试汽车安全性能的碰撞试验。另一方面保险公司对于被保险人的加强安全生产,进行防灾防损的工作也会予以一定的支持,目的是调动被保险人主动加强风险管理和防灾防损工作的积极性。

第三节 汽车保险费率的模式

一、保险费率的概念

保险费率:依照保险金额计算保险费的比例,通常以千分率(‰)来表示。

保险金额:简称保额,保险合同双方当事人约定的保险人于保险事故发生后应赔偿(给付)保险金的限额,它是保险人据以计算保险费的基础。

保险费:简称保费,是投保人参加保险时所交付给保险人的费用。

在市场经济条件下,价值价格规律的核心是使价格真实地反映价值,从而体现在交易过程中公平和对价的原则。但是,如何才能够实现这一目标,从被动的角度出发,可以通过市场适度和有序的竞争实现这一目标,但这往往需要付出一定的代价。从主动和积极的角度出发,保险人希望能够在市场上生存和发展,就必须探索出确定价格的科学和合理的模式。

就机动车保险而言,保险人同样希望保费设计得更精确、更合理。在不断地统计和分析研究中,人们发现影响机动车保险索赔频率和索赔幅度的危险因子很多,而且影响的程度也各不相同。每一辆机动车的风险程度是由其自身风险因子综合影响的结果,所以,科学的方法是通过全面综合地考虑这些风险因子后确定费率。

通常保险人在经营机动车保险的过程中将风险因子分为两类。

(1)与汽车相关的风险因子,主要包括汽车的种类、使用的情况和行驶的区域等。

(2)与驾驶人相关的风险因子,主要包括驾驶人的性格、年龄、婚姻状况、职业等。

由此各国机动车保险的费率模式基本上可以划分为两大类,即从车费率模式和从人费率模式。从车费率模式是以被保险车辆的风险因子为主作为确定保险费率主要因素的费率确定模式。从人费率模式是以驾驶被保险车辆人员的风险因子为主作为确定保险费率主要因素的费率确定模式。

二、从车费率模式

从车费率模式是指在确定保险费率的过程中主要以被保险车辆的风险因子作为影响费率确定因素的模式。目前,我国采用的机动车保险的费率模式就属于从车费率模式,影响费率的主要因素是被保险车辆有关的风险因子。

现行的机动车保险费率体系中影响费率的主要变量为车辆的使用性质、车辆生产地和车辆的种类。

(1)根据车辆的使用性质划分:营业性车辆与非营业性车辆。

(2)根据车辆的生产地划分:进口车辆与国产车辆。

(3)根据车辆的种类划分:车辆种类与吨位。

除了上述的三个主要的从车因素外,现行的机动车保险费率还将车辆行驶的区域作为机动车保险的风险因子,即按照车辆使用的不同地区,适用不同的费率,如在特殊地区采用专门的费率。

从车费率模式具有体系简单,易于操作的特点,同时,由于我国在一定的历史时期被保险的车辆绝大多数是"公车",驾驶人与车辆不存在必然的联系,也就不具备采用从人费率模式的条件。随着经济的发展和人民生活水平的提高,汽车已经进入家庭,2003年各保险公司制定并执行的机动车保险条款,就开始采用从人费率模式。

从车费率模式的缺陷是显而易见的,因为在机动车的使用过程中对于风险的影响起到决定因素的是与车辆驾驶人有关的风险因子。尤其是将机动车保险特有的无赔偿优待与车辆联系,而不是与驾驶人联系,显然不利于调动驾驶人的主观能动性,其本身也与设立无赔偿优待制度的初衷相违背。

三、从人费率模式

从人费率模式是指在确定保险费率的过程中主要以被保险车辆驾驶人的风险因子作为影响费率确定因素的模式。目前,大多数国家采用的机动车保险的费率模式均属于从人费率模式,影响费率的主要因素是与被保险车辆驾驶人有关的风险因子。

各国采用的从人费率模式考虑的风险因子也不尽相同,主要有驾驶人的年龄、性别、驾驶年限和安全行驶记录等。

(1)根据驾驶人的年龄划分:通常将驾驶人按年龄划分为三组,第一组是初学驾驶,性格不稳定,缺乏责任感的年轻人;第二组是具有一定驾驶经验,生理和心理条件均较为成熟,有家庭和社会责任感的中年人;第三组是与第二组情况基本相同,但年龄较大,所以,反应较为迟钝的老年人。通常认为第一组驾驶人为高风险人群,第三组驾驶人为次高风险人群,第二组驾驶人为低风险人群。至于三组人群的年龄段划分是根据各国的不同情况确定的。

(2)根据驾驶人的性别划分:男性与女性。研究表明女性群体的驾驶倾向较为谨慎,为此,相对于男性她们为低风险人群。

(3)根据驾驶人的驾龄划分:驾龄的长短可以从一个侧面反映驾驶人的驾驶经验,通常认为从初次领证后的1~3年为事故多发期。

(4)根据安全记录划分:安全记录可以反映驾驶人的驾驶心理素质和对待风险的态度,经常发生交通事故的驾驶人可能存在某一方面的缺陷。

从以上对比和分析可以看出从人费率相对于从车费率具有更科学和合理的特征,所以,我国正在积极探索,逐步将从车费率的模式过渡到从人费率的模式。

四、主险和附加险保费的计算方法

(一)主险保费的计算

1. 机动车损失的保费计算

(1)按照投保人类别、车辆用途、座位数/吨位数、车辆使用年限、新车购置价所属档次查找基础保费和费率;

保费 = 基础保费 + (实际新车购置价 − 新车购置价所属档次的起点) × 费率

以家庭自用汽车为例,表8-1中第一行为新车购置价档次,共分5个档次:5万元以下、5万~10万元、10万~15万元、15万~20万元、20万~30万元。每个档次对应的基础保费是该档次的最低保费(档次起点对应的保费),费率是实际新车购置价与档次起点的差额部分的费率。

家庭自用汽车损失保险费率表（局部）　　　　　　　表 8-1

座位数	车龄（年）	5万元以下		5万~10万元		10万~15万元		15万~20万元		20万~30万元	
		基础保费（元）	费率（%）	基础保费（元）	费率（%）	基础保费（元）	费率（%）	基础保费（元）	费率（%）	基础保费（元）	费率（%）
6座以下	1以下	449	0.516	707	1.116	1265	0.989	1759	0.985	2252	1.079
	1~2	483	0.555	761	1.202	1361	1.064	1894	1.060	2423	1.162
	2~3	478	0.550	753	1.190	1348	1.054	1875	1.049	2400	1.150
	3~4	453	0.521	713	1.126	1276	0.997	1775	0.993	2271	1.089
	4~5	432	0.496	680	1.074	1217	0.951	1692	0.947	2166	1.038
	5~6	422	0.485	665	1.050	1190	0.930	1655	0.926	2118	1.015
	6~7	417	0.479	656	1.037	1175	0.918	1634	0.915	2091	1.003
	7~8	411	0.473	648	1.024	1160	0.907	1613	0.903	2065	0.990
	8~9	408	0.469	642	1.015	1150	0.899	1599	0.895	2047	0.981
	9以上	404	0.465	637	1.006	1140	0.891	1586	0.887	2029	0.973

保费的计算方法举例说明如下。

【例 8-1】　假定某投保车辆的车龄为 4~5 年、新车购置价为 20 万元，则其所属的新车购置价档次为 20 万~30 万元档（档次分段含起点不含终点），在费率表上查得对应的基础保费为 2166 元，而实际新车购置价恰好为档次的起点（20 万元），则该车辆的保费就是 2166 元。

【例 8-2】　假定另一投保车辆的车龄为 4~5 年、新车购置价为 25 万元，则其所属的新车购置价档次同样为 20 万~30 万元档；在费率表上查得对应的基础保费为 2166 元，费率为 1.038%；保费 = 2166 + (25 万 − 20 万) × 1.038% = 2685 元。

（2）如果投保人选择不足额投保，即保额小于新车购置价，保费应作相应调整，计算公式为：

$$保费 = (0.05 + 0.95 × 保额/新车购置价) × 足额投保时的标准保费$$

（3）36 座以上营业客车新车购置价低于 20 万元的，按照 20~36 座营业客车对应档次的保险费计收；

（4）挂车保险费按同吨位货车对应档次保险费的 50% 计收。

2. 第三者责任险的保费计算

（1）按照投保人类别、车辆用途、座位数/吨位数、车辆使用年限、责任限额直接查找保费；

（2）挂车保险费按 2t 以下货车计收（责任限额统一为 5 万元）。

家庭自用汽车第三者责任保险费率见表 8-2。

第八章 汽车保险费率

家庭自用汽车第三者责任保险费率表(局部)(单位:元) 表8-2

座位数	车龄(年)	责任限额				
		5万元	10万元	20万元	50万元	100万元
6座以下	1以下	855	1037	1195	1380	1507
	1~2	915	1110	1280	1478	1614
	2~3	902	1094	1261	1456	1590
	3~4	795	965	1112	1284	1402
	4~5	782	949	1094	1263	1379
	5~6	799	969	1117	1290	1408
	6~7	839	1018	1173	1355	1480
	7~8	894	1084	1250	1443	1576
	8~9	948	1151	1326	1531	1672
	9以上	985	1195	1377	1590	1737

注:如果责任限额为100万元以上,则保险费 $= A + A \times N \times (0.034 - 0.0013 \times N)$ 式中 A 指同档次限额为100万元的第三者险保费; $N =$ (限额 $-$ 100万)/50万元,限额必须是50万元的倍数,且不得超过1000万元。

3. 全车盗抢险的保费计算

按照投保人类别、车辆用途、座位数、车辆使用年限查找基础保费和费率:

$$保费 = 基础保费 + 保额 \times 费率$$

家庭自用车全车盗抢险费率见表8-3。

家庭自用车全车盗抢险费率表 表8-3

座位数 车龄(年)	6座以下		6~10座		客货两用车	
	基础保费(元)	费率(%)	基础保费(元)	费率(%)	基础保费(元)	费率(%)
1以下	108	0.778	131	0.947	114	0.821
1~2	108	0.759	131	0.924	114	0.801
2~3	108	0.752	131	0.914	114	0.794
3~4	108	0.738	131	0.898	114	0.779
4~5	108	0.723	131	0.881	114	0.764
5~6	108	0.695	131	0.846	114	0.733
6~7	108	0.666	131	0.811	114	0.703
7~8	108	0.637	131	0.776	114	0.672
8~9	108	0.637	131	0.776	114	0.672
9以上	108	0.637	131	0.776	114	0.672

4. 车上人员责任险的保费计算

按照投保人类别、机动车用途、座位数、投保方式查找费率:

$$保费 = 单座责任限额 \times 投保座位数 \times 费率$$

家庭自用车车上人员责任保险费率见表 8-4。

家庭自用车车上人员责任保险费率表　　　　　表 8-4

座位数	6座以下	6~10座	客货两用车
核定座位投保费率(%)	0.440	0.410	0.465

注:选择座位投保费率在核定座位投保费率的基础上上浮 80%。

(二) 附加险的保费计算

1. 车上货物责任险的保费计算

按照责任限额,分营业用、非营业用查找费率。车上货物责任险的最低责任限额为人民币 20000 元。

$$保费 = 基础保费 + (责任限额 - 20000) \times 费率$$

车上货物责任险费率见表 8-5。

车上货物责任险费率表　　　　　表 8-5

客 户 群	基础保费(元)	费率(%)	客 户 群	基础保费(元)	费率(%)
非营业用货车	170	0.85	营业用货车	340	1.70

2. 玻璃单独破碎险的保费计算

按客车、货车、座位数、投保进口/国产玻璃查找费率:

$$保费 = 新车购置价 \times 费率$$

玻璃单独破碎险费率见表 8-6。

玻璃单独破碎险费率(单位:%)　　　　　表 8-6

投保方式	座位数 车型	6座以下	6~10座	10~20座	20座以上
国产玻璃	营业用客车	0.147	0.145	0.154	0.165
	非营业用客车	0.141	0.139	0.147	0.158
	货车	0.084			
进口玻璃	营业用客车	0.294	0.290	0.309	0.330
	非营业用客车	0.281	0.277	0.294	0.315
	货车	0.168			

3. 不计免赔率特约条款的保费计算

保费 = 适用本条款的所有险种应收保费之和(不含无赔款优待以及风险修正) × 20%

4. 自燃损失险的保费计算

该保费实行0.6%的固定费率。

$$保费 = 保险金额 \times 费率$$

如果单保自燃险：

$$保费 = 保险金额 \times 0.4\%$$

5. 车身划痕损失险的保费计算

按新车购置价所属档次直接查找保费。车身划痕损失险费率见表8-7。

车身划痕损失险费率表　　　　　　　　表8-7

新车购置价(元)	10万以下	10万~20万	20万~50万	50万以上
保费(元)	150	250	350	500

6. 机动车停驶损失险的保费计算

实行10%的固定费率。

$$保费 = 约定的最高赔偿天数 \times 约定的最高日责任限额 \times 费率$$

7. 救助特约条款的保费计算

只有购买了机动车损失险之后才能购买本附加险。实行固定保费，保费为150元人民币。

8. 提车险的保费计算

按新车购置价所属档次直接查找保费。提车险费率见表8-8。

提 车 险 费 率 表　　　　　　　　表8-8

新车购置价(元)	10万以下	10万~30万	30万以上
保费(元)	200	280	400

(三) 风险修正

1. 单车投保

单车投保，保费可根据《单车风险修正系数表》进行调整：

$$保费 = 标准保费 \times (1 - 风险修正系数)$$

2. 车队投保

车队投保，保费可根据《车队费率浮动系数表》进行调整：

$$保费 = 单车保费 \times 费率浮动系数$$

单车风险修正与车队费率浮动不能同时使用；

单车风险修正或车队费率浮动仅适用于保险期限为一年以上的保险单。

在费率表中，凡涉及分段的陈述都按照"含起点不含终点"的原则来解释。

例如，车辆类型中"以下"二字，是指不含其本身的意思。"6座以下"客车，是指不含6座的客车，其含义为5座、4座、3座、2座、1座；"6~10座"的含义为6座、7座、8座、9座，不包含10座；"20座以上"的含义为20座、21座……包含20座；"10万以下"不包含10万；"10万~20万"包含10万，不包含20万；"20万以上"包含20万。单车风险修正系数见表8-9。车队费率浮动系数见表8-10。

单车风险修正系数表　　　　　　　　　　　表8-9

修正项目	修正办法
多险种同时投保	(1)同时投保车辆损失险和第三者责任险,第三者责任险优惠10%； (2)投保车辆损失险或第三者责任险,并同时投保一个附加险,附加险优惠4%； (3)投保车辆损失险或第三者责任险,并同时投保一个以上附加险,附加险优惠6%
无交通违法记录	连续一年无交通违法记录,优惠5%
直接业务/网上投保	(1)在营业网点投保,优惠6%； (2)通过互联网投保,优惠4%
完整的维护记录	提供过去两年完整的汽车维护记录,优惠5%
指定驾驶人	(1)指定一名驾驶人,主险保费优惠3%； (2)指定两名驾驶人,主险保费优惠2%
供详细信息	投保时按要求提供真实详尽的保单信息,优惠3%
汽车安全性能	(1)有安全气囊或者ABS的车辆,车上人员责任险优惠3%； (2)有固定车位/车库的,或者安装汽车防盗系统(含卫星定位系统)的,全车盗抢险优惠5%

注:同时享受多项折扣的险种,其保费计算使用连乘的方式。

车队费率浮动系数表　　　　　　　　　　　表8-10

过去三年的平均赔付率	30%以下	30%~40%	40%~50%	50%~60%	60%~70%	70%~80%	80%~90%	90%~100%	100%以上
费率浮动系数(%)	60	70	80	90	100	105	110	120	130以上

(四)电话营销专用机动车辆保险费率方案

中国平安财产保险股份有限公司在全国范围内使用的电话营销专用机动车辆保险(2009版),由电话营销专用费率表、电话营销专用费率使用说明两部分组成。

1. 电话营销专用费率表

电话营销专用费率表由基准费率表和费率系数表两部分组成。电话营销专用费率只适用于非营业个人用车。

2. 电话营销专用费率使用说明

费率系数说明:

(1)指定驾驶人:根据投保车辆是否指定驾驶人,共分为:指定驾驶人、未指定驾驶人。

(2)驾驶人年龄:根据投保时指定驾驶人的年龄,共分为:年龄<25岁、25岁≤年龄<30岁、30岁≤年龄<40岁、40岁≤年龄<60岁、年龄≥60岁。

(3)驾驶人性别:根据投保时指定驾驶人的性别,共分为:男、女。

(4)驾驶人驾龄:根据投保时指定驾驶人的驾龄,共分为:驾龄≤1年、1年<驾龄≤3年、驾龄>3年。当指定多名驾驶人时,以驾驶人年龄、性别、驾龄乘积高者为准。

(5)行驶区域:根据保险车辆的使用活动覆盖区域选择使用。共分为:中国境内、本省内。

(6) 平均年行驶里程：根据被保险车辆平均的行驶里程数选择使用，共分为里程数 <30000km、30000km≤里程数<50000km、里程数≥50000km。

(7) 投保年度：根据以往参加机动车保险的纪录，共分为：首年投保、续保。

(8) 交通违法记录：根据保险车辆上一保险年度交通违法记录调整费率，共分为：上一保险年度无交通违法的、上一保险年度有交通违法。

(9) 以往保险年度索赔记录：根据保险车辆以往保险年度索赔记录调整费率，共分为七个等级：

等级一至等级七分别对应：连续三年及以上无赔款记录、连续两年无赔款记录、上年无赔款记录、上年发生二次及以下赔款或首年投保、上年发生三次赔款、上年发生四次赔款、上年发生五次及以上赔款。

(10) 多险别投保优惠系数：按规定同时投保车辆损失险及商业第三者责任险的，全单最高优惠5%。

(11) 机动车损失险绝对免赔额：投保人在投保时选择确定，分为四个档次：300元、500元、1000元、2000元。

(12) 车型：根据保险车辆的厂牌车型选择使用。

①老、旧车型：出厂时间超过10年的汽车；

②特殊车型：同一车型国内保有量少于500辆的车辆；维修难度特别大的车辆；配件价格昂贵、渠道短缺的车辆；所有50万元以上的进口跑车；出厂时间超过5年且生产厂家已倒闭的车辆；附加设备超过100万元的车辆；车价比原型车售价超出50%的改装车辆（包括量产及非量产，外观改装及性能改装）；非生产厂家指定售往中国大陆地区的车型。

③新车型：上市时间不超过1年的进口车型；上市时间不超过6个月的国产汽车。

3. 保险费计算

(1) 机动车损失险的保费计算。

投保机动车损失险时，应根据车辆种类，选择相应的机动车损失险基准保费费率表中对应的档次，确定固定保费和基准费率，按下列公式计算机动车损失险基准保费：

机动车损失险基准保费 = 固定保费 + 机动车损失险保险金额 × 基准费率

机动车损失险的基准保费乘以费率系数表中适用系数后，即为该车辆投保机动车损失险应支付的签单保费，计算公式如下：

机动车损失险签单保费 = 基准保费 × C_1 × C_2 × ⋯ C_n

(2) 第三者责任险的保费计算。

车辆投保第三者责任险时，应根据车辆种类，选择相应的第三者责任险基准保费费率表中对应的档次，确定第三者责任险基准保费，乘以相应费率系数表中适用系数后，即为该车辆投保第三者责任险应支付的签单保费，计算公式如下：

第三者责任险签单保费 = 基准保费 × C_1 × C_2 × ⋯ C_n

机动车第三者责任险的基准保费是指按照投保车辆的车辆种类对应的商业第三者责任

险每次事故最高赔偿限额为5万元、10万元、15万元、20万元、30万元、50万元、100万元及100万元以上时的保险费。

(3) 全车盗抢险的保费计算。

车辆投保全车盗抢险时,应根据车辆种类选择相应的全车盗抢险基准保费费率表中对应的档次,确定固定保费和基准费率,按下列公式计算全车盗抢险基准保费:

$$全车盗抢险基准保费 = 固定保费 + 全车盗抢险保险金额 \times 基准费率$$

$$全车盗抢险签单保费 = 基准保费 \times C_1 \times C_2 \times \cdots C_n$$

(4) 其他险别的保费计算。

车辆投保其他险别时,应根据所投保的险别,选择费率表中对应的档次,计算各险别的基准保费,乘以相应费率系数表中适用系数后,即为该车辆投保其他险别应支付的签单保费,计算公式如下:

$$其他险别签单保费 = 基准保费 \times C_1 \times C_2 \times \cdots C_n$$

投保车辆应支付的签单保费为以上各险别签单保费合计值,保单保费向下归整到元。各险别使用各费率系数优惠总幅度超过监管部门规定的最大优惠幅度时,按照监管部门规定的最大优惠幅度执行,但机动车损失险计算优惠幅度时不含绝对免赔额系数。

附加险不计免赔率特约适用于:车身划痕损失险、自燃损失险、新增加设备损失险、车上货物责任险、交通事故精神损害抚慰金责任险、全车盗抢附加高尔夫球具盗窃险。

4. 短期费率

(1) 本费率方案中机动车辆保险费率表,均为保险期间一年的费率表,即年费率表。

(2) 投保时,保险期间不足一年的按短期日费率计收保险费(不足一天按天计算)。

第四节 汽车保险费率规章

费率规章由《机动车辆综合险费率表》和费率表使用说明两部分组成。其中,《机动车辆综合险费率表》分为私人生活用车费率表;行政和生产用车、营运和租赁车辆费率表;保费浮动表3张,这里重点介绍机动车辆综合险费率表使用说明。

一、车辆使用性质

(一) 私人生活用车

个人或家庭所有并用于非经营的客车。私人生活用车应同时具备以下三个条件:

(1) 车辆所有权为个人或家庭所有,以任何法人、其他组织名义购买的车辆均不在本范围内;

(2) 车辆用途为无盈利的、非经营的、方便日常生活的代步工具;

(3) 车型仅限于客车。

(二) 行政用车

党政机关、社会团体、企事业单位及其他组织所有并用于日常行政事务的车辆。行政用车应同时具备以下三个条件：

(1) 车辆所有权为法人或其他组织所有。

(2) 车辆仅作为方便日常行政工作的一种代步工具。

(3) 车辆本身载客、载货行为不以营利为目的。

(三) 生产用车

企业、个人或家庭所有并用于完成商业性传递或保证自身经营活动正常运作的车辆。生产用车应同时具备以下三个条件：

(1) 车辆所有权为各类企业、个人及家庭。

(2) 车辆的使用限于以下三方面：

①运送工商业生产所需的原材料、辅助材料、半成品或产成品；

②运送自身农业生产所需工具、材料及产品；

③完成主业所从事的业务活动，但不包括营运车辆及租赁车辆的用途；

(3) 车辆使用不直接收取运费。

(四) 营运车辆

由交通运输管理部门核发营运证书的用于从事客运、货运或客货两运的车辆。营运车辆应同时具备以下三个条件：

(1) 保险车辆须有交通管理部门核发的营运证书。

(2) 车辆用于国家允许的客运、货运或客货两运业务。

(3) 业务活动的目的为收取运费。

(五) 租赁车辆

拥有国家管理部门核发的租赁许可证的单位所有并用于向他人租赁以收取租赁费用为目的的车辆。租赁车辆应同时具备以下三个条件：

(1) 投保人须有管理部门核发的租赁业务经营许可证。

(2) 车辆用于向他人租赁。

(3) 业务活动的目的为收取租赁费。

当车辆兼有两类或两类以上使用性质时，按较高一档的费率标准计费；当车辆无法明确使用目的时，按最高一档的费率标准计费。

二、车辆类型

(一) 客车

客车的座位(包括驾驶人座位)以公安交通管理部门核发的机动车行驶证载明的座位为准，不足或无法提供标准座位的客车按同型号客车的标准座位计算。跑车按本档车型计费。

(二) 货车

所有通用载货车辆、厢式货车、电瓶运输车、装有起重机械但以载重为主的起重运输车等，均按其载质量分档计费。客货两用车按客车或货车中相应的高档费率计费。

对于经交通管理部门同意将座位拆除改为运载货物的微型面包车按货车类计费。

(三) 农用车

农用车是指公安交通管理部门或农机管理局(站)核发车辆牌照的、主要为方便种植、养殖两业生产的、载重吨位小于2t的农业专用运输车辆。

(四) 集装箱车

集装箱车仅指集装箱牵引车，不包括集装箱箱体。

(五) 挂车

适用于没有机动性能，需要机动车拖带的载重车、平板车、专用机械设备车、超长悬挂车等。

(六) 特种车

特种车分为以下四类：

(1) 包括油罐车、气罐车、液罐车、水泥罐车、冷藏车等，适用于各类装载油料、气体、液体、水泥搅拌设备的专用罐车，或适用于装有冷冻或加温设备的厢式车辆。

普通载重车加装罐体按此档计费。

(2) 包括起重车、装卸车、工程车，适用于各种有起重、装卸、升降等工程设备或功能的专用车辆。

(3) 包括救护车、电视转播车、监测车、消防车、清洁车及医疗车，适用于车内固定装有专用仪器设备，从事专业工作的监测、消防、清洁、医疗、救护、电视转播、雷达、X光检查等车辆。

(4) 专指运钞车，适用于各银行、财务公司、押运公司所有的，具有专业防护装置，专用于运送纸币、货币、纸币专用纸及其他与货币相关物品的车辆。

(七) 其他车辆

费率表中出现"其他车辆"字样时，其他车辆指除该表内列明车辆类型之外的其余所有车辆。

如全车盗抢险保险费率表中，其他车辆指除客车、货车、农用车之外的其余所有车辆，即包括集装箱车、挂车和特种车共三类车辆；自燃损失险费率表中，其他车辆指除客车、货车之外的其余所有车辆，即包括农用车、集装箱车、挂车和特种车共四类。

三、国产、进口车辆划分标准

(一) 进口车辆

满足以下任一条件的车辆为进口车辆：

(1) 整车进口的一切机动车。

(2) 主要零配件由国外进口，国内组装的车辆。

(3) 合资企业生产的16座以上(含16座)的客车。

(4) 下列车辆品牌和车型：北京切诺基V6、广州本田、上海别克、上海帕萨特、湖北雷诺、长春奥迪系列、天津丰田。

(5)其他合资企业生产的国产化率低于70%的机动车。

(二)国产车辆

国产车辆是指除进口车辆以外的机动车。

对于难以明确进口、国产的车辆,按高档保费计算。

四、车龄及使用年限

(一)车龄

车龄是指保险车辆已使用的年限,不足一年者不计算。车龄从车辆出厂后向车辆管理部门初次登记之日起计算;经车辆管理部门许可在特定区域内使用不挂牌照的车辆从车辆购买之日起计算。

(二)规定使用年限

规定使用年限是指根据国家有关车辆报废标准,车辆能够使用的期限。其中:

(1)规定使用年限为15年的车型有:9座(含9座)以下非营运载客汽车(包括轿车、越野车)。

(2)规定使用年限为10年的车型有:旅游载客汽车和9座以上非营运载客汽车。

(3)规定使用年限为8年的车型有:轻、微型载货汽车(含越野型)、带拖挂的载货汽车、矿山作业专用车及各类出租汽车。

除此之外,其他未提及车辆类型的规定使用年限一般为10年。车辆规定使用年限以国家经贸委关于车辆报废标准的最新文件为准。

(三)已使用年限相对值

$$已使用年限相对值 = \frac{车龄}{规定使用年限}$$

如某出租汽车于2012年1月1日初次登记上牌,2013年6月1日时,其已使用年限相对值为:

$$\frac{车龄}{规定使用年限} = \frac{2\ 年}{8\ 年} = 0.25$$

全车盗抢险浮动比例表和自燃损失险浮动比例表中已使用年限相对值各档均含下限、不含上限。

五、新车购置价及实际价值

(一)新车购置价

新车购置价指保险合同签订时,合同签订地购置同类型新车(含车辆购置税)的价格。

(二)实际价值

实际价值是指与保险车辆同类型车辆市场新车购置价减去该车已使用年限折旧金额后

的价格，折旧率按国家有关规定执行，折旧按每满一年扣除一年计算，不足一年的部分，不计折旧。

实际价值＝新车购置价×(1－已使用年限×车辆年折旧率)

六、保费浮动项目

(一) 防盗装置浮动项目

(1) GPS(Global Positional System)：即全球定位系统。是指采用人造卫星的定位系统GPS来测量地面上汽车的绝对位置。

(2) GMS(Global Mobile System)：即全球移动(无线)通信系统。是指能够进行双向通话的全球车载通信系统。

(3) 电子防盗装置：也称微电脑汽车防盗器，包括插片式、按键式和遥控式等电子防盗器。它主要是靠锁定点火或起动来达到防盗的目的，同时具有声音报警功能。

(4) 机械防盗装置：依靠机械结构用于防盗的装置。一般分为转向盘锁、变速器锁。转向盘锁使用时，使转向盘不能做大角度转向及制动汽车；变速器锁安装在离合器柄附近，在停车后，加上变速器锁可使汽车不能换挡。机械式防盗系统主要是靠锁定离合、制动、加速踏板或转向盘、离合器柄来达到防盗的目的，但只能防盗不能报警。

同时装有两种及两种以上防盗装置时，浮动比例不累加。

(二) 固定停放场所浮动项目

(1) 自用车位：指保险车辆在夜间停放于自有的专门用于停放车辆的露天停车场。

(2) 固定车库：是指保险车辆在夜间停放于自有的或具有长期使用权的车库内。

(3) 露天社会停车场：是指保险车辆夜间停放于公用的应收费的露天停车场。

(4) 无固定停放场所：是指保险车辆除上述三种情况以外夜间停放状态。

(三) 安全装置浮动项目

(1) ABS系统(Anti-Break System)：即汽车防抱死制动系统。配备该系统后，车辆在全力制动时仍能由转向盘操控进行转向，而不会因轮胎被锁死而失去控制。

(2) 单气囊(Single Airbag)：通常为正驾驶人席配备，在车辆受到猛烈撞击时会被释放出以保护驾驶人的头部免受损伤。

(3) 双气囊(Dual Airbag)：通常为正副驾驶人席配备，在车辆受到猛烈撞击时会被释放出以保护驾驶人与乘客的头部免受损伤。

(4) 多气囊(Multi Airbag)：除主驾驶及副驾驶座位前安装有气囊外，在主驾驶人的侧面或车上乘客座席也安装有气囊。只要保险车辆上安装的气囊数超过二个(即大于或等于三个)即认为是安装有多气囊。

同时装有两种及两种以上安全装置时，浮动比例不累加。

(四) 赔偿限额浮动项目

对于车上人员责任险和车上货物责任险，根据其赔偿限额所处档次享受相应的浮动比例。

(五)行驶区域浮动项目

(1)出入境:指保险车辆的行驶范围超出中华人民共和国(不含港、澳、台)境内。

(2)境内:指保险车辆行驶区域在中华人民共和国(不含港、澳、台)国境内。

(3)省内:指保险车辆仅在合同约定的省、自治区、直辖市内行驶。

(4)指定区域:指保险车辆不在公路、城市街道和胡同(里巷),以及公共广场、公共停车场等供车辆、行人通行的地方行驶,仅在工地、机场、工厂等固定范围内使用。

对于行政用车和生产用车,本浮动项目中的"指定区域"浮动、无赔款奖励浮动和一次投保车辆数浮动三者中只能享受一项。

(六)销售渠道浮动项目

(1)营销业务:是指通过本公司营销员承揽的业务。

(2)专业代理业务:是指通过专门从事保险代理业务的保险代理公司承揽的业务。经纪业务按此项处理。

(3)兼业代理业务:是指通过受保险公司委托、在从事自身业务的同时指定专人为保险公司代办业务的单位承揽的业务。

(4)直销业务:是指通过保险公司职员或柜台直接承揽的业务。

(5)网上销售业务:是指通过保险公司网站投保的业务。

(6)电话销售业务:是指投保人通过电话提出投保申请,保险人核保,并且完成保单递送和保费结算而承揽的业务。

(七)指定驾驶人浮动项目

1. 私人生活用车

对私人生活用车,仅当保单上列名的驾驶人人数不超过2人并且在投保或续保时能够提供所有驾驶人的驾驶证时,可予以本项浮动。其中:

(1)驾驶人年龄均依周岁计,不足1年的部分不计入。费率表中各年龄段均含上限、不含下限。

(2)驾龄自驾驶人《中华人民共和国机动车驾驶证》上登记的初次领证日期开始计算,不足1年的部分不计入。费率表中各驾龄段均含上限、不含下限。

2. 行政用车、生产用车、营运车辆和租赁车辆

对行政用车、生产用车、营运车辆和租赁车辆,当在保单上对保险车辆明确列名指定1名或2名驾驶人时,可按不同比例予以本项浮动。

(八)无赔款奖励浮动项目

保险车辆必须同时满足以下条件,方可予以相应险种的无赔款奖励浮动:

(1)上年保险期限不少于1年。

(2)本年保险期限不少于1年且于上年保险期满前办理续保。

(3)在上年未发生所有权转移。

享受本浮动项目,只能采用在保险单上直接折扣的方式。

某个险种发生赔款是指保险车辆投保的该险种在一个保险年度内,发生保险合同约定的事故并且已从保险公司取得赔款或虽未取得赔款但保险公司赔付已是必然的情况;某个险种无赔款是指保险车辆投保的该险种,在连续的一个或几个保险年度内,未发生过任何保险事故或虽有保险事故发生但未向保险人索赔或未从保险公司获取赔款的情况。这里所称的"一个保险年度"指一个为期1年的保险年度。

无赔款奖励的级别视连续无赔款的时间长度而定,且此级别采用"进一退二"的升降规则,即保险车辆的投保险种连续无赔款的年度每增加1年,无赔款的奖励级别上升一个档次,直至最高奖励级别;一旦发生赔付,无赔款的奖励级别下降两个档次,直至最低奖励级别。

例如,连续无赔款年数为0年、1年、2年、3年、4年和5年及5年以上时的浮动比例分别为0、-10%、-15%、-20%、-20%和-20%,那么某险种连续5年无赔款后发生了保险赔付,则浮动比例仍为-20%。连续2年无赔款后发生了保险赔付,则浮动比例从-15%变为无浮动。

再如,连续无赔款年数为0年、1年、2年、3年、4年和5年及5年以上时的浮动比例分别为0、-10%、-15%、-20%、-25%、-30%,那么某险种连续5年无赔款后发生了保险赔付,则浮动比例仍从-30%变为-20%。连续2年无赔款后发生了保险赔付,则浮动比例从-15%变为无浮动。

因此对同一保险标的而言,新保险险种和续保险险种、有赔款险种和无赔款险种的无赔款奖励浮动比例会不同,在续保险险种内部,不是同一次投保的险种或赔款记录不同的险种无赔款奖励浮动比例也会不同。

对于行政用车和生产用车,本浮动项目、一次投保车辆数浮动和行驶区域浮动项目中的"指定区域"浮动三者中只能享受一项。

(九)一次投保车辆数浮动项目

一次投保车辆数浮动适用于行政用车、生产用车、营运车辆和租赁车辆。凡属同一被保险人(含政府采购)的车辆在本公司一次投保的数量达到20辆以上(含20辆)时,可依一次投保车辆数的规模确定浮动档次,再根据使用性质确定浮动比例。

本项浮动由保险人根据一次投保车辆的历史赔付情况决定是否给予:在一个保险年度内,一次投保车辆的已决赔付率超过60%时,下一年度的下浮比例降低一个档次执行;超过70%时,不再下浮。

对于行政用车和生产用车,本浮动项目、无赔款奖励浮动和行驶区域浮动项目中的"指定区域"浮动三者中只能享受一项。

(十)大额保费一次全额付款金额浮动项目

在予以本项浮动之前,属同一被保险人(含政府采购)的车辆在本公司一次投保时,保费之和(含特约条款保费)达到10万元以上(含10万元)并且在投保时一次交清全部保费,可依一次全额付款金额的规模予以不同档次的浮动。

保费浮动比例中"＋"号表示费率上浮,"－"号表示费率下浮。

七、保险费的计算

(一) 主险

1. 机动车损失险

$$保费 = 部分损失基本保费 + 部分损失保额 \times 部分损失费率 + 全部损失保额 \times 全部损失费率$$

2. 第三者责任险

$$保费 = 固定保费$$

3. 车上人员责任险

$$保费 = 投保座位数 \times 每人每次事故最高赔偿限额 \times 费率 \times (1 + 赔偿限额浮动比例 + 安全装置浮动比例)$$

其中,赔偿限额浮动比例根据所有投保座位的累计赔偿限额确定。

4. 全车盗抢险

$$保费 = 保额 \times 费率 \times (1 + 已使用年限相对值浮动比例 + 防盗装置浮动比例 + 固定停放场所浮动比例)$$

(二) 机动车损失险附加险

$$玻璃单独破碎险保费 = 新车购置价 \times 费率$$

$$自燃损失险保费 = 保额 \times 费率 \times (1 + 已使用年限相对值浮动比例)$$

$$机动车停驶损失险保费 = 最高赔偿天数 \times 日赔偿金额 \times 费率$$

$$新增加设备损失险保费 = 保额 \times 对应车辆损失险部分损失费率$$

$$其他机动车损失险附加险保费 = 保额 \times 费率$$

(三) 第三者责任险附加险

车上货物责任险：

$$车上货物责任险保费 = 每次事故最高赔偿限额 \times 费率 \times (1 + 赔偿限额浮动比例)$$

(四) 特约条款

1. 可选免赔额特约条款

$$可选免赔额特约条款浮动保费 = 所选机动车损失险及机动车损失险附加险总浮动保费 \times 费率$$

玻璃单独破碎险和机动车停驶损失险保费除外。

这里浮动保费指应用《保费浮动表》中行驶区域、销售渠道、无赔款奖励、指定驾驶人和一次投保车辆数浮动后的相应险种保费(其中行驶区域浮动项目中的"指定区域"浮动、无赔款奖励浮动和一次投保车辆数浮动只能享受一项)(下同)。

本特约条款适用于机动车损失险及除玻璃单独破碎险和机动车停驶损失险之外的其他所有机动车损失险附加险。

客户所选免赔额应低于保险金额。

本特约条款费率由客户所选免赔额和保险车辆的新车购置价确定。

2. 换件特约条款

换件特约条款浮动保费＝所选机动车损失险及机动车损失险附加险总浮动保费×费率

玻璃单独破碎险和机动车辆停驶损失险保费除外。

3. 主险不计免赔率特约条款

主险不计免赔率特约条款浮动保费＝机动车损失险和第三者责任险总浮动保费×费率

4. 附加险不计免赔率特约条款

附加险不计免赔率特约条款浮动保费＝附加险总浮动保费×费率

5. 代步机动车特约条款

代步机动车特约条款保费＝约定天数×约定日租金额×费率

本特约条款仅针对私人生活用车和行政用车。

6. 法律费用特约条款

法律费用特约条款保费＝固定保费

（五）保费浮动比例

保费浮动比例＝行驶区域浮动比例＋无赔款奖励浮动比例＋指定驾驶人浮动比例＋销售渠道浮动比例＋一次投保车辆数浮动比例

其中，一次投保车辆数浮动比例不针对私人生活用车；对行政用车、生产用车、营运车辆和租赁车辆由本保险人根据一次投保车辆的历史赔付情况决定是否给予（下同）。

由于无赔款奖励浮动比例可能因险种而不同，保费浮动比例需分险种计算。新保险险种的无赔款奖励浮动比例为0。

（六）保单保费

首先计算各险种经行驶区域、销售渠道、无赔款奖励、指定驾驶人和一次投保车辆数浮动后的保费，称之为"浮动保费"。

机动车损失险浮动保费＝机动车损失险保费×（1＋机动车损失险保费浮动比例）

对可选免赔额特约条款、换件特约条款、主险不计免赔率特约条款和附加险不计免赔率特约条款而言，按前述方法计算出的保费已经是浮动后的保费。

根据是否投保了可选免赔率额特约条款，保单保费有两种计算方式：

（1）没有投保可选免赔额特约条款的情况下：

保单保费＝（机动车损失险浮动保费＋机动车损失险附加险浮动保费之和＋第三者责任险浮动保费＋第三者责任险附加险浮动保费之和＋特约条款浮动保费之和）×（1＋大额保费一次全额付款金额浮动比例）

（2）投保人投保了可选免赔额特约条款的情况下：

保单保费＝（玻璃单独破碎险浮动保费＋机动车停驶损失险浮动保费＋第三者责任险浮动保费＋第三者责任险附加险浮动保费之和＋可选免赔额特约条款＋换件特约条款浮动保费＋主险不计免赔率特约条款浮动保费＋

附加险不计免赔率特约条款浮动保费 +

其余特约条款浮动保费之和）×

（1 + 大额保费一次全额付款金额浮动比例）

八、年费率、日费率使用标准

（1）本费率表是保险期间为一年的费率表，即年费率表。

（2）投保时，保险期间不足一年的按日费率计收保险费：

$$短期保险费 = \frac{年保险费}{365} \times 承保天数$$

九、批改保费计算

投保人申请办理保单批改，如保险车辆改装车型、变更使用性质及申请增加、降低保险金额或赔偿限额时，以未了责任天数、按日费率计算批改保费，计算公式为：

$$批改保费 = \frac{(批改后年保费 - 批改前年保费) \times 未了责任天数}{365}$$

如果因批改造成浮动比例的变动，应按新的浮动比例计算批改后年保费。如主险的变动同时引起相关附加险保费的变化，也应计算在批改后年保费中。

当计算结果为正时，代表批增保费，需向投保人加收一定金额的保险费；当计算结果为负时，其绝对值代表批减保费，需向投保人退还一定金额的保险费。

十、退保费计算

（一）个单业务退保

个单业务退保时对每个险种单独计算退保金额。

（1）对于机动车损失险及其附加险和特约条款，除费率另有规定或合同另有特别约定外，有下列几种情况。

①保单有效期内已发生赔款的险种，被保险人获取部分保险赔款后一个月内提出解除合同的，计算与保险金额扣除赔款和免赔金额后的未了责任部分相对应的剩余保险费，按日费率予以退还：

$$退保金额 = [基本保费 + (原保额 - 赔款 - 免赔金额) \times 原费率] \times \frac{(1 + 原保费浮动比例) \times 未了责任天数}{365}$$

若出险险种系按固定保费收费，则：

$$退保金额 = \frac{该险种保单保费 \times 未了责任天数}{365}$$

②因保险赔偿致使保险合同终止时，保险人不退还出险险种的保险费。

③如未发生赔款，保险人按年费率的1/365计算日费率：

$$退保金额 = \frac{该险种保单保费 \times 未了责任天数}{365}$$

(2) 对于第三者责任险及其附加险险种和特约条款,不论是否发生赔款,保险人按年费率的1/365计算日费率,并退还未了保险责任部分的保险费:

$$退保金额 = \frac{该险种保单保费 \times 未了责任天数}{365}$$

(3) 分别计算各险种或特约条款的退保金额,加总得到总退保金额。如果退保时投保人尚未交足保单保费,应从总退保金额中扣除欠交的保费。

(二) 团单业务退保

团单业务退保依照个单退保方法执行,但是如果退保造成一次投保车辆数浮动比例或大额保费一次全额付款金额浮动比例的变动,应将这部分浮动差额扣除。如果退保金额不足以弥补这部分浮动差额,仍可办理退保手续,但保险人不支付任何退保费。

团单退保金额 = 退保车辆个单退保金额之和 − 投保时总保单保费 ×

$\left(\dfrac{未了责任天数}{365}\right) \times |$退保前后投保车辆数浮动比例差额 +

退保前后大额保费一次全额付款金额浮动比例差额$|$

这里"$|$ $|$"表示绝对值。

十一、最低保费

每份保单设最低保费100元,保单保费不足100元时按100元计收,合同生效后退保时实收保费不足100元时按100元计收。

思考与练习题

1. 纯费率和附加费率有什么区别?
2. 保险费率确定的原则?
3. 从车费率模式和从人费率模式有什么区别?
4. 家庭自用汽车保险有几个档次?
5. 汽车保险费率规章中车辆使用性质规定几种车型?
6. 车辆使用年限如何规定的?
7. 车辆实际价值如何计算?
8. 机动车损失险保费如何计算?
9. 个单业务退保保费如何计算?
10. 某投保车辆的车龄4~5年,新车购置价为30万元,则其所属的新车购置价档次为20万~30万元;查表基础费为2166元,费率为1.038%。求(1)保费是多少?(2)若选择不足额投保,假设投保19万元,求保费为多少?

11. 某家庭自用车投盗抢险,投保的车龄 1~2 年,6 座以下,投保 30 万元档次,查表基础费为 108 元,费率为 0.759%。求保费是多少?

12. 某投保车辆的车龄 4~5 年,新车购置价为 30 万元,单座责任限额为 6 万元,投保座位为 5 座;查表基费率为 0.440%。求车上人员责任险保费为多少?

13. 某投保车辆的车龄 4~5 年,新车购置价为 10 万元,货车运送一批货物,货物的责任限额为 15 万元,基础保费 170 元,费率 0.85%。求车上货物责任险保费为多少?

14. 某货车新车购置价 20 万元,按国产货车玻璃破碎投保,查表 8-6 费率 0.084%。求单独玻璃破碎险保费为多少?

第九章　汽车保险理赔工作概述

第一节　理赔的特点、意义和作用

机动车保险理赔工作是保险政策和作用的重要体现，是保险人执行保险合同，履行保险义务，承担保险责任的具体体现。保险的优越性及保险给予被保险人的经济补偿作用在很大程度上，都是通过理赔工作来实现的。

理赔工作一般是由被保险人提供各种必要的单证，由保险公司负责理赔的工作人员经过计算、复核等具体程序，最后使被保险人获得赔偿。随着电子计算机、信息和互联网技术的发展，各大保险公司已广泛采用网上通赔业务，为被保险人的获赔提供了极大的方便。

[资料]　全国首例网上通赔车险案结案，客户获赔 7088 元。

2003 年 6 月 12 日，随着镇江平安车险某客户的赔款通知发出，全国首例网上通赔车险赔案顺利结案。2003 年 6 月 5 日，平安保险一客户在上海出险。南京车险部和镇江业管部协同上海产险，顺利成功实现全国首例网上通赔，该客户成为全国车险通赔的第一位受益人，获得 7088 元的赔款。2003 年 6 月 6 日全国网上通赔业务正式上线，各地产险可完成网上委托异地查勘定损案件，委托异地(包括跨省)结案支付案件等理赔业务。

一、理赔的特点

机动车保险与其他保险不同，其理赔工作也具有显著的特点。理赔工作人员必须对这些特点有一个清醒和系统的认识，了解和掌握这些特点是做好机动车理赔工作的前提和关键。

(一)被保险人的公众性

我国的机动车保险的被保险人曾经是以单位、企业为主，但是，随着个人拥有车辆数量的增加，被保险人中单一车主的比例将逐步增加。这些被保险人的特点是他们购买保险具有较大的被动色彩，加上文化、知识和修养的局限，他们对保险、交通事故处理、车辆修理等知之甚少。另一方面，由于利益的驱动，检验和理算人员在理赔过程中与其在交流过程中存在较大的障碍。

(二)损失率高且损失幅度较小

机动车保险的另一个特征是保险事故虽然损失金额一般不大，但是，事故发生的频率高。保险公司在经营过程中需要投入的精力和费用较大,有的事故金额不大,但是,仍然涉及对被保险人的服务质量问题,保险公司同样应予以足够的重视。另一方面,从个案的角度看赔偿的金额不大,但是,积少成多也将对保险公司的经营产生重要影响。

(三)标的流动性大

由于机动车的功能特点,决定了其具有相当大的流动性。车辆发生事故的地点和时间不确定,要求保险公司必须拥有一个运作良好的服务体系来支持理赔服务,主体是一个全天候的报案受理机制和庞大而高效的检验网络。

(四)受制于修理厂的程度较大

在机动车保险的理赔中扮演重要角色的是修理厂,修理厂的修理价格、工期和质量均直接影响机动车保险的服务。因为,大多数被保险人在发生事故之后,均认为由于有了保险,保险公司就必须负责将车辆修复,所以,在车辆交给修理厂之后就很少过问。一旦因车辆修理质量或工期,甚至价格等出现问题均将保险公司和修理厂一并指责。而事实上,保险公司在保险合同项下承担的仅仅是经济补偿义务,对于事故车辆的修理以及相关的事宜并没有负责义务。

(五)道德风险普遍

在财产保险业务中机动车保险是道德风险的"重灾区"。机动车保险具有标的流动性强,户籍管理中存在缺陷,保险信息不对称等特点,以及机动车保险条款不完善,相关的法律环境不健全及机动车保险经营中的特点和管理中存在的一些问题和漏洞,给了不法之徒可乘之机,机动车保险欺诈案件时有发生。

二、理赔工作的意义

机动车保险目前乃至今后相当长一段时间内在我国保险市场上仍占有相当地位,在整个保险费收入中占有相当比例,是我国保险公司产险业务的拳头支柱险种。

机动车自身的机动灵活性和流动性强,活动区域广,以及当前我国道路交通是以混合道路交通为主,有些地区道路条件差,机动车、自行车、行人混行,互相干扰,潜伏着很多不安全因素,随着我国经济的迅速发展和繁荣,机动车数量急剧增加。鉴于以上诸多因素的影响,决定了机动车保险是一个出险率较高的险种。它涉及面广,社会影响大,机动车保险理赔工作质量好坏,直接影响到保险公司的信誉,关系到被保险人的切身利益,对机动车保险业务的开展甚至其他产险业务的拓展都起着举足轻重的作用,同时也决定了保险公司自身的经济效益。

三、理赔工作的作用

理赔工作是加强车险防灾减损的重要内容和依据。机动车理赔工作的主要作用表现在以下几个方面。

(一)经济补偿

在保险标的遭受保险责任范围内的自然灾害和意外事故损失后,保险人及时给予被保险人经济补偿。

(二)加强防灾、减少损失

在理赔处理过程中和理赔以后能起到加强防灾、减少损失的作用,在事故发生后,保险标的及第三者往往还有加重损失的可能性,需要采取必要的抢救和保护措施,尽量挽回可以避免的损失。

(三)吸取经验教训、掌握事故规律

理赔工作同时也是综合反映业务经营的一个重要环节。通过赔案的处理,可以从中吸取经验教训,掌握机动车发生事故的规律。如对机动车按使用性质、车型、车类以及车辆所有权(公有或私有)等进行事故赔案分类,或按事故性质进行分类,通过分类统计,找出机动车保险的发展方向。

此外,可以通过赔案分类统计,以及典型案例,配合公安交通部门进行机动车安全行车教育,提醒广大驾驶人注意行车安全。

理赔工作是检验业务质量促进业务开展的重要环节。通过理赔可以检查机动车承保质量,还可以通过理赔扩大宣传,提高保险公司信誉,促进机动车保险业务的拓展。

第二节　理赔工作的服务模式和基本原则

一、理赔工作的服务模式

汽车保险理赔工作的服务模式,常见的有以下几种。

(一)自主理赔

自主理赔是由保险公司的理赔部门负责事故的检验和损失理算。这种方式是我国各保险公司最常用的理赔服务模式。随着改革开放和市场经济的不断发展变化,全球经济一体化对我国产生了巨大影响,国际上先进的理赔估损方法和理念不断传入国内,被保险人的保险消费意识也不断提高,这种模式的弊端便日益凸现出来,主要表现在:

(1)资金投入大、工作效率低、经济效益差。对保险公司来说,从展业到承保,从定损到核赔,每个环节都由保险公司来完成,大而全的模式造成效率低下。庞大的理赔队伍,加上查勘车辆、设备的相应配置,大量的人力、物力处理烦琐的估损理赔事务,导致其内部管理和经营核算的经济效益差,还常常出现业务人员查勘不及时、估损不准确、理赔材料不完整的不正常现象。这种资源配置的不合理性与我国保险公司要做大做强、参与国际竞争,培养核心竞争力、走专业化经营道路的要求相比,是不相适应的。

(2)理赔业务透明度差,有失公正。汽车保险的定损理赔不同于其他社会生产项目,其涉及的利益面广、专业性强,理算类别多,这就要求理赔业务公开、透明。保险公司自己定损,就好比保险公司既做"运动员",又当"裁判员",对于被保险人来说,意味着定损结果违背了公正的基本原则和要求。对于这种矛盾,即使保险公司的定损结论是合理的,也往往难以令被保险人信服,导致了理赔工作中易产生纠纷。尤其是在信息不对称的市场中,这种弊端就越加突出。

(二) 物价评估

物价评估是指公安交通管理部门委托物价部门强制定损。这种方式用得比较少,因为保险双方当事人都不认可、不欢迎,保监会对此方法也持否定态度。

(三) 保险公估

保险公估由专业的保险公估公司接受保险当事人的委托,负责汽车的损失检验和理算工作,这是国际上通行的做法。这种做法的好处是:

(1) 可以减少理赔纠纷。由没有利益关系的公估人负责查勘、定损工作,能够更好地体现保险合同公平的特点,使理赔过程公开、透明,避免了可能出现的争议和纠纷,防止以权谋私。

(2) 完善了保险市场结构。由专业公司负责查勘、定损工作,能够更好地体现社会分工的专业化,同时可以促进保险公估业的发展,进一步完善保险市场结构。

(3) 可以促进保险公司优化内部结构,节省大量的人力、物力、财力。由于保险公司是按实际发生的检验工作量向公估公司支付检验费用的,因此能更如实反映经营的真实情况,避免保险公司配备固定的检验人员和相关设备,可以减少不必要的费用开支和经营成本。

二、理赔工作的基本原则

机动车理赔工作涉及面广,情况比较复杂。在赔偿处理过程中,特别是在对机动车事故进行查勘工作过程中,必须提出应有的要求和坚持一定的原则。

(一) 树立为保户服务的指导思想,坚持实事求是的原则

在整个理赔工作过程中,体现了保险的经济补偿职能作用。当发生机动车保险事故后,保险人要急被保险人所急,千方百计避免扩大损失,尽量减轻因灾害事故造成的影响,及时安排事故车辆修复,并保证基本恢复车辆的原有技术性能,使其尽快投入生产运营。

及时处理赔案,支付赔款,以保证运输生产单位(含个体运输户)生产、经营的持续进行和人民生活的安定。

在现场查勘,事故车辆修复定损以及赔案处理方面,要坚持实事求是的原则,在尊重客观事实的基础上,具体问题作具体分析,即严格按条款办事,又结合实际情况进行适当灵活处理,使各方都比较满意。

(二) 重合同、守信用、依法办事

保险人是否履行合同,就看其是否严格履行经济补偿义务。因此,保险方在处理赔案时,必须加强法制观念,严格按条款办事。该赔的一定要赔,而且要按照赔偿标准及规定赔足;不属于保险责任范围的损失,不滥赔,同时还要向被保险人讲明道理,拒赔部分要讲事实、重证据。

要依法办事,坚持重合同,诚实信用,只有这样才能树立保险的信誉,扩大保险的积极影响。

(三) 坚决贯彻"八字"理赔原则

"主动、迅速、准确、合理"是保险理赔人员在长期的工作实践中总结出的经验,是保险理赔工作优质服务的最基本要求。

(1) 主动:就是要求保险理赔人员对出险的案件,要积极、主动地进行调查、了解和查勘

现场,掌握出险情况,进行事故分析确定保险责任。

（2）迅速：就是要求保险理赔人员查勘、定损处理迅速、不拖沓、抓紧赔案处理,对赔案要核的准,赔款计算案卷缮制快,复核、审批快,使被保险人及时得到赔款。

（3）准确：就是要求从查勘、定损以至赔款计算,都要做到准确无误,不错赔、不滥赔、不惜赔。

（4）合理：就是要求在理赔工作过程中,要本着实事求是的精神,坚持按条款办事。在许多情况下,要结合具体案情准确定性,尤其是在对事故车辆进行定损过程中,要合理确定事故车辆维修方案。

理赔工作的"八字"原则是辨证的统一体,不可偏废。如果片面追求速度、不深入调查了解,不对具体情况作具体分析,盲目下结论,或者计算不准确,草率处理,则可能会发生错案,甚至引起法律诉讼纠纷。当然,如果只追求准确、合理,忽视速度,不讲工作效率,赔案久拖不决,则可能造成极坏的社会影响,损害保险公司的形象。总的要求是从实际出发,为保户着想,既要讲速度,又要讲质量。

第三节 理赔工作人员应具备的条件

保险公司一般都有专职的理赔人员,经营规模较大的公司都设有理赔部门专门处理赔案工作。机动车理赔工作是一项技术性、业务性都很强的工作。因此,要求从事机动车理赔的工作人员必须具备以下条件：

一、廉洁奉公、秉公办事、认真负责

在理赔工作中,理赔人员接触对象广泛,要同保户及修理厂直接打交道。在与不同对象的接触中,有的人为达到其目的,会以请客、送礼、行贿等手段拉拢腐蚀理赔人员。也有个别保户(更多的是第三者受害方)借此提出无理要求,态度蛮横。这就对理赔工作人员提出很高的要求：

（1）热爱机动车理赔工作,且有从事机动车技术工作的实践经验,有一定的工作能力。

（2）热爱保险事业,关心和维护保险公司声誉,为人正派,实事求是,坚持真理。

（3）自觉服从领导,遵纪守法,团结同志,要有任劳任怨的奉献精神,严格按照理赔人员工作守则行事。

二、精熟条款,实事求是处理赔案

赔案的根据是保险合同条款,理赔人员必须认真领会和掌握保险条款。

在现场查勘时,对事故现场情况进行客观地、实事求是的研究分析,在搞清事故出险原因,确定是否属于保险责任后,应合理地确定损失程度,详细鉴定修理范围,制订合适的维修方案。特别是涉及第三者的损失,要本着实事求是精神慎重处理。

三、熟悉掌握有关专业知识

机动车种类繁多,车型复杂,特别是进口车型,要达到定责定损合理、准确,则要求理赔

人员熟练掌握事故现场查勘要领,掌握和了解我国的道路交通法规及道路交通事故处理办法,熟悉机动车构造及其工作原理,了解事故车辆修理工艺,准确核定修理方式、工艺及准确掌握汽车配件价格,了解汽车配件市场动态。

另外,道路交通事故往往涉及第三者的人身伤亡、财产损失以及车上货物损失和人员伤亡。因此要求理赔人员还要了解和掌握很多相关的知识以及赔偿标准。

一般来讲,理赔工作质量高低,能否把好理赔出口关,往往取决于理赔人员对所涉及的专业知识熟悉和掌握的程度。如果不懂有关专业知识,定责定损时就会无说服力,人云亦云,不可避免要出现漏洞,影响保险公司的声誉及经济效益。

第四节 理赔工作的主要流程

机动车理赔工作流程如图 9-1 所示。机动车理赔工作主要分为以下几个环节。

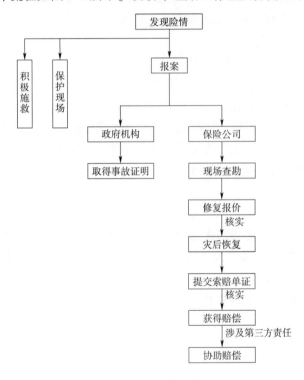

图 9-1 理赔流程

一、出险受理

包括受理报案,查抄底单,登记立案等。

机动车保险事故发生后,被保险人务必要保护事故现场,同时尽力施救以减少财产损失,要主动抢救受伤人员,迅速向公安交通管理部门报案,并在 48h 内向保险公司报案。火灾事故速向消防部门报案,盗抢案件在 24h 内速向公安刑侦部门报案。

保险公司接到被保险人的报案后,要立即查抄底单,登记立案。

二、现场查勘

包括现场调查和施救保护。

保险公司理赔人员在登记立案后,要立即赴现场进行查勘,并进行必要的继续施救工作,以减少损失。

三、损失确认

在现场查勘中,保险公司理赔人员要取得被保险人、公安交通管理部门和消防部门的配合,确认保险事故所造成的损失,包括对事故机动车及第三者财产的损失进行核定,逐项核实损失项目,即定损。到事故处理部门进行责任认定和事故调解。

制定修复方案,明确修理范围及项目,确定修复费用,并根据招标定修原则,确定维修厂家。

当车辆进厂修理经拆解后,又发现其他损坏的,保险公司理赔人员要进行复勘。

在招标定修,确定维修厂家时,应掌握以下原则。

(1) 定损价格是否合理。

(2) 修理厂条件是否能保证事故车辆的修复质量。

对于第三者或车上人员的人身伤亡,要根据事故处理部门认定的责任和调解结果,确定被保险人应承担的相应经济责任。

保险车辆的火灾若原因不明,要求被保险人向权威检验部门申请鉴定。车辆遭盗抢要求被保险人到市级以上报社发布寻车启事,60日后到公安刑侦部门开具未破案证明,到车辆管理部门办理失窃车辆牌证注销手续。

四、索赔处理

要求被保险人尽快收集必要的索赔单证,10日内向保险公司申请索赔。若被保险人在2年内不提供单证申请索赔,即作为自愿放弃索赔权益。在索赔时,根据事故的性质要求被保险人提交以下有关的单证:

(1) 保险单复印件,盗抢案件提供保险单正本。

(2) 出险通知书。

(3) 损失清单。

(4) 保险公司估价单。

(5) 行驶证复印件,盗抢案件需提供行驶证及副本原件。

(6) 驾驶证复印件。

(7) 修车发票。

(8) 必要的、合理的施救费发票。

(9) 事故证明,由保险公司确认的事故,也可由事故单位自行证明。

(10) 事故责任认定书。

(11) 事故调解书。

(12) 第三者身份证复印件。

(13)伤者诊断证明。
(14)残疾鉴定报告。
(15)出院小结。
(16)医院病历。
(17)一次性赔偿凭证。
(18)医疗费、交通费、住宿费等票据。
(19)被抚养人的户籍证明(限伤残致丧失劳动能力者)。
(20)死亡证明书。
(21)消防部门的火灾事故证明。
(22)车钥匙。
(23)购车发票及车辆附加费凭证。
(24)登报寻车启事。
(25)停车场证明。
(26)停车场收据正本。
(27)权益转让书。
(28)盗抢车辆报告表。
(29)公安报案受理表。
(30)公安刑侦部门60日未破案证明,失窃车辆牌证注销登记表。
(31)单位营业执照复印件。

五、赔案制作

包括责任审核,费用核定,赔损计算,综合报告,赔案审批等,并在10日内通知被保险人携带身份证到保险公司领取赔款。

第五节 理赔工作的监督

一、监督的目的

理赔工作监督的目的是全面提高和确保保险产品的质量,强化保险公司内部的经营管理,提高公司和行业的总体水平。

对于理赔案件的监督是保险经营管理的一个重要内容,由于保险合同是一种射幸合同,大多数的保险合同提供的仅仅是一种承诺和保障,只有少数出险的保险合同才真正履行补偿的义务,为此对于理赔工作的质量应予以充分的重视。一方面理赔工作是保险人实际履约的过程,是被保险人感受和体验保险产品使用价值的过程,理赔工作的质量将形成被保险人对保险以及保险人的认识,对保险人的信誉将产生直接和重要的影响。另一方面理赔工作也是保险人控制经营风险的一个重要环节,严格地按照保险合同进行理赔是防止滥赔和骗赔、确保公平的一个重要的前提条件。同时,通过理赔还可以发现承保中可能存在的种种问题,并且可以有针对性地采取改进措施,这些对保险人的经营业绩将产生重要的影响。

二、监督的原则

(一)合法原则

对于理赔工作的监督过程应遵照合法原则,保险合同是经济合同的一种,在合同的执行过程中关键是应严格按照法律和合同的有关规定执行。首先,应确保在合同的执行过程中符合国家的有关法律和法规,在机动车保险业务中应包括《合同法》《保险法》和国家有关交通事故处理的有关法律和法规。其次,应严格按照保险合同的有关条款执行,因为合同对当事人而言就是法律,当事人双方应严格按照合同规定履行相应的义务。

(二)公平原则

公平原则是经济活动的基本原则,在保险合同的执行过程中,应遵循公平原则。由于一些被保险人的保障意识淡薄,往往不能很好地维护自身的合法权益,有时保险公司的工作人员从自身的利益出发,有意无意地利用了被保险人的这一缺陷,在理赔工作中任意降低赔付标准和水平,侵害了被保险人的利益。这种行为无疑是短视的和不公平的,从长远的角度看,这种现象将对保险业产生极其不良的影响。

(三)强化管理原则

保险公司在经营过程中均制定了一系列管理制度和规定,但是,这些制度和规定的执行情况如何,大多数可以在理赔环节予以反映。承保工作的质量,包括条款的制定、费率的厘定和风险的评估等工作质量问题均将在理赔环节集中反映出来。同时,理赔工作的质量,包括理赔的正确性和时效性以及服务水平,更是理赔工作监督和管理的重要内容。通过对理赔工作的监督和管理,可以有效地强化保险公司的内部管理,提高产品质量和服务水平。

(四)改善经营原则

保险公司是以经营风险为主业的机构,其生存和发展的前提条件是对于风险的科学经营和管理。对理赔工作的监督和管理,可以确保保险公司经营的科学性和目的性,能够通过理赔工作及时地发现经营中存在的问题,包括价格确定和业务管理。同时,一旦经营出现了问题,也可以通过对理赔工作的监督和管理及时予以研究和分析,并制定相应的对策及时地调整经营策略,确保经营的稳定。

三、监督的方式

监督可以采用外部监督和内部监督两种模式。

(一)外部监督

监督的外部模式即通过保险监督管理委员会或者行业公会(协会)的监督,也包括委托外部的审计机构对自身的业务进行专项审计,有的保险公司还请社会人士对公司的经营情况进行监督。

外部监督的优点是能够保证监督的透明度,真正形成压力。同时能够在消费者心目中塑造良好的企业形象,增强消费者对企业的信心和信任。

(二) 内部监督

监督的内部模式则是通过在保险公司内部建立监控和管理体系,通过业务、财务和审计,定期和不定期地检查和监督,建立保险公司内部的监督和管理机制。业务部门是进行机动车保险业务的经营和管理部门,同时,也是制定规则的部门,甚至是承受经营成果的部门,所以,业务部门对于业务的监督和管理专业性较强,具有责任和利益的双重压力。然而,从另一个角度看,这种监督和管理可能存在"护短"和维护"小团体利益"的现象,因此,通过财务和审计部门对于机动车保险业务进行监督和管理是十分必要的。通过财务数据的采集和分析,可以从经营成果、成本结构等宏观方面了解和控制经营情况,审计部门可以结合年终、专项和离任审计等形式,对机动车保险经营的一个局部进行深入的审计,从而了解经营中可能存在的问题,包括个性和共性两个方面的问题。

四、赔案的周期

(一) 赔案周期及其法律规定

赔案周期,即保险事故案件处理的周期,原则上是指从保险事故发生到保险公司向被保险人支付赔款的期间。

整个案件的处理过程又可以分为事故的外部处理期间和保险公司内部处理期间。

(1) 外部处理期间是指有关部门对于一起交通事故的处理期间。

(2) 内部处理期间是指保险公司在接到被保险人提供的索赔资料之后,进行理算和处理的周期,这个周期主要取决于保险公司的内部管理水平。

根据我国《保险法》第二十三条的规定:"保险人收到被保险人或者受益人的赔偿或者给付保险金的请求后,应当及时做出核定;应当在 30 日内做出核定,但合同另有约定的除外。保险人应当将核定结果通知被保险人或者受益人;对属于保险责任的,在与被保险人或者受益人达成有关赔偿或者给付保险金额的协议后 10 日内,履行赔偿或者给付保险金义务。"根据上述规定,保险公司理赔的时限为 10 日。但是,从字面上理解这个"10 日"的起点是"达成协议"之后,所以,时限计算的起点是保险公司与被保险人达成赔偿协议的时点。在对于时限的认定问题上存在着两方面的问题:一是被保险人方面,有的被保险人片面理解时限的规定,甚至认为时限的起点是出险的时刻;二是保险公司方面,有的保险公司的理赔经办人员用"达成协议"作为推诿的"挡箭牌"。

从机动车保险业务的客观实际上看,时限的起点应当是被保险人向保险公司提供了全套索赔单证。保险公司的理赔人员在接受了被保险人提供的全套索赔单证之后,就应向被保险人签发接收单证的凭证,并以此作为计算时限的依据。

(二) 影响赔案周期的因素

影响赔案处理周期的因素主要有外部因素和内部因素。

(1) 外部因素通常是指非保险公司的因素,主要是交通事故处理部门的处理周期。因为在交通事故的处理过程中包括对责任的认定和对损失的认定。责任认定较为简单,主要对事故现场进行认真的调查,参照有关的法律和法规就可以进行。而对损失的认定往往就复杂得多,这也是目前制约交通事故处理周期的主要因素。交通事故的损失一般分为两部分:车辆损失和人身伤亡。事故车辆的修理本身需要一定的时间,而有的车辆在修理过程中需要采购大量的零配件。目前,制约修理工期的主要因素是,一些进口车辆等待从外地购买甚至国外进口配件的时间。人身伤亡的损失认定则需要待伤员痊愈出院后才能最后确定,有的重伤员的痊愈需要数个月,甚至一年以上的治疗和康复期,而只有等这些伤员痊愈出院之后才能确定医疗费用和伤残程度。所以,这些外部因素常常在相当大的程度上制约了保险事故处理的周期。

(2)内部因素则是指保险公司在接到被保险人提供的索赔资料之后进行内部理赔、核赔和划付赔款的过程。影响保险公司内部因素的主要原因有保险公司的内部管理水平和从业人员的综合素质,保险公司内部应建立有效的管理机制,包括内部各个环节的工作时限制度,监督和责任追究制度。同时,应当注意提高理赔人员的业务技术水平,避免由于这些人员的技术因素导致效率降低,还要加强对理赔人员职业道德的培养,增强服务意识。

(三)赔案周期控制的意义

保险公司对案件处理周期的控制具有十分重要的意义。首先,通过对案件处理周期的控制,可以确保其经营活动的合法性,避免合同纠纷和诉讼。理赔工作是保险合同执行过程中的关键环节,也是保险人履约的重要内容。如果保险公司不能按照法律和合同的有关规定进行理赔,势必构成保险公司的违约,甚至违法。其次,由于保险合同的射幸特点,被保险人是通过少数的案件处理认识和了解保险公司的,所以,对这些案件的处理将直接影响到保险公司的信誉。而信誉对于保险公司的意义远远不同于一般的企业,它事关保险公司的生存与发展。

五、未决赔案的管理

(一)未决赔案管理的意义

未决赔案是指已经发生的保险责任范围内的由于各种原因尚未赔付结案的案件。

保险公司在经营过程中出现和存在一定数量的未决赔案是正常的,但这并不意味着所有未决赔案的存在都是正常的。保险公司应当加强对未决赔案的管理,通过管理可及时了解动态,掌握经营的情况,提高保险公司经营决策的准确性。同时,通过对未决赔案的管理可以提高服务质量和服务水平,体现公司的管理能力和竞争优势。

(二)未决赔案的管理程序

未决赔案的管理包括立案、撤案和结案三个环节。

(1)加强对立案的管理。有的公司将报案等同于立案,这是造成未决赔案管理混乱的一个原因。因为,有许多报案由于种种原因最终没有立案,如错报、不属于责任范围、因免赔额或者安全奖励因素放弃索赔等。

(2) 加强对撤案的管理。即使立案之后,仍可能由于种种原因而没有进行索赔或者处理,在这种情况下应说明原因,及时将已经立案的案件撤销。

(3) 加强对结案的管理。在案件处理结束之后,应将有关资料统计归档并核销立案。

对于未决赔案管理的关键是确保以上三个环节的资料统一、准确和及时,在可能的情况下,应采用专人负责的方式,及时地将有关资料统计并录入电脑。通常,应在每个月对未决赔案进行一次统计分析,并将统计分析的情况上报有关部门。

(三) 未决赔案的原因分析

对于未决赔案进行统计分析的目的是要了解存在未决赔案的数量和原因。未决赔案的原因通常可以分为两类,一类是正常原因造成的未决赔案,另一类是非正常原因造成的未决赔案。应注意加强对非正常原因造成的未决赔案的分析。非正常原因有外部因素和内部因素,但主要是内部因素,这些因素包括管理方面的问题,技术方面的问题以及服务质量方面的问题。分析的目的是要了解造成案件非正常未决的原因,以便有针对性地开展工作,解决这些问题,降低非正常未决赔案的比例。

六、内控制度

保险公司可以通过内部控制制度实现对理赔工作的监督,确保理赔工作的质量。这些内部控制制度包括:定期检查制度、专项检查制度、案件回访制度和客户满意度调查制度等。

(一) 定期检查制度

定期检查制度即由公司内部的职能部门定期对经营单位进行全面的业务综合检查,检查的内容包括理赔工作的各个方面,如查勘检验工作、案件理算工作、案件管理工作和赔款支付工作等,目的是定期了解经营单位的经营情况,发现经营过程中存在的问题,尤其是普遍存在的问题,以便研究对策,解决存在的问题。

(二) 专项检查制度

专项检查制度是根据在经营过程中发现的问题,对于某一类工作或者问题进行专门的检查,以了解问题存在的范围和影响程度,并针对这些问题研究解决的办法。

(三) 案件回访制度

案件回访制度是针对某些特定的客户群,或者特殊类型的案件,在理赔工作结束后对他们进行回访,目的是了解这些特定群体和个体的被保险人对保险人理赔工作的意见和建议以及对于保险的需求,以便有针对性地改进理赔服务。

(四) 客户满意度调查制度

客户满意度调查制度是指定期或不定期通过对被保险人进行问卷调查的方式,全面了解被保险人对保险公司各个方面工作的满意程度。被保险人对于保险公司理赔服务的满意程度应作为问卷调查的一个主要方面。通过发放问卷和回收,并对回收的问卷进行统计和分析,可以了解理赔工作中存在的主要和突出的问题以及产生这些问题的原因,以便有针对性地提出改进措施,改善服务水平。

思考与练习题

1. 理赔有何特点?
2. 理赔工作的基本原则是什么?
3. 机动车理赔工作主要分为几个环节?
4. 根据事故的性质被保险人提交哪些单证进行理赔?
5. 理赔监督工作的原则是什么?

第十章　汽车交通事故鉴定与查勘

第一节　汽车交通事故的鉴定与查勘技术

一、交通事故鉴定概述

(一) 交通事故鉴定的意义

交通事故,是指车辆在道路上因过错或者意外造成的人身伤亡或者财产损失的事件。发生交通事故就会造成人身伤害或财产损失,对于保险车辆就会涉及保险赔付,有些还会涉及刑事或民事诉讼。因此,对机动车交通事故进行科学公正的鉴定具有十分重要的意义。

一般来说,机动车交通事故鉴定可以委托交通事故鉴定专家进行。在我国,一般由公安交通管理部门负责,并出具正式文件。鉴定书一般格式见表10-1。

鉴定书一般格式表　　　　　　　表10-1

1	事故简介
	……………………………………………………………………………………
2	鉴定内容
2.1	……………………………………………………………………………………
2.2	……………………………………………………………………………………
3	鉴定依据
3.1	……………………………………………………………………………………
3.2	……………………………………………………………………………………
	事故车参数
	……………………………………………………………………………………
4	鉴定经过
4.1	鉴定方法
	……………………………………………………………………………………
4.2	考证内容
	……………………………………………………………………………………
4.2.1	……………………………………………………………………………………
4.2.2	……………………………………………………………………………………
4.3	……………………………………………………………………………………
5	鉴定结论
	……………………………………………………………………………………
参考文献	
附录	

科学鉴定的目的主要是向事故处理人员、理赔员或法官及律师说明科学解释的程序,为事故处理、保险理赔和诉讼提供科学的依据。因此,鉴定书应尽可能简明扼要、易于有机地把握相关内容。在使用专业术语时,要通俗易懂地解释其意思。叙述要文理清晰,避免杂乱无章。

对于复杂的问题,在"鉴定经过"章节的开始要说明鉴定程序。在"考证内容"一节中要对证据中的重要资料进行详细的说明,并以此为基础对事故形态进行考证分析与推理计算。可以充分利用图表、图形和照片加深对事故过程及形态的认识,某些场合还可以利用模型和录像。

鉴定内容如下:碰撞事故的发生形态;单车事故的发生形态;碰撞车速、制动前的车速;碰撞地点的特殊情况(违章情况);碰撞姿态(碰撞时的相对姿态、碰撞角度等);碰撞发生前事故车的运动状况与驾驶人的动作;避免发生碰撞的可能性;是否为追尾或妨碍行车;该事故存在的真实性(是否伪造事故);该事故是否为故意(蓄意)的(自杀事故、他杀事故);驾驶人是谁;因车辆故障引发的事故(使用不当、维护不当、缺陷车);车辆发生火灾的原因;废气中毒死亡事故的原因;交通信号灯状态;乘员所受的冲击;碰撞所造成的乘员身体运动状况;事故与受伤之间的因果关系;碰撞的顺序(台球式追尾或堆积式追尾);证言的真伪;相反证言、相反鉴定结果真伪的判定;引发事故的诱因。

(二)机动车交通事故的形态

绝大部分的机动车交通事故是碰撞事故。如图10-1所示,把碰撞事故分为四个阶段,则更加容易理解。第一个阶段是碰撞发生前事故车辆的运动状态以及操纵车辆的驾驶人的动作。在这一阶段,往往由于驾驶人的错觉、判断错误、反应迟钝,或者车辆及道路环境的异常等原因而引起碰撞事故。

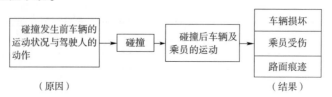

图10-1 发生碰撞的四个阶段图

从科学鉴定理论的观点来说,机动车碰撞具有如下几个特点。

(1)是车辆之间相互交换运动能量的现象。

(2)是相互挤压,通过车身的损坏(塑性变形)来消耗一部分运动能量的现象。

(3)是部分相互损坏(塑性变形),而另一部分相互排斥(反弹、弹性变形)的现象。

(4)在进行运动能量交换的同时,有时还会将一部分运动能量转换为角运动的现象。因此,发生碰撞事故的车辆不仅存在平移运动,有时还伴随有旋转运动。

(5)由于惯性作用,乘员与车辆之间会产生相对运动。这就是所谓的二次碰撞,即乘员受伤的原因。

(6)碰撞现象一般发生在0.1~0.2s极端的瞬间。

在碰撞中未消耗掉的能量则通过碰撞后车辆和乘员的运动,以摩擦功的形式消耗掉。碰撞后的运动时间通常为数秒,整个碰撞过程几乎是人力无法左右的纯物理现象,这使得车辆碰撞事故的科学鉴定具有极高的客观性。碰撞和碰撞后的运动结果主要是造成车辆损坏、乘员受伤、路面痕迹(胎痕、车身的擦痕、路面上的散落物)等。

车辆交通事故的科学鉴定,就是根据这一事故的"结果",即车辆的损坏和乘员的伤害程度、路面痕迹等(同时参考目击者的证言),对照自然规律、汽车运动特性、结构特点、人体工程学等准确地再现碰撞现象。然后追溯、推定构成事故"原因"的碰撞发生前的车辆运动状态与乘员的动作。

交通事故中发生的这些物理现象一定会遵循以牛顿三大定律为首的物理定律而产生和发展,因此,只要正确地记录碰撞的结果,就能够完全正确地反推出交通事故发生的过程和原因。所以说,车辆交通事故鉴定具有高的实证性。

(三) 交通事故鉴定的基本知识

机动车交通事故的科学鉴定涉及多门学科知识,说明交通事故发生过程,必须广泛地跨学科集中收集相关知识。图 10-2 概括了机动车交通事故鉴定学的基本知识体系:

碰撞力学的基本知识主要包括各种力学的基本概念、术语、牛顿三大定律、能量守恒定律、动量守恒定律、有效碰撞速度、相对碰撞速度、反弹系数、摩擦系数、塑性变形等定义,以及必须加深对作为碰撞物体的汽车特性的理解。

对于汽车运动特性的基本知识,主要应加

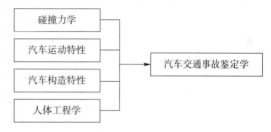

图 10-2　机动车交通事故鉴定学基本知识体系图

深对加速、制动、转向等汽车的运动以及控制机械故障的原理、实验知识(实际经验)的理解。

在车辆构造特性的基本知识中,车身作为碰撞物体的特性至关重要。这是因为必须根据车身的损坏状况逆推出碰撞事故的发生过程。完成这些工作,还需要材料力学、破坏力学等方面的理论知识。

人体工程学的基本知识重点在于分析视觉、知觉反应时间,打瞌睡、酒后驾车、人体的耐冲击性等知识,以明确事故责任之间的关系。

(四) 交通事故鉴定的注意事项

在进行机动车交通事故科学鉴定的过程中,应注意如下事项。

1. 坚持中立性

在交通事故鉴定过程中,一定要坚持科学性、公正性,要遵守职业道德。在实际中出现完全相反的鉴定结论已屡见不鲜。当然,真理只有一个,两个鉴定书中必定有一个是错误的。错误的鉴定结果一般分为结论前提型(先入为主型)和错觉型两种。

导致结论前提型鉴定的原因和理由是鉴定人按照鉴定委托方所希望的结论,适当地捏造和杜撰。大多数情况是受经济或人情的束缚,经济和人情像一根看不见的线,间接地、紧紧地支配着鉴定人的行为。

错觉型鉴定是一种非恶意的、无意的错误鉴定。为了避免出现这种情况,必须细致谨慎,按要求进行科学鉴定。

2. 做到通俗易懂

鉴定书要作为证据用于事故处理、理赔处理，甚至法庭诉讼。在这些过程中所涉及的人员普遍不熟悉科学鉴定中所使用的科学概念、定律、技术术语等。因此，鉴定书的撰写应尽可能简明扼要，不要在一些细枝末节上纠缠不清，使外行人也能读懂。将一些专业性比较强的论证部分作为附录，还可适当地添加一些图表、照片、图形、录像等，这样更有助于加深感性认识。

3. 不要被细节束缚

要保证交通事故鉴定的客观性，最重要的是不受事件的细节所束缚，要完整地观察事故的全貌。不要过分拘泥于事故的部分细节，不要拘泥于某一特定的证据或理论设定假说。否则，会造成严重后果。

4. 避免先入为主

这是在强行做出结论前提型鉴定时的常用手段。在鉴定过程中，必须清楚所做的考证过程与提交的结论之间的关联性，依靠考证的条理性与来龙去脉让相关人员弄清楚鉴定的结论。

5. 避免使用夸大其词的逻辑推理

这也是在强行做出结论前提型鉴定时常见的方法。在鉴定时明显夸大损伤的程度，故意忽略难以掩盖的明显损伤的例证，以特定的不确切的证言或风闻为依据，故意展开故事情节，并围绕这些因素进行各种求证，来解释其理论的正确性。这种方法在事故鉴定中有极大的危害性。

6. 从多种角度观察、论证

事故鉴定的证据主要分为证明碰撞及碰撞发生前的运动、碰撞发生后的运动状况的物证和证人的证言两种。实际上，碰撞发生前的运动状态与碰撞过程及碰撞后的运动状态紧密相关，各种状态之间的相互关系完全可以通过力学计算按时间序列追溯推定。因此，交通事故这一物理现象可以依据大量可靠的证据从多方面、多角度查证。

7. 鉴定结论必须充分考虑采样数据的误差

当通过实验室来处理交通事故鉴定问题时，因与外界存在着各种可控条件的误差，会使鉴定结论存在较大的误差。

8. 着眼于关键证据

在整个鉴定过程中，往往是某一关键证据决定着鉴定结论的真伪。

二、机动车交通事故的碰撞类型

机动车与机动车之间发生的碰撞事故，按事故发生后的碰撞结果，可分为正面碰撞、追尾碰撞、迎头侧面碰撞、斜碰撞几种。

(一) 正面碰撞

即相向行驶中车辆间发生的迎头正面碰撞。该现象多发生在超车过程中与对面来车相撞；在视线不良的弯道上与对面来车相撞；因其他原因驶入逆行车道，与对面来车发生的迎头正面相撞。由此引发的正面相撞一般不会引起车辆发生侧滑，所以不产生摩擦力。

(二) 追尾碰撞

通常所说的追尾碰撞,一般发生在行进过程中,由于跟车距离过近,当前车猛然减速或紧急停车时,后车采取措施不力或在雨雾天行车视线不良,后车发现前车时由于距离太近,来不及采取措施而导致车头与前车尾部相撞。此时的碰撞面为正面而不会引起车辆发生侧滑,所以不产生摩擦力。

(三) 迎头侧面碰撞

迎头侧面碰撞是指基本上垂直于被撞车辆的车身侧面的迎头碰撞。该现象多发生在无交通信号控制的交叉路口,两车垂直方向直行且同时进入路口时发生的拦腰碰撞。另外,在路口左、右转弯行进的车辆也可能发生此类碰撞事故。

(四) 斜碰撞

斜碰撞是指有别于正面碰撞和迎头侧面碰撞的一种以锐角或钝角形式相互接近的碰撞。斜碰撞多发生在躲避正面碰撞和迎头侧面碰撞时形成的;左、右转弯车和直行车之间会发生斜碰撞。此时由于是重心与重心偏斜的碰撞,且碰撞面之间不呈直角,所以碰撞将伴随有旋转运动(角运动),车辆有侧滑现象发生,会有摩擦力。

三、交通事故鉴定必要的人体工程学知识

(一) 视觉

安全行车与躲避危险所必需的信息,大部分是通过视觉摄取的,通过视觉驾驶人可以获得80%的行车信息。视觉问题包括:可视距离、视野、识别、适应和炫目等。

1. 可视距离

对于驾驶人来说,"能看多远"对行车安全起着至关重要的作用,直接影响能否正确识别所看到的对象物。"能看多远"具体来说可分为可视距离和视野。可视距离基本上受亮度制约。夜间行车,前照灯的亮度直接决定着可视距离。车速也会间接影响到可视距离。图10-3所示为可视距离与前照灯亮度、车速间的关系。

对象物的反射率直接影响着可视距离。

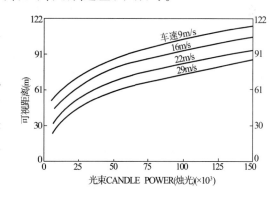

图10-3 可视距离与前照灯亮度、车速间的关系

在夜间,汽车行驶在狭窄的道路上,对穿着黑色衣服的行人只有非常接近时才会发现。车辆行驶速度的高低也会使可视距离产生较大的偏差。因此,行人和自行车的反射率对交通安全有特别重要的意义。

人与视物的关系可分为:人与视物都静止的静止视力;人在移动的物体上,看静止的视物,叫移动视力;移动的人看移动的视物,人和物都在移动,称为移动体视力。与静止视力相

比,移动视力约下降5%,移动体视力约下降10%。

机动车安全技术条件中对灯光的安全照射距离都有详细的规定。

2. 视野

视野即生理性视觉的极限角度,左右两眼分别为160°。中间重叠的视野为左右各60°,确认色彩的视野为正前方左右35°。一般说来,人的最佳视野为:水平±45°,垂直±30°。夜间视野主要受前照灯光的定向性的制约。间接视野由驾驶人的眼位和后视镜的特性决定。

3. 颜色、形状与识别

驾驶人在行车过程中要有短暂的时间中断注视前方,用眼的余光去识别交通信号、交通标志、仪表、警报器等。所以这些装置应易于识别,一看就懂。

识别的要素主要有:颜色、形状、尺寸、表示方法、设置场地、与其他景物的相对关系等。

色彩鲜艳的颜色易于识别,所以,交通信号、车辆的灯光、仪表、警报装置都采用了红、黄、绿等颜色。行驶着的车辆的尾灯,与在路旁紧急停车的尾灯同样是红色。所以,在高速公路上,时常会发生后面的汽车追尾撞在闪着灯、紧急停在停车带上的汽车的事故。这主要是尾随前车而发生的追尾事故,应引起注意。

各种信息形状的图形越简单,边角越少,越容易识别。

设置场所与其他景物的相对关系对识别效果有较大的影响。信号或标志的设置高度应与驾驶人眼睛的位置相适应,应在眼的有效视野范围之内。

4. 光照适应与炫目

人眼对光的适应有两种情况,即"暗适应"与"亮适应"。

行驶在明亮处的车辆,一旦进入较暗的隧道,驾驶人视力会暂时性地极度下降。相反,当从黑暗的隧道行驶到较明亮的外部时,也会因外部太明亮,眼睛不适应而产生看不见东西的现象。这就是光适应问题。

眼睛"暗适应"需要较长的时间,一般5min可恢复40%,10min能够恢复65%。

眼睛"亮适应"恢复较迅速,一般1~2s就可恢复。

相向行驶车辆的前照灯光束,映入眼睛后会出现炫目,有时还会看不清附近的行人,这就是"炫光影响"。随着炫光的照度增强,可视距离急剧下降。因此,交通法规规定,两车交会时要关闭远光灯,打开近光灯,以防止炫目。

(二) 知觉与反应

行车过程中,从特殊景象进入驾驶人视野到采取相应行动的时间,即知觉反应时间。

知觉反应时间包括如下四个过程:

(1) 发现,即把外部信息情报摄入到大脑内的时间。一般是通过视觉发现。

(2) 识别,是对发现的情形作出判断。

(3) 决定行动,识别后决定采取什么样的行动,也即产生行动命令的信号。

(4) 反应,行动命令信号传递给手脚的肌肉组织,到开始操作的时间,叫反应时间。这一反应时间通常因人而异,反应敏捷的为0.45~0.85s;反应迟钝的超过1.13s。反应时间还和驾驶人的心理状态有关(疲劳、饮酒等)。

另外一个关键的问题是,驾驶人从发现到识别后,能否作出正确的判断,确认危险的存在。也就是说,驾驶人能否正确判定什么时间把脚从加速踏板上收回,什么时间踩制动踏板。在有限的时间内,行驶中的驾驶人发现、确认危险情况是一种概率现象。

(三) 驾驶状态

驾驶人在行车过程中的精神状态是一种生理现象,这是造成交通事故的主要原因之一。不正常驾驶状态有如下几种:疲劳型打瞌睡;单调型打瞌睡;酒后驾车;注意力分散。打瞌睡事故也有伪造的自杀、他杀事故。

1. 疲劳型打瞌睡

疲劳型打瞌睡是一种信息过多型的,开车虽然并不是一种重体力劳动,但由于中枢神经特别是视觉神经的负担较重,因此,长时间行车,会加重中枢神经的疲劳,导致驾驶人打瞌睡。图 10-4 所示为因疲劳发生事故的过程。

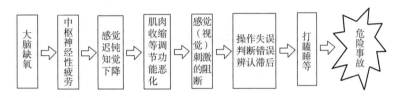

图 10-4 因疲劳发生事故的过程

"感觉刺激的阻断"过程是"疲劳就要休息",这是十分自然的自卫性生理现象。长时间的驾驶,加上疲劳的积蓄,是打瞌睡的原因。

2. 单调型打瞌睡

长时间在单调的环境下,人的感觉受到刺激的新鲜感就会消失,紧张感钝化,感到厌烦,最终导致催眠状态。

如果驾驶人在夜间单独长时间驾车行驶在单一环境的直线公路上,由于缺乏变化,最终会产生单调乏味的感觉。因此,为了减少这种现象的发生,在高速公路上应适当设置一些弯道。

3. 酒后驾驶

饮酒、酗酒,会给驾驶人带来生理、精神和心理上的不良影响。

在生理上,会延长知觉反应时间,导致视力下降、视野变窄、多种感觉钝化、动作不协调等,综合驾驶能力下降。

醉酒会对人的心理和精神造成更大的影响,可导致与正常人完全不同的精神和心理状态。情绪不稳定及感情控制力下降;注意力下降;理性判断能力下降;意识范围变窄;信息处理能力下降;预测准确度下降;危机感麻痹;不自觉地夸大运动能力等。

酒精的氧化速度随人而异。一般认为,血液中乙醇浓度在 0.05% 以下时,对驾驶无影响;血液中乙醇浓度为 0.05%～0.15% 时,有人会不适合驾车;若乙醇浓度超过 0.15%,对所有人都会有影响,不适宜驾车。

(四) 人体抵抗冲击的能力

在进行交通事故鉴定的过程中,经常需要证明碰撞冲击与身体伤害的因果关系。这就要了解人体的抗冲击特性。因此,要制定"这种水平的冲击,不会对人体造成伤害"的安全限值标准,对维持汽车社会的秩序是非常重要的。

在现实社会中,我们经常会遇到,以交通事故为恰当理由进行保险金诈骗,对肇事者进行讹诈,以赚钱为目的的医疗费过剩现象。

但是,在制定这个极限标准时,必须充分考虑抗冲击特性的个体差异性。图10-5所示为人在各种情况下,所能体验的冲击加速度实例及抗冲击特性。其中,以冲击加速度 a 和冲击作用时间 t 为主要参数,横坐标为减速所需距离 S,纵坐标为因冲击产生的速度变化 Δv。

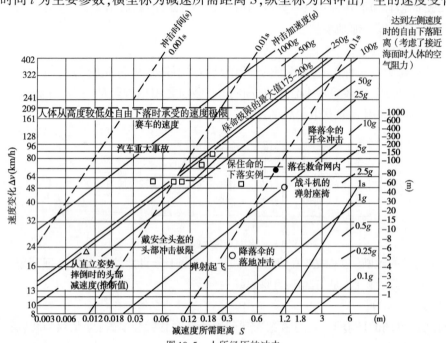

图10-5 人所经历的冲击

图中各因子的关系:

$$S = \frac{1}{2}at^2$$

$$\Delta v = at = \sqrt{2aS} = 2\frac{S}{t}$$

各种现象的冲击加速度分别为:

降落伞的开伞冲击	$6 \sim 30g$
降落伞的落地冲击	$1.5 \sim 4g$
弹射的启动冲击	$3 \sim 7g$
战斗机的弹射座椅	$10g$
落在消防队的救命安全网内	$20g$
带安全头盔时头部的冲击极限	$15 \sim 40g$
从直立姿势摔倒时对头部的冲击	$170g$
保住性命的下落实例(距离为 $15 \sim 52$ m)	$25 \sim 250g$
汽车重大事故	$100g$ 以上
大致的保命极限	$175 \sim 200g$

其中 g 为重力加速度。

四、交通事故鉴定必要的汽车相关知识

(一) 车辆动力特性曲线

车辆动力特性曲线即车辆在各挡位驱动力与行驶阻力之间的关系曲线。从车辆动力特性曲线上可以直接看出,车辆在不同道路阻力条件下,所能达到的最高行驶速度,在不同的挡位能驶过的最大坡度,车辆的加速能力等。

图中,驼峰线为各挡位驱动力;带%号的缓和向右上方的曲线为行驶阻力(包括道路阻力和空气阻力),%表示坡度;向右上方倾斜的直线为车速对应的发动机转速。

图 10-6 所示为手动变速器汽车的动力特性曲线。图 10-7 所示为自动变速器汽车的动力特性曲线。

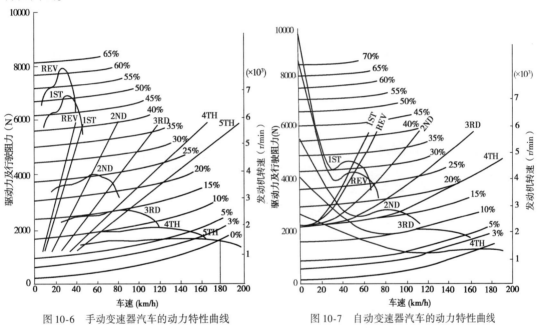

图 10-6　手动变速器汽车的动力特性曲线　　　　图 10-7　自动变速器汽车的动力特性曲线

(二) 车身结构

1. 轿车车身结构

轿车车身结构分为非承载式(带车架的)结构和承载式(不带车架)结构两种。

1) 非承载式结构的车身

如图 10-8 所示,借助于支撑缓冲橡胶将主车身像轿子一样连接在结实的梯状车架上。发动机、悬架等各总成都固定在车架上。车架承受着来自路面的外力、振动,承受着来自发动机的振动、驱动力的反作用力、车身的重力等。这种结构的车身设计、自由度较大,舒适性也高。但由于增加了车辆的自重,故现代轿车采用这种车身的越来越少。

2) 承载式车身

如图 10-9 所示,承载式车身没有车架,发动机等各总成都直接装在车身上。承载式车身降低了车辆的自重,但是,在车身前部和车身底部上连接和支撑发动机、转向装置、悬架等

总成的部位,局部承受着非常大的力。因此,这一部分需要增加加强筋等结构,以增加刚性。

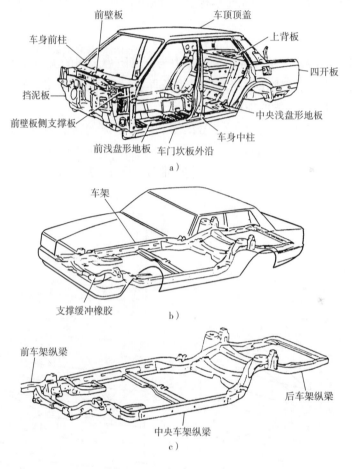

图 10-8 非承载式车身结构图
a)主车身;b)车架式车身;c)车架

2. 载货汽车车身结构

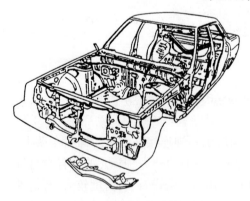

图 10-9 承载式车身结构图

载货汽车的车身一般由车架、驾驶室及货箱三部分组成,驾驶室和货箱通过连接装置支撑在车架上,驾驶室主要是通过防振橡胶或螺旋弹簧支撑连接在刚性较高的车架上。货箱单独设计,可以根据装载的要求进行多种选择。

与轿车相比货车车身有如下特点。

(1)载货车车身的刚性远比轿车高,若货车与轿车相撞,一般轿车的变形和破坏会比较大。

(2)由于货车的车身比轿车要高,当轿车与货车相撞时,会出现轿车钻入货车车厢底板、车架下面的碰撞形态。特别是轿车发生追尾碰撞事故。因此,载货汽车应采取措施,在载货车尾部安装防止突入装置。

(3)当两载货汽车相撞时,结构比较脆弱的驾驶室会被两货车的货箱及货物挤在中间,难以保证驾乘人员的生存空间。

(三)汽车要害部位的冲击吸收能力

乘员受伤一般发生在二次碰撞。因此,二次碰撞时与乘员接触的部位必须能够吸收碰撞冲击能,以尽可能减轻对人体的伤害。

这些部位包括:吸收冲击式转向装置,仪表板,座椅靠背背面,车厢内后视镜,头枕,可倒式车厢外后视镜等。

(四)保险杠

保险杠是一个吸收碰撞冲击能的主要部件。目前,我国还没有关于保险杠吸收碰撞冲击能的标准。保险杠的损坏状态与碰撞速度之间的关系常成为人们难以解决的问题。

(五)轮胎

轮胎的状况对行车安全起着至关重要的作用,轮胎痕迹对交通事故鉴定同样意义重大。图 10-10 所示为轮胎各部分名称。图 10-11 所示为几种常见的轮胎花纹。

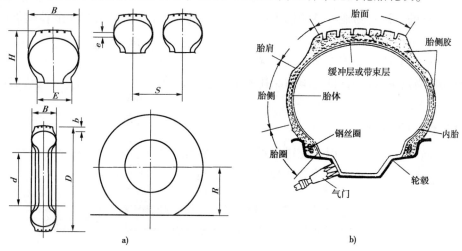

图 10-10　轮胎尺寸及各部分名称
a)轮胎尺寸特性;b)轮胎各部分名称

S-双胎间距;B-轮胎断面宽度;D-轮胎外直径;d-配用轮辋直径;H/B-轮胎断面扁平比;E-配用轮辋宽度;R-负荷下轮胎静力半径;e-花纹深度

特别值得注意的是,胎面花纹是轮胎拖痕和碾压行人的重要证据,在事故鉴定中应予以重视。

车辆在高速行驶时,轮胎和路面摩擦产生热,轮胎接触地面会出现平衡阻碍变形,使内部摩擦而发热。这些热量的积累促使轮胎升温,一旦超过限度,会导致强度下降,致使轮胎爆胎。这个极限温度一般为 125℃。

在极高速状态下旋转的轮胎,会出现"驻波"现象。一旦达到驻波状态,轮胎产生的热量会急剧增加,超过极限会使胎面橡胶短时间内过热,出现破裂飞射出去的危险状况。

轮胎破裂的状况一般有剥落、帘线层断裂、轮胎裂纹、穿透、爆胎等几种。

(六)制动系统故障

由于制动系统制动效能下降或制动失灵,因车辆制动距离过长或车辆没有制动,会引发交通事故,造成人员伤亡或财产损失。

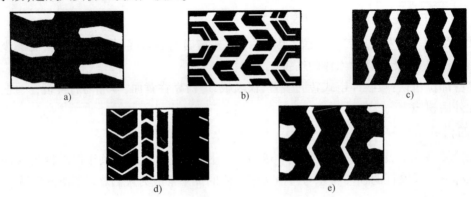

图 10-11 轮胎花纹图

a)强力型花纹(横向花纹);b)块形花纹纹;c)条形花纹(纵向花纹);d)非对称纹纹;e)条形强力型花纹(混合花纹)

(七)风窗玻璃

风窗玻璃的结构对驾乘人员的伤害程度有不同的影响,采用夹层的安全玻璃可以减少事故对驾乘人员的伤害。

破碎的风窗玻璃或散落在路面上的玻璃片,可以反映出事故车的碰撞方向。对于夹层的安全玻璃,当发生与行人、自行车和摩托车乘员碰撞事故时,有时会留下身体、特别是头部的凹陷痕迹。

(八)转向系统故障

车辆转向系统故障也是引发交通事故的一个原因。由于转向盘自由行程过大,可能会使行车中躲避不及时而造成事故,转向操纵失控会造成严重的交通事故。

第二节 事故现场查勘的要求和工作内容

一、交通事故现场

交通事故现场(以下简称现场)是指发生交通事故的车辆及其与事故有关的车、人、物遗留下的同交通事故有关的痕迹证物所占有的空间。现场必须同时具备一定的时间、地点、人、车、物五个要素,它们的相互关系与事故发生有因果关系。

交通事故现场可分为原始现场和变动现场。

(1)原始现场是指发生事故后至现场查勘前,没有发生人为或自然破坏,仍然保持着发生事故后的原始状态的现场。这类现场的现场取证价值最大,它能较真实地反映出事故发生的全过程。

(2)变动现场是指发生事故后至现场查勘前,由于受到了人为或自然原因的破坏,使现场的原始状态发生了部分或全部变动。这类现场给查勘带来种种不利因素,由于现场证物遭到破坏,不能全部反映事故的全过程,给事故分析带来困难。

出现变动现场的原因有如下几个。

①为抢救伤者或排除险情而变动了现场的原始位置。
②执行任务的消防、救护、警备、工程救险车,肇事后因任务需要驶离现场。
③过往车辆和行人及现场围观群众。
④自然原因(刮风、下雨、下雪、日晒等)。
⑤主要交通干道或繁华地段发生的事故,需及时排除交通堵塞而移动肇事车辆及相关证物。
⑥伪造和破坏现场。当事人为了逃避责任或进行保险诈骗,对现场进行破坏和伪造。这类现场事故状态不合常理,不符合客观规律。
⑦恢复现场。恢复现场有两种情况。一是对上述变动现场,根据现场分析、证人指认,将变动现场恢复到原始现场状态。二是原始现场撤除后,因案情需要,根据原现场纪录图、照片和查勘纪录等材料重新布置恢复现场。

二、事故现场查勘范围与组织

现场查勘是一项细致、烦琐又复杂的工作。因此,在查勘前必须根据现场的具体情况,确定查勘的范围、顺序和重点,拟订查勘方案,按确定的顺序和步骤展开查勘。

现场查勘范围根据事故类型而定。查勘人员到现场后,应及时向现场保护人员了解事故情况,现场有无变动及变动的原因和范围,必要时根据当事人和证明人的记忆恢复现场。

对于现场范围比较小,肇事车辆和证物痕迹比较集中的现场,以肇事车辆为中心由内向外展开查勘。

对于肇事车辆和证物痕迹比较分散的现场,查勘顺序要灵活掌握。以重要部位和可能遭受破坏的部位为重点进行查勘,也可以由外围向中心进行,逐步缩小查勘范围;对于面大距离长的现场,可分片逐段进行查勘。

在现场查勘或对事故进行分析研究中,在认定痕迹或事故原因上存在异议时、在关键问题上意见无法统一时,应通过现场实验进行科学考察。

查勘人员到达事故现场后,要根据现场情况,由现场指挥人员统一部署,布置现场警戒;维护交通秩序,预防现场交通堵塞;保护现场;组织救护交通事故伤员,组织现场抢险。图10-12所示为现场移动保护图。

三、现场查勘的意义、目的和要求

现场查勘是道路交通事故处理过程中一项重要的法定程序。现场查勘是证据收集的重要手段,是准确立案、查明原因、认定责任、进行处罚的依据,是保险赔付、案件诉讼的重要依据,因此,现场查勘在事故处理过程中具有非常重要的地位。

(一)现场查勘的意义

1. 现场查勘是重大交通事故案件刑事及民事诉讼程序的重要环节

交通事故立案、调查、提起公诉和审判,是刑事诉讼活动的四项程序。现场查勘是刑事诉讼第一、二道程序中的重要环节。因此,事故发生后,必须对现场、肇事车辆、物品、人员损伤、道路痕迹等进行现场调查。

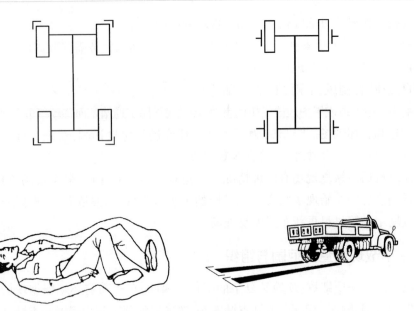

图 10-12 现场移动保护图

2．现场查勘是保险赔付的基础工作

对于保险车辆，一旦发生交通事故，就涉及赔付问题。只有通过第一现场的查勘才能确定事故的真伪、事故原因及事故态势，确定赔付的基本依据和确认是否为骗保案件。

3．现场查勘是事故处理的起点和基础工作

只有通过严格细致的现场查勘，才能正确揭示事故的发生、发展过程；通过对现场各种物证痕迹等物理现象的分析研究，发现与事故有关联的逐项内在因素。也只有通过周密的现场查勘、询问当事人、访问证明人等调查活动，才能掌握第一手材料，对案情作出正确的判断。有了正确的判断，就能正确认定事故责任，追究事故责任者的法律责任，维护受害人的正当权益。

4．现场查勘是收集证据的基本措施

证据是查明事故原因和认定事故责任的基本依据。车辆交通事故是一种纯物理现象，交通事故的发生必然引起现场内客观事物的变化，在现场留下痕迹物证。因此，对现场进行细致的、反复的查勘，把现场遗留下的各种痕迹物证加以认定和提取，经过检验与核实就成为事故分析的第一证据。

5．现场查勘是侦破交通肇事逃逸案件的重要环节

现场是交通事故行为的客观反映。交通肇事逃逸的行为不可避免地引起现场各种交通要素的变化，留下痕迹和物品。通过现场查勘取得的各种痕迹证物等证据，是分析案情、揭露逃逸人的特征、侦破逃逸案件的重要依据。

(二) 现场查勘的目的

1．确定事故的性质

通过客观、细致的现场查勘证明案件是刑事性质的交通事故，还是普通单纯的交通事故；是否是为骗保而伪造事故，对事故进行划分和处理提供依据。

2. 查明事故情节及要素

通过现场的各种痕迹物证,对事故的经过进行分析调查,查明事故的主要情节和交通违法因素。

3. 确认事故原因

通过对现场周围环境、道路条件的查勘,可以了解道路、视距、视野、地形、地物对事故发生的客观影响;通过对当事人和证明人的询问和调查,可以确认当事人双方违反交通法规的主观因素。

(三)现场查勘的要求

1. 及时迅速

现场查勘是一项时间性很强的工作。要抓住案发不久、痕迹比较清晰、证据未遭破坏、证明人记忆犹新的特点,取得证据。反之,到案不及时,就可能由于人为和自然的原因,使现场遭到破坏,给查勘工作带来困难。所以,事故发生后查勘人员要用最快的速度赶到现场。

2. 细致完备

现场查勘是事故处理程序的基础工作。现场查勘一定要做到细致完备、有序。查勘过程中,不仅要注意发现那些明显的痕迹证物,而且,特别要注意发现那些与案件有关的不明显的痕迹证物。切忌走马观花、粗枝大叶的工作作风,以免由于一些意想不到的过失使事故变得复杂化,使事故处理陷于困境。

3. 客观全面

在现场查勘过程中,一定要坚持客观、科学的态度,要遵守职业道德。在实际中可能出现完全相反的查勘结论,要尽力防止和避免出现错误的查勘结果。

4. 遵守法定程序

在现场查勘过程中,要严格遵守《道路交通事故处理程序》和《道路交通事故痕迹物证勘验》的规定。要爱护公私财物,尊重被讯问、访问人的权利,尊重当地群众的风俗习惯,注意社会影响。

(四)现场查勘的组织实施

现场查勘工作是一项政策性、技术性、法律性很强且烦琐细致的工作。尤其对于重大和特大交通事故,查勘工作量大,需要的时间长,涉及的部门、人员多,有些情况要现场处理。因此,现场查勘要有严密的组织和强有力的临场指挥,使查勘工作在统一领导、统一指挥下,有组织、有秩序地进行,避免杂乱无章。交通事故的现场查勘由属地公安交通管理部门统一组织,单方事故可以由保险公司独立查勘、处理。

现场查勘的组织应注意如下事项。

1. 迅速赶赴现场

事故发生地的公安交通管理部门接到报案后,应立即组织警力,快速赶赴现场,按《道路交通事故处理程序规定》的要求,及时划定现场范围,实施保护,维护交通秩序,保证现场查勘工作的顺利进行。

2. 全面了解和掌握现场情况

只有全面了解和掌握情况,才能对事故性质以及采取什么样的措施等一系列问题作出正确的判断与决策。否则,将会使查勘工作陷于被动。

指挥员到达现场后,应首先听取先期到达有关人员的汇报,亲自巡视、查看现场状况,确定查勘重点,布置各项查勘工作。对重要痕迹物证,要亲自查验,鉴别真伪与可靠程度,掌握第一手资料。

3. 兼顾统筹、全面安排

(1) 合理布置查勘力量,特别是重大、特大交通事故。在分配工作任务时,要注意发挥工作人员的特长,因人制宜、新老搭配,提高查勘取证的效率和质量。

(2) 重点痕迹过细查勘。尽管现场查勘的工作内容很多,但对重点痕迹的查勘、痕迹形成的认定、收集人证物证、现场查勘纪录四项工作不得有误。这些工作直接关系到事故因果关系、事故性质、事故责任认定。

(3) 掌握进度,协调工作。现场查勘工作既有分工又有合作,痕迹查勘与摄影录像、测绘现场图之间要彼此照应,相互协调。否则就会彼此干扰,影响工作的完整性。指挥员要协调各组的工作进度,进行必要的调整,使现场查勘工作顺利进行。

(4) 及时采取应急措施。在现场查勘过程中,当遇到某些紧急情况时,应当机立断,及时采取相应措施,保证查勘工作的连续性。例如,对交通肇事逃逸案,一旦掌握基本证据,即可立即采取措施,对肇事车辆进行堵截。

(5) 组织现场汇报。查勘结束后,应召开现场工作报告会,听取各项调查汇报,查验查勘记录和现场纪录图是否符合《道路交通事故痕迹物证勘验》的要求。发现漏洞和差错,及时复查和补充。若需安排现场实验,另选时间和地点进行。

思考与练习题

1. 什么是交通事故?
2. 交通事故鉴定应注意哪些事项?
3. 知觉反应时间四个过程是什么?
4. 左右两眼视角应为多少?
5. 轿车车身与货车车身结构有什么区别?
6. 交通事故现场变动源有几项?
7. 现场查勘的意义是什么?

第十一章 事故车辆的检验与定损

第一节 事故车辆的定损原则与方法

一、事故车辆验损机构的职责与定损原则

对于保险业,尤其是机动车保险业务,由于道路交通事故和其他事故,机动车保险赔付业务天天都有。因此,为了准确客观地、无争议地完成保险赔付业务,对于一定规模的保险分支机构或物价管理部门都设置有专门的机动车验损中心,配有专职的定损和估价人员。

1.机动车验损中心的职责范围

机动车验损中心的职责范围。接到报案或出险通知后,指派定损核价人员迅速赶到事故现场、停车场或指定及非指定修理厂,对出险事故车辆进行查勘、定损、估价;受理公司系统内异地委托代理业务的查勘、定损、估价;受理有关部门(公安交通管理机关事故处理部门)委托,对非保险车辆进行查勘、定损、估价。

2.定损核价人员的任务

定损核价人员的任务。接到任务及有关资料后,利用必要的设备和技术手段做好事故车辆的查勘工作,对事故车辆及受损部位进行拍照。定损人员确定事故车辆的损伤部位,并确定受损总成及零部件的更换或修理。核价人员在此基础上,对零配件价格及修理工时费用作出正确的核定。做到各司其职,各负其责。

3.机动车定损的原则

保险公司的理赔工作应严格执行《机动车保险条款》的有关规定,工作人员在查勘、定损、估价过程中,要做到双人查勘、双人定损、交叉复核。对损失较大或疑难案件做到重复多次审核,专门会议分析研究,确保核定无误。对任何一个理赔案件都要做到严格细致、客观真实,不受人情的影响,做到既不损害保险人利益,又要保证被保险人的权益不受侵害。

定损核价人员在事故车辆的定损、估价过程中,在保证被保险人的权益不受侵害、不影响车辆性能的前提下,应遵循"公平公正""能修不换"的保险补偿原则,参照当地交通运输管理部门规定的修理工时及单价和零配件价格对事故车辆的损伤部位逐项进行审定,做到合理准确地定损核价。

定损核价是一项政策性、技术性十分强的工作,要求定损核价人员掌握必要的物价管理

知识、汽车结构和性能方面的专业知识和修理专业方面的知识,要具有丰富的实际操作的经验,能准确认定车辆、总成和零部件的损伤程度,准确实施"能修不换"的原则。定损人员应根据事故车辆的损伤情况,准确认定保险赔付范围及赔付方式,即是修还是换。对于车辆的外覆盖件来说,应以损伤程度和损伤面积为依据,确定修复方法。对于功能件来说,判断零件的更换或修理存在一定的难度,要做到准确判定事故原因及损伤形成的因果关系,这要求定损人员必须掌握足够的汽车结构和性能方面的专业知识。汽车零部件功能的下降和受损,有两方面原因:一是随车辆行驶里程的增加,各零部件、总成的功能都会有不同程度的下降;二是在道路交通事故中,由于碰撞产生的撞击力使部分零部件或总成丧失部分或全部功能。定损人员应能正确区分,哪些是车辆本身故障造成的损失;哪些是车辆正常使用过程中零件自然磨损、老化造成的损失;哪些是使用、维护不当造成的损失;哪些是损伤产生后没有及时进行维护修理致使损伤扩大造成的损失;哪些是撞击直接造成的损失。依照机动车保险条款所列明的责任范围,明确事故车辆损伤部位和赔付范围。

二、事故车辆的定损方法

在实际运作过程当中,经常存在着这样的问题,被保险人与保险人在定损范围与价格上存在严重分歧,被保险人总希望能得到高的赔付价格,而保险人则正好相反。另外在保险业,特别是机动车保险业,经常有骗保案件发生。因此,为避免上述情况发生,定损人员应掌握正确的定损方法。

(1)确定出险车辆的性质,确认是否属于保险赔付范围。根据有关机动车保险条款的解释及事故现场的情况,验明出险车辆号牌、发动机号、车架号是否与车辆行驶证及有关文件一致,验明驾驶人身份,驾驶证准驾车型是否与所驾车型相符,如驾驶出租车是否有行业主管部门核发的出租车准驾证,确认是否属于保险赔付范围及是否存在骗保行为。

(2)对现场及损伤部位照相。按事故查勘照相的要求,对现场及车辆损伤部位拍照,必须清晰、客观、真实地表现出事故的结果和车辆的损伤部位。

(3)对事故车辆损伤部位进行查勘,确定损伤程度。在对外部损伤部位照相的基础上,对车辆损伤部位进行细致查勘,对损伤零件逐个进行检查,即使很小的零件也不要漏掉,以确定损伤情况。如对车身及覆盖件查验时,应注意测量、检查损伤面积、塑性变形量、凹陷深度、撕裂伤痕的大小,必要时应测量、检查车身及车架的变形,以此确定零件是否更换或进行修理所需工时费用。对于功能件应检验其功能损失情况,确定其修理方法或是否更换及所需工时费用。

(4)对不能直接检查到的内部损伤,应进行拆检。如车辆发生强度较大的正面碰撞时,在撞击力的作用下,除车身及外覆盖件被撞损坏以外,同时会造成一些内部被包围件的损坏。如转向机构、暖风及空气调节装置等的损伤情况,就需要解体检查。所以发生碰撞事故后,应根据实际情况确定是否需要解体检查,以确认被包围件的损伤情况。

(5)确定损伤形成的原因。零部件及总成损伤形成的原因,可以由事故引起,也可能是其他原因,不能一概而论。因此,在定损过程中,尤其是对功能件的定损中,一定要根据其损伤的特征,正确区分造成损伤的原因,准确认定赔付范围。

第二节 汽车车身、发动机和底盘的定损

一、车身变形及损伤程度的诊断

车辆的车身,尤其是轿车和客车的车身更是车辆的主体结构部分,在碰撞、刮擦和倾翻等交通事故或意外事故中,车身是受损最严重的部分,其车身覆盖件及其他构件会发生局部变形,严重时车架或整体式车身都会发生变形,使其形状和位置关系不能符合制造厂的技术规范,这不仅影响美观,还会影响到车身和汽车上其他总成的安装关系,使车辆不能正常行驶。因此,必须对其进行校正和修复,有些零部件和总成则需要更换。对于保险车辆,这笔费用需要保险人按保险合同的规定承担,这要求有相对准确的计算依据,必须正确地核定车身的损伤情况。

车身由于事故遭受损伤后的修复工作,是一项工艺复杂且技术性很强的专业工作,事故车的定损应考虑到工艺的复杂性和技术性,因此,要求定损人员应熟悉汽车车身结构及车身修复工艺。

要想准确鉴定事故车辆的损失,需要从多方面入手,确认导致变形的诸因素,确定损伤的类型及严重程度。

(一) 碰撞力分析

碰撞所造成的车身损坏程度,主要取决于碰撞力的大小、方向及作用点。

1. 碰撞力的大小

相向行驶的车辆发生正面碰撞,碰撞力为:

$$F = \frac{m_1 v_1 + m_2 v_2}{t}$$

顺向行驶的车辆发生追尾碰撞事故时,碰撞力为:

$$F = \frac{m_1 v_1 - m_2 v_2}{t}$$

式中:m_1、m_2、v_1、v_2——相撞汽车各自的质量与速度;

t——力的作用时间。

由此可见,同等条件下相向行驶的车辆发生的正面碰撞事故导致的伤害最大。

2. 力的作用方向

碰撞形式决定了力的作用方向。迎面相向正面碰撞,力的作用方向垂直于车辆的重心;侧面正碰撞,力的作用方向同样垂直于车辆的重心;而斜碰撞时力的作用方向则对车辆中心形成力偶。

3. 力的作用点

如图 11-1 所示,在力的大小和作用方向相同的条件下,不同的作用点导致的伤害结果却大不相同。显然,与对柱碰撞相比,对壁碰撞导致的伤害程度要低。

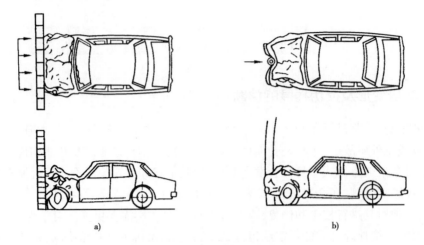

图 11-1　碰撞损伤分析图
a）对壁碰撞；b）对柱碰撞

(二) 损伤形式

根据车身损伤的原因和性质来说，车身的损伤形式包括：直接损伤、波及损伤、诱发性损伤、惯性损伤。

（1）直接损伤是车辆直接与其他车辆或物体发生碰撞而导致车身的损坏。直接损伤的特征是，两客体接触时在着力点形成的擦伤、撞痕、撕裂状伤痕。

（2）波及损伤是指碰撞冲击力作用于车身上并分解后，其分力在通过车身构件过程中所形成的损伤。根据力的可传性，碰撞形成的冲击力在分解、传播、转移的过程中，可以很容易地通过强度、刚度高的构件，但当传到强度、刚度相对较弱的构件时，就会造成车身不同程度的损伤，在这些相对薄弱的构件上形成以弯曲、扭曲、剪切、折叠为主要形态的损坏。

（3）诱发性损伤是指一个或一部分车身构件发生了损坏或变形后，同时引起与其相邻或有装配关系的构件的变形及损坏。与波及损伤的区别在于，这些构件并不承受冲击载荷或承受冲击载荷很少，主要是受到关联件的挤压和拉伸导致的诱发性损坏。损坏特征为弯曲、折断、扭曲。

（4）惯性损伤是指车辆发生碰撞时，在惯性力的作用下而导致的损伤。损伤的形态有：车辆其他总成与车身的结合部承受的惯性载荷超过其承受极限时而破坏。在惯性作用下，人或货物被抛起与车身部件发生二次碰撞造成车身损坏和人员伤害。惯性损伤的特征是撞伤、拉断或撕裂、局部弯曲变形等。如碰撞发生后，在惯性的作用下，人体脱离座位头部撞在前风窗玻璃上造成损伤。

(三) 变形的倾向性分析

因车身结构不同，碰撞给车身带来的损伤程度和变形类型也都不同，但具有一定的倾向性。碰撞给车身造成的直接损失比较容易诊断，但对于波及损伤、诱发性损伤等就需要通过对变形倾向进行分析，才能作出正确的判断。

1. 承载式车身的变形倾向

承载式车身由于没有车架，车身壳体由薄板类构件焊装起来，直接承受各方向的作用力。与车架相比刚性较低,因此,碰撞事故发生时,对整体变形的影响都比较大。碰撞冲击波作用于各构件,并在传递过程中被不断地吸收、衰减,最终在各部位以变形体现出来。

(1) 前车身变形的倾向。如图11-2所示,前车身主要由发动机舱与发动机罩等组成。前悬架、行驶系统和转向装置等总成都布置于车身前部,相向碰撞发生时,也是通过前车身来有效地吸收冲击能量。

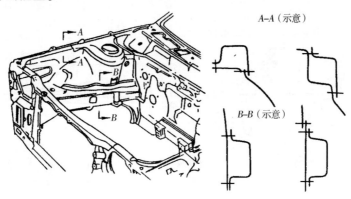

图11-2 承载式车身前部图

发生正面相向碰撞,车身前部势必会产生变形,变形的倾向和损伤程度与冲击力的大小、方向、受力点和客体对象有关。

车辆发生较为轻度的正面碰撞,车的前保险杠及其支架会遭受到直接损伤,首先受到波及的构件是散热器框架、翼子板和发动机罩锁支架等,有可能引发前轮定位失准。

较大强度的正面碰撞,致使直接损伤的范围进一步扩大,翼子板变形增大,压迫车门使其开启困难;发动机罩拱曲变形并通过铰链触及前围板;前纵梁弯曲变形并引起前横梁产生变形,致使前围板变形后移伤及通风装置的塑料壳体,使前轮定位严重失准;更严重的碰撞则会使前保险杠、翼子板、散热器框架、散热器、冷凝器、横梁、前纵梁等严重损坏,冲击力的波及、诱发和惯性作用,结果使车身A柱变形弯曲,前围板变形严重,影响到空调通风装置,发动机支撑错位,悬架装置严重受损,诱发车身底板和车顶篷拱曲变形,车门下垂、风窗玻璃损坏等。

(2) 车身后部变形倾向。乘用车车身后部结构如图11-3所示,当车辆发生倒车和追尾事故时会造成车身后部的变形,其变形规律和变形倾向与车身前部大致相同。只是由于车身后部的刚度较弱,在相同的撞击力下,后部损伤较严重。但后部附件较少,损失价值稍低。乘用车的油箱多位于后排座椅下面,一旦发生严重的台球式追尾碰撞,伤及油箱会造成汽油泄漏,后果会很严重。

总之,在进行车身损伤的鉴定过程中,要针对损伤的性质、严重程度进行认真细致的鉴别。

2. 车架变形倾向分析

对于非承载式或半承载式车身来说,车架与骨架是整车的基础,由于碰撞或倾翻致使车架变形,会严重影响整车的使用性能。车架的变形一般有弯曲和扭曲两种情况,同时伴随有皱褶类的损伤,往往是几种变形的综合体现,进行车架损伤鉴定时应引起注意。

(1) 车架弯曲变形。车架弯曲的形式因碰撞方向的不同而不同。发生正面碰撞,车架易出现水平方向的弯曲;发生侧面碰撞,车架易出现垂直方向的弯曲。

(2) 车架扭曲。同样,车架扭曲变形的形式也受冲击载荷方向的影响。车架受到垂直方向非对称载荷作用时,车架会形成垂直方向上的扭转变形,如高速上下台阶或重载下的过度颠簸等。当发生偏离车架中心线的角碰撞时,则形成一种水平方向上的对角扭曲(也叫菱形)。参见图11-4车架扭曲变形。

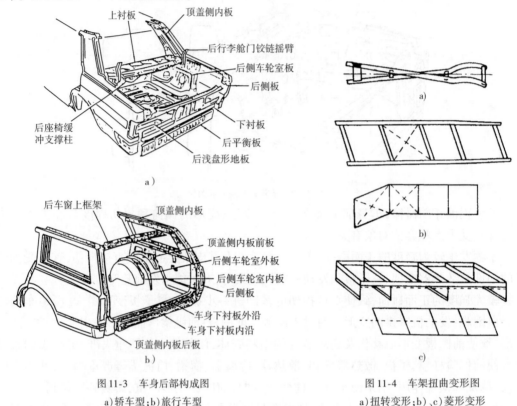

图11-3 车身后部构成图
a) 轿车型;b) 旅行车型

图11-4 车架扭曲变形图
a) 扭转变形;b)、c) 菱形变形

车架发生严重的扭曲变形,使车身四周的离地间隙发生改变。离地间隙的改变有两种原因,一是由车架扭转力超过了悬架在空载状态下的弹力所致;另一原因是悬架弹簧的弹力不一。因此,在进行车架损伤鉴定时,应加以区别,一定要首先排除悬架弹簧弹力不均的问题。

二、发动机和底盘的定损

车辆发生碰撞、倾翻等交通事故,车身因直接承受撞击力而造成不同程度的损伤,同时由于波及、诱发和惯性的作用,发动机和底盘各总成也存在着受损伤的可能。但由于结构的原因,发动机和底盘各总成的损伤往往不直观,因此,在车辆定损查勘过程中,应根据撞击力的传播趋势认真检查发动机和底盘各总成的损伤。

(一) 发动机损伤的鉴定

汽车的发动机,尤其是小型轿车的发动机,一般布置于车辆前部发动机舱。车辆发生迎面正碰撞事故,不可避免地会造成发动机及其辅助装置的损伤。对于后置发动机的大型客车,当发生追尾事故时,有可能造成发动机及其辅助装置的损伤。

一般发生轻度碰撞时,发动机基本上受不到损伤。当碰撞强度较大,车身前部变形较严重时,发动机的一些辅助装置及覆盖件会受到波及和诱发的影响而损坏,如空气滤清器总成、蓄电池、进排气歧管、发动机外围各种管路、发动机支撑座及胶垫、冷却风扇等,尤其对于现代轿车,发动机舱的布置相当紧凑,还可能造成发电机、空调压缩机、转向助力泵等总成及管路和支架的损坏。更严重的碰撞事故会波及发动机内部的轴类零件,致使发动机缸体的薄弱部位破裂,甚至致使发动机报废。

在对发动机损伤检查时,应注意详细检查有关支架所处发动机缸体部位有无损伤,因为这些部位的损伤不易发现。发动机的辅助装置和覆盖件损坏,可以直接观察到,可以采用旧车拆卸、更换或修复的方法。若发动机支撑和基础部分损坏,则需要将发动机拆下进行维修。当怀疑发动机内部零件有损伤或缸体有破裂损伤时,需要对发动机进行解体检验和维修。必要时应进行零件隐伤探查,但应正确区分零件形成隐伤的原因。因此,在对发动机定损时,应考虑到修复方法及修复工艺的选用。

(二)汽车底盘的定损

1. 悬架系统的定损

悬架是车架(或承载式车身)与车桥(或车轮)之间的一切传力装置的总称。悬架系统的作用是把路面作用于车轮上的垂直反力、纵向反力(牵引力和制动力)和侧向反力以及这些反力所形成的力矩,传递到车架(或承载式车身)上;悬架系统还承受车身载荷;悬架系统的传力机构维持车轮按一定轨迹相对于车架或车身跳动;对于独立悬架还直接决定了车轮的定位参数。

由于悬架直接连接着车架(或承载式车身)与车桥(或车轮),其受力情况十分复杂,在碰撞事故中,悬架系统(尤其是独立悬架系统)经常受到严重的损伤,致使前轮定位失准,影响车辆正常行驶。

车辆遭受碰撞事故时,悬架系统由于受到车身或车架传导的撞击力,悬架弹簧、减振器、悬架上支臂、悬架下支臂、横向稳定器和纵向稳定杆等元件会受到不同程度的变形和损伤。悬架系统元件的变形和损伤往往不易直接观察到,在对其进行损伤鉴定时,应借助检测设备和仪器进行必要的测量及检验。这些元器件的损伤一般不宜采用修复方法修理,应换新件,在车辆定损时应引起注意。

2. 转向系统的定损

转向系统的技术状况直接影响着行车安全,而且由于转向系统的部件都布置在车身前部,通过转向传动机构将转向机与前桥连接在一起。当发生一般的碰撞事故时,撞击力不会波及转向系统元件。但当发生较严重的碰撞事故时,由于传导作用,会造成转向传动机构和转向机的损伤。

转向系统易受损伤的部件有:转向横直拉杆、转向机、转向节等,更严重的碰撞事故,会造成驾驶室内转向杆调整机构的损伤。

转向系统部件的损伤不易直接观察,在车辆定损鉴定时,应配合拆检进行,必要时作探伤检验。

3. 制动系统的定损

车辆制动性能下降会导致交通事故,造成车辆损失。车辆发生碰撞事故时,同样会造成制动系统部件的损坏。

对于普通制动系统,在碰撞事故中,由于撞击力的波及和诱发作用,往往会造成车轮制动器的元器件及制动管路损坏。这些元器件的损伤程度需要进一步的拆解检验。

对于装用 ABS 系统的制动系统,在进行车辆损伤鉴定时,应对有些元件进行性能检验,如 ABS 轮速传感器、ABS 制动压力调节器。管路及连接部分的损伤可以直观检查。

4. 变速器及离合器的定损

变速器及离合器总成与发动机组装为一体,并作为发动机的一个支撑点固定于车架(或承载式车身)上,变速器及离合器的操纵机构又都布置在车身底板上。因此,当车辆发生严重碰撞事故时,会造成变速器及离合器的操纵机构受损,变速器支撑部位壳体损坏,飞轮壳断裂损坏。这些损伤程度的鉴定,需要将发动机拆下进行检查鉴定。

第三节 汽车其他保险事故的定损

投保车辆的事故赔偿除去道路交通事故以外,还包括火灾、盗抢及其他灾害等。

一、火灾损失的鉴定

根据《机动车损失保险条款》保险责任部分的规定,车辆发生火灾、爆炸事故属于保险赔偿范围。这里的火灾指的是由车辆本身以外的火源以及保险事故造成的燃烧导致保险车辆的损失,不包括违反车辆安全操作规程造成的和因车辆本身漏油、漏电或载运货物本身原因引起的火灾损失(即车辆自燃)。

因此,在对火灾事故车辆进行损失鉴定时,应依据公安消防部门出具的火灾原因证明,确认火灾原因及是否应付保险赔偿责任。车辆可以投保附加险,车辆投保自燃损失险后发生自燃火灾,保险公司应根据保险合同条款的有关规定进行赔偿。

车辆发生火灾时,由于车身面漆、车身附件和汽车内衬都属于易燃品且有毒,发动机附件及车辆上的油品也会加剧燃烧,促使火灾损失加重。火灾过后,这些附件的品种和数量都不复存在,如确定车辆有修复价值,定损时应借助其他同型号的车辆进行。

车辆的车身(尤其是承载式车身)是由薄壁板材制造的,发生严重的火灾后,金属车身会降低其强度和刚度,致使车身塌陷,车辆丧失修复价值。

二、车辆盗抢损失鉴定

全车盗抢险属于机动车保险附加险的一种。保险车辆在停放中被他人偷走,或保险车辆在停放和行驶中被劫走、抢走,下落不明,经县级以上公安机关刑侦部门立案证实,满 60 天未查明下落的赔偿案件成立。赔偿范围包括被盗抢车辆的实际价值,被盗抢后受到的损坏或车上零部件、附属设备丢失需要修复的合理费用。

三、其他灾害造成事故损失鉴定

造成车辆损失的意外原因有：外界物体坠落、倒塌。造成车辆损失的自然原因有：雷击、暴风、龙卷风、洪水、海啸、地陷、冰陷、崖崩、雪崩、雹灾、泥石流、滑坡。

（1）外界物体（指地上或地下建筑物、树木）倒塌、空中运行物体（陨石、飞行器等）坠落致使保险车辆受损。在对此类车险事故验损时，应根据坠落物体的外形结构，车辆被砸部位，结合碰撞事故车身的定损程序，采取不同的鉴定方法。

（2）遇有暴风雨、洪水、海啸等自然灾害，车辆有可能部分或全部被淹，如不及时处理，会造成车辆损坏。对于该类出险事故车辆进行损失鉴定时，应考虑对整车或部分总成进行清洗处理，如发动机、驾驶室、变速器、驱动桥、空调及通风装置等。这项工作需要将总成或整车解体完成，需要消耗一部分辅助材料，如发动机进行解体清洗检查，需要的辅助材料有：润滑油、全车衬垫、机油滤清器、密封胶、清洗剂等。

对于现代新型汽车，普遍采用各种电子控制装置，这些电子控制装置浸水或被水淹，尤其是在运行中极有可能被损坏。对电子控制装置的定损，应格外慎重，因此类装置的价格一般都很高，定损时应采用检测仪器进行性能检测以确定是否损坏。

（3）其他自然原因造成的事故往往会致使车身发生变形。对于这类事故造成的车身变形，应根据与车辆接触客体的外形结构，参照碰撞事故车身受力情况分析及变形趋势分析，进行车辆损失鉴定。

第四节 维修工时费用的确定

在确定了出险车辆的损伤程度后，就要确定修复方法和维修工时费用。维修工时费用的确定要依据车辆的损伤程度和维修工时定额标准进行，下面主要介绍维修工时定额的一般知识和制定。

一、汽车维修工时定额

从广义来说，定额就是对某一事物的发展过程所规定的额度，即人们根据各种不同的需要，对某一事物所规定的数量标准。如工资标准，办公用品的消耗定量，设计施工的技术标准，选举名额等。

对于汽车维修工作，定额是指在一定的作业条件下，利用科学方法制定出来的，完成满足规定技术要求的、质量合格的单位工作量，所需要消耗的人力、物力、机械台班和资金的数量标准。

汽车维修工时定额是汽车维修作业中诸多技术经济定额中的一种，是在一定作业条件下完成维修作业所消耗的劳动时间标准，是维修工时费用确定的重要依据。

二、汽车维修工时定额的种类

汽车维修工时定额，根据汽车的维修类别和维修工艺规范的基本要求，包括以下几种：

（1）汽车大修工时定额，就是对一部汽车完成大修作业所需要的工时限额。汽车大修工时定额应分别根据车辆的类别、型号、技术含量并参考车辆厂牌制定。

（2）汽车总成大修工时定额，就是对汽车某一总成完成大修作业所需要的工时限额。汽车总成大修工时定额应分别根据车辆的类别、型号、技术含量并参考车辆厂牌的总成制定。

（3）汽车维护工时定额，就是对一部汽车完成维护作业所需要的工时定额。汽车维护工时定额应分别根据车辆的类别、型号、技术含量并参考车辆厂牌的维护级别制定。

（4）汽车小修工时定额，就是指完成汽车每一单项小修作业所需工时定额。汽车小修工时定额应分别根据车辆的类别、型号、技术含量、并参考车辆厂牌的每一单项具体作业制定。

（5）摩托车维修工时定额。摩托车的维修工时定额包括摩托车大修作业、总成大修作业、小修作业分别需要的工时限额。其维修工时应分别根据摩托车类别、型号并参考厂牌制定。

出险车辆损伤的维修工艺及施工方法与汽车性能下降造成的损伤的维修工艺和施工方法存在一定的差别，其工时定额标准也有所不同，在确定出险车辆的维修工时定额时，可以参照当地维修行业管理部门制定的工时定额进行修订。

三、制定汽车维修工时定额的原则和方法

1. 制定汽车维修工时定额的原则

制定汽车维修工时定额是行业管理和企业生产经营管理的基础工作。对于保险车辆，维修工时定额是出险车辆理赔工作的基础。维修工时定额不单单是一个劳动时间定额，重要的是定额要体现工艺设计和施工方法，体现出现代汽车的技术含量，保证做到耗时少、工效高、质量优。为此，在制定汽车维修工时定额时，要遵循如下几项基本原则。

（1）现实性。要求定额的水平要相对合理，要考虑到当地汽车维修行业管理水平和企业生产管理水平，考虑到工人的技术水平、工装设备水平和材料配件等。定额的制定应体现出行业平均先进水平，使企业能在该定额水平指导下，按质、按量完成各项维修作业，满足行业各项技术标准。

（2）合理性。要求在不同车型之间、不同工种之间的定额水平保持平衡，使其定额的实现比例和超额比例大体接近，避免相差悬殊、宽严不等，以防因工时定额制定不合理，造成有些车型的利润太高，而有些车型因工时不足达不到技术要求。

（3）特殊性。在制定维修工时定额时，应考虑到汽车上采用的新工艺、新结构、新技术，要满足这些新工艺、新结构、新技术的要求。另外对要求不同条件或特殊情况下的作业，应采取不同的工时定额。

制定维修工时定额时，特别是对一些新型汽车和新结构、新技术，应广泛征求管理者、技术工人等各方面的意见和建议，切实考虑当地行业的实际情况，使定额水平合理、公平。

2. 制定汽车维修工时定额的方法

制定汽车维修工时定额的方法，应与当地的行业发展情况和企业的生产特点、生产技术条件、生产规模相适应，常见的工时定额制定方法有如下几种。

（1）经验估算法。经验估算法是定损人员根据自己的经历及经验，经过对维修项目、工

艺规程、生产条件(如设备、工具、工人技术水平等)以及现场实际情况等方面的分析,结合过去完成同种维修作业或类似维修作业的实际经验资料,用估算的方法来确定工序的时间定额。

经验估算法的优点是简便易行、易于掌握、工作量小。经验估算法便于定额的及时制定和修改,比较适用于作业量小、工序较多或临时性作业中。但是,这种方法比较容易受到定损人员的主观因素影响,原因是对构成定额的各种因素缺乏仔细地分析和计算,技术依据不足,因而定额的准确性比较差。因此,要求定损人员生产经验丰富、技术水平较高、责任心较强,要仔细客观地分析各种技术资料,以求客观公正。同时建立估算登记制度,便于互相比较,达到提高定额准确性的目的。

(2)统计分析法。统计分析法是根据过去同类维修项目实际消耗工时的统计资料,进行分析整理,剔除其中不正常因素的影响,结合当前维修项目施工的技术组织和生产条件制定工时定额的方法。

统计分析法的优点是以丰富的统计资料为依据,使制定的工时定额较为准确,方法相对比较简便,工作量小,在统计制度比较健全、资料数据比较准确的条件下,方法比较容易实现。缺点是,对于较复杂的维修工艺和数量繁多的工序,繁重的统计工作量将会影响到资料的准确性。

统计分析法制定的工时定额的准确性,基本上取决于统计资料的可靠性。因此,为了保证工时定额具有较高的准确性,就需要建立真实、完整的原始记录,建立严格的统计制度,加强统计工作,建立健全各级业务核算制度,真实全面地积累工时消耗资料。在工时定额的制定过程中,还要仔细区分原来与当前生产技术、组织条件的变化,如人员结构、工艺水平与要求、材料性质有何不同,新技术、新设备的运用等。

(3)技术测定法。技术测定法就是根据企业生产技术条件和组织条件进行分析研究,再通过技术测定和计算,确定合理的维修工艺、操作方法和工时消耗限额。

技术测定法的制定过程相对比较烦琐,需要完成工序分析、设备情况分析、劳动组织分析、工人技术分析、维修工作分析等工作。包括维修工序的结构、衔接是否合理,生产工人的操作是否合理,是否有不必要的操作和交叉作业,维修工艺规程、维修项目、技术要求是否合理,设备性能是否得到充分发挥,现场各工序统筹是否合理,对工人作业有无影响等。通过详细地分析研究,确定作业内容,进而确定维修工时定额。

技术测定法的具体运作是,按单项工序时间的各个组成部分,分别确定它们的定额时间。按确定时间的方法的不同,又可分为分析研究法和分析计算法两种。分析研究法采用工作日写实和测时的方法来确定工序时间定额的各个组成部分的时间。分析计算法是根据写实、测时和其他调查统计方法长期积累的具有一定规律的资料进行计算确定。

技术测定法的优点是,所用资料内容比较全面、系统,技术数据充分,方法科学细致,所制定工时定额的准确性最高。但由于该方法细致复杂,整个工作费时费力,需要有系统的资料支持,所以不易做到及时修订。

(4)类推比较法。类推比较法就是根据现有车型维修项目的工时定额为依据,经过对比分析,推算出另一种车型同类项目的维修工时定额的方法。优点是简便易行,基本能保证定额水平。缺点是这种方法受到同类维修项目可比性的限制，通用性较差。

在工时定额制定的实际工作中，可以通过竞赛评比，总结先进操作经验，在此基础上制定工时定额；可以对项目和工艺进行技术测定，制定工时定额；可以结合诸多统计资料，运用数理统计的方法进行数学处理，然后综合平衡确定工时定额。

在实际运用中，要结合地区生产环境和现状，考虑经济上的合理性，客观上的可能性，综合平衡，制定合理的维修工时定额。在此基础上参照当地执行的单位工时定额费用，计算出全部维修工时费用。

第五节　第三者责任险赔偿标准与认定

一、第三者责任险

1. 第三者责任险的保险责任

第三者责任险是车辆保险主险的一种，是指保险车辆因意外事故，致使第三者遭受人身伤亡或财产的直接损毁，保险人依照合同的规定负责赔偿。

被保险人或其允许的驾驶人在使用保险车辆过程中，发生意外事故，致使第三者遭受人身伤亡或财产的直接损毁。依法应当由被保险人承担的经济赔偿责任，保险人依照《道路交通事故处理办法》和保险合同规定负责赔偿。但因事故产生的善后工作，保险人不负责处理。

2. 第三者责任险的构成要素

第三者责任险的构成要素：责任人是被保险人或其允许的驾驶人，保险车辆在使用过程中，事故是意外地致第三者人身伤亡或财产的直接损毁。

意外事故：事故的发生不是行为人出于故意（自杀、蓄意谋杀），而是行为人不可预见的以及不可抗拒的并造成人员伤亡或财产损毁的突发事件。

车辆使用中发生的意外事故有两类：一类是道路交通事故，一类是非道路事故。

道路交通事故即在道路上发生的交通事故。道路即《中华人民共和国道路交通管理条例》所规定的：公路、城市街道和胡同（里巷），以及公共广场、公共停车场等供车辆、行人通行的地方。

在我国，道路交通事故的处理权限归属于公安交通管理机关事故处理部门，交通事故涉及的赔偿，应依据《道路交通事故处理办法》规定的赔偿范围、项目和标准以及保险合同的规定计算保险赔款金额。

凡在《中华人民共和国道路交通管理条例》所规定道路以外的地方使用保险车辆过程中发生的事故均属于非道路事故。如在铁路道口、渡口、机关大院、企业院内、农村场院、乡间小道、林场矿山自用道路上发生的与机动车有关的事故。

对非道路事故，公安交通管理机关的事故处理部门一般不予受理。这时可由当地政府有关部门根据道路交通事故处理规定研究处理。在我国，一般由当地公安机关的交通科处理。但处理时应参照《道路交通事故处理办法》规定的赔偿范围、项目和标准以及保险合同的规定计算保险赔款金额。

事故双方或保险双方当事人对公安交通管理机关事故处理部门或当地政府有关部门的处理存在严重分歧的案件,可提交法院处理解决。

在保险合同中,保险人是第一方,也叫第一者;被保险人或使用保险车辆的致害人是第二方,也叫第二者;除保险人与被保险人之外的,因保险车辆的意外事故致使保险车辆下的人员或财产遭受损害的,在车下的受害人是第三方,也叫第三者。

需要注意的是,在车上的乘客不属于第三者,车上的乘客叫作乘车人。同一被保险人的车辆之间发生意外事故,相对方均不构成第三者。

二、第三者责任险的赔偿范围及标准

(一)第三者责任险赔偿范围

第三者责任险的赔偿范围是:人身伤亡和财产直接损毁。

人身伤亡:人的身体受到伤害或人的生命终止。

直接损毁:保险车辆发生意外事故,直接造成事故现场他人现有财产的实际损毁。

保险人不是无条件地完全承担"被保险人依法应当承担的经济赔偿责任",而是依照《道路交通事故处理办法》及保险合同的规定给予赔偿。

(1)无论是道路交通事故还是非道路事故,第三者责任险的赔偿均依照《道路交通事故处理办法》规定的赔偿范围、项目和标准作为计算保险赔偿的基础。如被保险人在事故中应负的责任,损失的内容,当地执行抚恤金的标准,各种伤害的一般治疗时限,陪护费、营养费的标准等。

被保险人在向保险人提出索赔时,应向保险人提供证据、相关证明和材料,包括:保险单及确认保险事故性质、原因、损失程度等有关的证明材料和有关费用单据。保险人依据保险合同的规定,认为有关证明和资料不完整的,应当及时通知被保险人补充。

事故的赔偿应当按照我国《道路交通事故处理办法》规定的交通事故"以责论处"的原则,被保险人应按照在交通事故中所负责任的比例承担己方损失和对他方的赔偿责任,保险人则按照保险合同的规定,对被保险人在事故中应负责任比例下承担的己方损失和对他方赔偿责任范围内承担保险赔偿责任。对于任何与所负交通事故责任不相适应而加重被保险人赔偿责任的,保险人不负责对加重部分的赔偿责任。

(2)在上述基础上,根据保险合同所载的有关规定计算保险赔款。如保险合同所签订的各项条款,投保项目及责任限额等。

根据车辆种类的不同,规定了第三者责任险每次事故的最高赔偿限额。

机动车每次事故的责任限额在签订保险合同时按5万元、10万元、20万元、50万元、100万元和100万元以上不超过1000万元的档次协商确定。

挂车投保以后与主车视为一体,是指要求挂车和主车都必须投保了第三者责任险,而且是主车拖带挂车。无论赔偿责任是否挂车引起的,均视同主车引起的,保险人的总赔偿责任以主车赔偿限额为限。主车、挂车不在同一保险公司投保的,发生保险事故后,被保险人应向承保主车的保险公司索赔,同时还应提供主车、挂车各自的保险单。两家保险公司按照所收取的保险单上载明的第三者责任险的保险费比例分摊赔款。但当主车、挂车有其中之一没有投保时,保险公司不负责赔偿。

保险车辆发生保险事故致使第三者的财产损坏,若估计修复费用不会达到或接近财产的实际价值,应根据"交通事故财产损失以修为主"的原则尽量修复。通过对损坏财产的修复,使其尽量恢复到损坏以前的状态和使用性能。修理前,被保险人应会同保险人对损坏的财产进行损失鉴定,明确修理项目、修理方式和修理费用。否则,保险人有权重新核定修理费用或拒绝赔偿。在重新核定修理费用时,被保险人有义务如实向保险人提供受损情况、修理情况及有关证明材料,如果发现其存在隐瞒,不如实申报,或严重影响保险人正常取证和确定事故原因、损失程度等行为,保险人可部分或全部拒绝赔偿。

(3)应剔除保险合同中规定的免赔部分。

(二)第三者责任险赔偿依据和标准

(1)第三者责任险的赔偿依据是我国现行道路交通事故处理办法规定的赔偿范围、项目和标准以及保险合同的有关规定。

(2)赔偿标准。根据保险单载明的赔偿限额核定赔偿金额。有两种情况:

当被保险人按事故责任比例应付的赔偿金额超过赔偿限额时:

$$赔款 = 赔偿限额 \times (1 - 免赔率)$$

即赔款额度不能超过保险合同规定的赔偿限额。

当被保险人按事故责任比例应付的赔偿金额低于赔偿限额时:

$$赔款 = 应付赔偿金额 \times (1 - 免赔率)$$

(3)第三者责任险免赔率。

第三者责任险的损失除经保险双方确认后,还应根据保险车辆驾驶人在事故中所负责任的大小,在赔款中扣除一定的免赔率。负事故的全部责任以及单方肇事事故,扣除应付赔款金额的20%;负事故主要责任的,扣除应付赔款金额的15%;负同等责任的,扣除应付赔款金额的10%;负事故次要责任的,扣除应付赔款金额的5%。

被保险人自行承诺或支付的赔偿金额:不符合道路交通事故处理办法规定的赔偿范围、项目和标准以及保险合同规定的,且事先未征得保险人同意,被保险人擅自同意承担或支付的赔款,保险人有权重新核定或拒绝赔偿。

机动车第三者责任险的赔偿原则是:一次性赔偿结案。也就是说,保险人对第三者责任险保险事故赔偿结案后,不再受理被保险人追加受害人的任何赔偿费用。

第三者财产遭受损失后尚有价值的剩余部分,应由保险双方协商作价折归被保险人,并在计算赔款时直接扣除。

第三者责任险具有连续性,不因事故赔偿而终结,保险责任直至保险期满。在保险期内,无论每次保险事故的赔款是否达到保险赔款限额,第三者责任险的保险责任仍然有效,直至保险期满。

(三)第三者责任险责任免除

发生战争、军事冲突、暴乱。战争指国家与国家、民族与民族、政治集团与政治集团之间为了一定的政治、经济目的而进行的武装斗争;军事冲突是指国家或民族之间在一定范围内的武装对抗;暴乱是指破坏社会秩序的武装骚动。所谓的战争、军事冲突、暴乱以政府宣布为准。

保险车辆被扣押、罚没、政府征用。

非被保险人或非被保险人允许的驾驶人驾驶车辆发生的事故造成第三者人身伤害及财产损失,保险人不负赔偿责任。

保险车辆直接参加比赛活动,保险车辆进行性能和技术参数测量或试验时,保险车辆在营业性修理场所进行修理作业时,发生事故造成的第三者人身伤害或财产损失,保险人不负赔偿责任。

保险车辆所装载的液体或气体,因泄漏、流泻而对外界一切物体造成的腐蚀、污染、人畜中毒、植物枯萎以及其他财物的损失。保险人不负责赔偿。

机动车拖带车辆(含挂车)及其他拖带物时,二者当中至少有一个未投保第三者责任险,都属于增加保险车辆危险程度,超出了保险责任正常所承担的范围,故由此产生的任何损失,保险人不负赔偿责任(公安交通管理部门清障车拖带故障车不在此列)。但拖带车辆和被拖带车辆均投保了车辆损失险的,发生车辆损失险范围内的损失时,保险人应对车辆损失部分负赔偿责任。

驾驶人因酒后驾车、吸食毒品、被药物麻醉,发生事故造成的车辆损失及致使第三者损失,保险人不负赔偿责任。

意外事故发生时,保险车辆必须牌证齐全,即具有公安交通管理部门核发的行驶证和号牌。同时应达到《机动车运行安全技术条件》(GB 7258—2017)的要求,并在规定的时间内经公安交通管理部门检验合格。

思考与练习题

1. 事故车辆定损有几种方法?
2. 车辆损伤有几种形式?
3. 简述汽车底盘定损的内容。
4. 汽车维修工时定额的种类有哪些?
5. 简述制定汽车维修工时定额的方法。
6. 第三者责任险赔偿范围?
7. 第三者责任赔偿标准两种方式?
8. 如何确定第三者责任险免赔率?
9. 第三者责任险免责范围是什么?

第十二章　赔款计算及案卷制作

　　赔款计算及案卷制作包括：保险责任的确定，损失费用的审核，理赔计算，案卷制作及复核，审批。

　　理赔计算及案卷制作主要依据保险条款及现场查勘的详细资料，分析判断保险责任，公正合理地确定损失，迅速准确地计算保险赔款。这项工作是理赔工作的核心，是把好机动车理赔出口关的重要关口，也是理赔工作的难点所在。它一方面对前段现场查勘定损工作的检查和复核，起着监督和制约作用；另一方面要按照保险条款和损害赔偿原则进行严格的损失费用审核和赔款计算，尽量避免与被保险人因经济利益发生冲突，引起矛盾纠纷。

第一节　保险责任确定及费用审核

一、保险责任的确定

　　保险责任的确定是处理赔案的一项非常重要的工作，是根据现场查勘记录及查勘报告，事故责任认定书及事故损害赔偿调解书，按照保险法、机动车保险条款及有关解释的规定，全面分析事故的主客观原因，以确定赔案是否属于保险责任范围和赔偿范围的一项工作。

（一）责任审定的主要内容

　　(1) 是否属于保险责任的范围。审定发生的损失是否由保险条款所规定的自然灾害或意外事故所引起。如属于保险责任范围，应予赔付，否则应拒赔。

　　(2) 是否在保险有效期内。

　　(3) 是否属于第三者责任。

　　(4) 审定被保险人所提供的单证。

（二）责任审定时的注意事项

　　(1) 要依法履行保险合同的条款。保险合同对保险当事人具有约束力，对于个别典型案例，在机动车保险条款及条款解释中含混不清的，不能急于定论，要集体讨论、研究决定。

　　(2) 熟悉法规条款，实事求是地审核定性。保险责任确定工作的一个首要任务是理赔人员必须熟悉法规、条款及有关规定，这样才能准确定性。确定保险责任要根据法规、条款及有关规定，认真审定灾害事故的性质、发生原因、责任范围和各种证明文件的可靠性、有效性和权威性。

(三)审定中应注意掌握的问题

(1)货车拖带挂车发生第三者责任的掌握。货车拖带挂车或其他拖带物发生第三者责任后,如果货车(或牵引车)和拖带的挂车(或其他拖带物)均投保了第三者责任险,肇事后可予负责。如果货车和拖挂车(或其他拖带物)二者只保了其中之一,发生第三者责任保险事故后,不负责赔偿。

(2)抢救车辆不慎造成他人财物损毁,视为合理费用。保险车辆发生保险责任事故后,由于抢救车辆不慎造成他人财物损毁,如果应由被保险人负责的费用,可视为合理费用,保险人可以酌情予以赔偿。但在抢救出险的保险车辆时,参加抢救人员个人物品的损坏、丢失,保险人均不负赔偿责任。

(3)合理的施救损失,承担赔偿责任。车辆发生较大事故后,往往需要进行施救(例如严重碰撞及倾覆)才能使出险车辆脱离现场。被保险人未采取合理的施救及保护措施,致使事故损失扩大,其扩大部分不在赔偿范围之内。如:

①未对出险车辆派人现场看护,致使车上设备及零部件丢失。

②一般情况下,在对车辆进行施救时,难免对出险车辆造成再次损失(如使用吊车吊装,钢丝绳对车身的漆皮损伤)。对于合理的施救费用,保险公司可承担赔偿责任。对于不合理的施救损失则不承担赔偿责任。

(4)参加施救的车辆又出险。参加施救的车辆在施救途中发生新的事故,属于保险责任范围内的,保险人只对被保险人自己的或他人义务派来的车辆的损失,负责赔偿。而对被保险人雇请的或以支付施救费用为前提的施救车辆所造成的损失不负赔偿责任。

(5)第三者责任的认定。被保险人允许的驾驶人在使用保险车辆过程中发生意外事故,致使第三者遭受人身伤亡或财产的直接损毁,依法应当由被保险人支付的赔偿金额,保险人依照保险合同的规定负责赔偿。但保险车辆被人私自开走,或未经车主、保险车辆的所在单位负责人同意,驾驶人私自许诺的人开车,均不能视为"被保险人允许的驾驶人",此类情况发生肇事,保险公司不承担赔偿责任。

(6)车辆损失扩大部分不赔偿。保险车辆因发生保险事故遭损失后,由于被保险人的原因没有及时进行必要的检查和修理,在车辆未达到正常使用标准前继续使用,造成车辆损失扩大部分,保险人不负赔偿责任。例如:机动车在遭受水灾后,发动机缸体内吸入泥水,被保险人未作检查修理,而盲目发动,致发动机缸体拉伤损坏。

(四)临界于保险责任与责任免除之间的责任确定

在保险理赔实践中,常常发生一些特殊情况,这些特殊情况往往处在可赔可不赔,可多赔可少赔之间。怎样对待这些特殊情况,是衡量保险公司理赔人员业务水平的标准,处理的合理、准确、及时,双方满意为好,相反则说明不好。现就常见特殊情况列举如下:

(1)出险后未能及时报案私自决定修理,然后报案要求赔偿,保险人不负赔偿责任。凡是保险车辆出险后造成损坏,被保险人应在48h内向保险公司报案,并经保险人查勘估损后送修理厂修理,未经保险人定损估价,而自行修理,然后才报案,使保险人无法对事故损失查勘核实的,原则上保险人不负赔偿责任。但确有特殊情况的,如通信不便,被保险人伤残或死亡,行政强行扣修等原因,可以根据照片和修理厂估价单、修理费用清单进行审核,通过协商,由被保险人自负部分经济责任,保险人赔偿部分损失。

(2)由于机械故障造成保险车辆出险。由于被保险人未做好车辆正常的维护,带病行驶、发生机械故障,如:转向盘失灵、传动轴脱落、制动器失灵等引起碰撞、翻车。在证据确凿的情况下,保险人应剔除其直接引起事故的材料费用,并且视情节由被保险人承担全部或部分经济损失。

(3)保险车辆出险后驾驶人逃离或离开事故现场,造成责任加重。肇事后驾驶人有意逃离或离开事故现场,造成责任加重,或肇事后驾驶人有意逃离事故现场后,被警方查获或自首,被裁决负全部责任的,保险人视其情节只能承担事故损失的部分赔偿责任。

(4)造成保险车辆损失的第三者下落不明,根据实际情况赔付。保险车辆出险,被保险人有责任指明第三者责任,但因第三者逃离报警方查无结果。无警方证明的,保险人可以拒赔,有警方证明的被保险人应自负部分经济损失。如果是在停放时,被保险人不在现场被其他车辆碰撞损坏,肇事人逃离或被人用其他工具砸损、点燃烧损,报警方查无着落的,被保险人无法提起诉讼,有调查证明的,保险人承担部分赔偿责任,无调查证明的,保险人可以拒赔,也可以根据实际情况通融赔付。

(5)公安交警在事故处理调解书中的损害赔偿超出规定超出标准的由被保险人自负。在肇事处理过程中,当公安交警部门对事故处理意见书或调解书的损害赔偿与国务院的《道路交通事故损害赔偿标准》不相符时,保险人应对超出部分在理赔计算时扣除。超出标准的损失赔偿应该由被保险人自负。

(6)保险车辆事故的修理费用接近或高出保险标的的实际价值。保险人对保险事故车辆的修理费用一般控制在实际价值的70%以内,若超过70%的,说明该车损失严重,接近报废程度,可以推定全损。按实际价值扣除残值和责任免赔后赔付。

(7)事故裁决书对肇事双方责任未明确分摊比例的处理。发生保险责任事故,在交通肇事处理意见书中,未按责任大小明确各自经济损失分摊比例的,保险人可以按主责承担70%,次责承担30%的比例分担经济责任。

(8)私了责任处理不赔。保险车辆发生交通事故,必须报警,由交通管理部门依法处理,未按规定报警处理的,由双方肇事人私自了结的,保险人有权拒赔。如果事故发生在非正规交通道路上,可以通过当地公安派出所,也可以直接报保险人调查处理,私自了结所发生的费用完全由被保险人自负。

(五)审定被保险人所提供的单证

(1)索赔单证必须真实可靠。被保险人所提供的索赔单证必须真实可靠。被保险人如果有涂改、伪造单证等欺诈行为,保险人有权拒绝赔偿。

(2)索赔单证必须齐全有效。被保险人所提供的单证必须齐全、有效。包括:保险单正本、出险通知书、驾驶人执照复印件(正、副本)、行车执照复印件、与事故有关的原始发票、收据、现场照片、事故经过记录。属单方事故的必须有保险公司理赔人员的现场查勘报告。属于双方责任事故,必须提供处理事故机关的"事故责任鉴定书"及"事故损害赔偿调解书"。对于不同类型事故,除提供上述单证外,还应提供如下单证:

①撞车事故：应提供双方车辆的估价单、修理项目清单及原始发票。

②致人伤残事故：应提供县级以上医院出具的诊断证明书、公安部门出具的伤残等级评定结论、误工护理工资证明、病休证明、家庭情况证明、医疗费原始单据、外购药品要有外购处方。

③致人死亡事故：提供死亡证明书、家庭情况证明或户籍本复印件。家庭情况证明用来核定死者及被抚养人的年龄、抚养年限、确定赔偿金额。

④失窃事故：要求提供公安部门的立案证明，60日后未破获案件证明；被保险人在电台、报刊登载寻车启事的证明、行车执照、附加费本、购车发票、保险证、丢失车车钥匙，并填写《权益转让书》一式三份。

⑤火灾事故：要求提供公安消防机关出具的火灾原因鉴定证明。

⑥车上责任事故：车上人员伤亡要求有医院的诊断证明、死亡证明、医疗费收据。车上货物损失应提供提货发票、验货发票、损失项目清单。

二、损失费用的审核

理赔内勤在对被保险人所申报的索赔事故进行保险责任确定后，应对其提供的损失费用票据进行审核。损失费用的核定是否准确，直接关系到保险人能否准确、合理地履行经济赔偿义务。损失费用的核定应严格按照损害赔偿规定及标准进行。

（一）损失费用的核定原则及内容

1. 对机动车估损单进行复核

根据事故车辆照片对估损单进行审核，主要审核工时费用确定是否准确，换件项目是否合理，配件价格是否准确，是否扣除残值。审核事故车辆修理发票与机动车估损单估损金额是否一致，是否在估损单所确定的修理厂修理。

2. 施救费审核

保险车辆发生事故时的施救、保护费用；由于保险车辆发生保险责任范围内的事故，所产生的合理的救护费用，保险人在与车辆车损险的保险金额相等的限额内负责赔偿。

施救措施是指保险车辆在遭受保险责任范围内的灾害或意外事故后，被保险人为了减少或避免保险车辆的损失，所采取的必要的、合理的抢救行为。施救费包括租用吊车、拖车、灭火器材等所支付的费用。

保护措施是指保险车辆遭受保险责任范围内的自然灾害或意外事故后，被保险人为防止保险车辆损失扩大或加重而采取的行为。保护费包括雇、请他人看守的费用等。

合理的费用是指为采取施救、保护行为而支出的直接的、必要的、符合国家有关政策规定的或找不到规定但符合情理的费用。其原则是：以尽可能减少保险车辆及其他财产的损失为准，按照实际情况，从"必要"和"合理"两方面来考虑。一般情况下应注意以下几个方面。

（1）保险车辆遭受火灾时，被保险人或他人使用不属于被保险人所有的消防设备进行灭火，所消耗的灭火剂和灭火器材，按照当地市场消防器材价格计算费用。属于合理的施救费，保险人负责赔偿。

（2）保险车辆出险后，失去了正常的行驶能力，雇用吊车、拖车或者其他车辆进行拖移、运送的行为属于必要的施救行为。由此产生的费用，并且符合当地物价部门规定的台班费标准，属于合理费用支出，保险人负责赔偿。被保险人超过规定标准自行承诺的部分，由被保险人自负。

（3）保险车辆出险后，不论事故是否属于保险责任，被保险人派出的任何工作人员，奔赴肇事现场，参加处理事故所支出的费用，如差旅费、招待费、食宿费及各种补助费等，保险人均不负责赔偿。

（4）保险人只对保险车辆的直接救护费用负责赔偿。这就是说，如果保险车辆所载的人和货物没有投保附加险，救人救货的施救费用应在总施救费用中剔除。如果分不清楚时，应按各自价值比例分摊。

（5）发生保险责任范围内的进口车或特种车出险，当地没有修复能力，经保险人同意去外地修理车辆的移送费用，可视为合理的施救费用。这种费用仅仅指吊车费用、运车或拖车费。对护送人员的一切费用，保险人概不赔偿。

（6）保险车辆受损后不能行驶，雇人看守的费用，有交警部门出具证明的，可以赔偿，费用标准可比照当地劳动力平均收入标准。

3. 第三者人身伤亡的损害赔偿费用的审核

（1）医疗费。医疗费按照医院对当事人的交通事故创伤治疗所必需的费用计算。一般规定交通事故受害者必须在县级以上医院治疗。因此，被保险人必须凭县级以上医院医疗收费单据索赔。但对一些特殊情况，如因交通原因，受害者需在当地紧急抢救或治疗一些轻微创伤，也可以凭其他医疗单位（如乡、镇卫生所）的医疗收费单据索赔，但必须经交通事故处理机关认可。

在医疗费审核方面应注意以下几个方面。

①伤者经治疗痊愈出院的，不再给付今后医疗费。

②伤者出院后，如受害人身体尚未康复确需继续治疗的，根据医生建议及病历诊断证明，根据实际病情可给付部分今后医疗费用（但最高给付不得超过实际住院医疗费用的50%）。

③出险当日或次日做一次性结案处理的（无须住院治疗的医疗费），如果不能提供诊断证明或病历的，原则上不予赔付。

交通事故受伤者擅自住院、转院、自购药品、超过医院通知的出院日期拒不出院的，擅自在指定医院外多处就医的、开假证明骗取医疗费用的、治疗非交通事故所造成的损伤或疾病的，以上所发生的医疗费用不在赔偿之列。

医疗费是目前在人身伤亡损失控制中的一个突出问题，由于一些医院，尤其是一些中、小型医院存在管理不善和利益驱动的问题，对受害者及其家属的不合理要求采取无原则迁就的态度，有的出于自身利益的考虑，故意引导受害者进行不合理的治疗，更有甚者与受害者家属串通，损害被保险人和保险人的利益。鉴于上述情况，保险公司理赔人员应予以充分重视，主要的对策是采取早期介入的办法，即在受害者送医院时就开始全过程的介入，全面了解受害者的受伤和治疗情况，主要了解各类检查和用药情况。对于一些疑难案件，必要时可以委托有关医疗专家协助检查。

(2)误工费。误工费指交通事故受害者因误工减少的收入。在此期间收入没有减少的,则不赔付误工费。误工费根据收入情况分成两种:有固定收入的误工费和无固定收入的误工费。误工日期为实际误工的日期,一般以医院出具的证明、单位证明为依据。有固定收入的,按照本人因误工减少的固定收入计算(在国家机关、企事业单位、社会团体等单位工作的,其收入包括:工资、奖金及国家规定的补贴、津贴;农村人口有固定收入的,其收入按交通事故发生地劳动力人均纯收入计算;其收入高于交通事故发生地平均生活费三倍的,按照三倍计算)。无固定收入的误工费,按事故发生地同行业的平均收入计算(按当地政府统计部门公布的上一年度各部门职工平均工资为准)。

(3)住院伙食补助费。住院伙食补助费指交通事故伤者住院抢救、治疗期间所需的伙食补助费用。补助以住院期间为限,只要住院不管其伤轻伤重都应给付。给付标准按事故发生地国家公务员的出差伙食补助标准计算(以各地政府部门"差旅费开支"规定为准)。

(4)护理费。护理费指交通事故伤者因伤势严重,生活不能自理,需要专门人员护理的费用。在掌握上注意以下几个方面。

①期限:以结案前的住院期限为限。

②需要护理的情况:一般指伤势严重,生活不能自理的或者医院要求家属护理的情况。

③护理人和护理费标准:护理人分为有收入和无收入的两种人,前者按误工费的规定计算,后者(如没有工作的亲属或雇人护理的)护理费按照事故发生地平均生活费计算,伤情危重必须24h护理的,护理人数不得超过2人,其他情况1人。

(5)残疾者生活补助费。残疾者生活补助费指因交通事故致残而给付残疾者的生活补助费。所谓"残疾"是指交通事故损伤后所致的后遗障碍,包括生理功能的、精神的和解剖结构的异常。残疾者生活补助根据伤残等级按照交通事故发生地平均生活费计算。伤残等级分为十级,补助费用的具体数额,按照伤残等级的十级,依次分为100%~10% 10个档次。赔偿自伤残等级评定结束做出评定之当日起(含当月)赔偿20年。即:50周岁以下的,赔偿20年;50周岁以上的,年龄每增加一岁赔偿减少一年,但最低不少于10年。如55周岁的应赔偿15年,60~69周岁的应赔偿10年(70周岁以上的按5年赔偿)。

(6)残疾用具费。残疾用具费指因残疾而造成全部或部分功能丧失,需要配制补偿功能器具的费用。残疾用具费用只能按照普及型器具的费用计算。所谓普及型器具是指在同一品种中被广泛使用的器具,一般以国产的为限(不包括豪华型)。确定残疾需要配制器具的,要凭县级以上医院证明。

(7)丧葬费。丧葬费指办理丧葬事宜所必需的费用,按照交通事故发生当地丧葬费标准支付。

(8)死亡补偿费。死亡补偿费指交通事故对死者家属的抚慰金,以及对死者家庭遭受损失的补偿金。死亡补偿费按照交通事故发生当地平均生活标准计算,补偿10年。即:16周岁以上、70周岁以下的补偿10年;不满16周岁的,年龄每小一岁减少一年;对70周岁以上的,年龄每增加一岁,补偿减少一年。如:14周岁的补偿8年;74周岁的补偿6年;但最低不少于5年,即11周岁以下的和75周岁以上的均补偿5年。

(9)被扶养人生活费。被扶养人生活费指死者生前或者残者丧失劳动能力前实际扶养的,没有其他生活来源的人的生活费。残者丧失劳动能力以伤残评定"第五级残疾以上(含第五级)"为限。

实际扶养的,没有其他生活来源的人的掌握原则:指死者或者残者丧失劳动能力前"已经在扶养的、无收入的被扶养人",包括配偶、子女(含非婚生子女、继子女、养子女)、父母、兄弟姐妹、祖父母、外祖父母、孙子女、外孙子女等。以上人员应由具有扶养义务和扶养能力的人共同承担,死者或残者只承担本人应扶养的一份费用。

被扶养人生活费按照交通事故发生地居民生活困难补助标准计算。对不满16周岁的人扶养到16周岁。对无劳动能力的人(指完全丧失劳动能力、无法获得生活保障的)扶养20年,但50周岁以上的,年龄每增加一岁减少一年,最低不少于10年。70周岁以上的按5年计算。

在扶养费审核方面除按赔偿范围和标准进行掌握外,重点应审查提供的被扶养人证明材料,防止出现伪造和虚构扶养对象的虚假证明。

(10)交通费。交通费指伤残者就医、配制残疾用具等的车船票费,一般按当地公务员出差的最低交通费报销标准计算。

4. 赔案中常见的间接费用和不合理费用,不负责赔偿

间接费用包括:通信费、停车费、招待餐费、交警部门收取大事故处理费、罚款、查勘现场租车费、伤者家属的医疗费、家庭生活困难补助费等。以上费用在审核时应予以剔除。

不合理费用包括以下方面。

(1)未按照交通事故责任承担的费用。如负事故次要责任,却承担全部费用或大部分费用。

(2)未按照当事人法定承担的份额赔偿的费用。

(3)其他超出赔偿标准的费用。

对于这些费用在核定时应严格按照规定处理,超标准的费用应予剔除。

(二)损余物资处理

机动车发生碰撞或倾覆事故后可能会造成车上所载货物及第三者物资财产的损坏。对于本车所载货物的损失若未投保车上责任险或货运险,则可考虑不予核损,但若已投保车上责任险或货运险,按照保险赔偿原则应对损坏物资进行鉴定并进行损失费用的核定。

对于一般普通类物资(商品),定损人员可通过现场查勘进行一般性常规外观检查予以鉴定,但对于机电类物资设备(产品)除进行常规性检查之外,必要时还应进行技术检测及技术鉴定实验。

一般情况下,有些物资受损后经过整理和修复完全可以使用;有些物资虽经修复但又不能保证原有的性能及质量,要降质使用;有些物资则无法修复,不能恢复原有的使用性能,只能报废按全损处理。在实际查勘定损处理过程中,因为大多数损坏物资都属于商品(或产品),因此,在处理方面往往难度较大,即便是通过整理、修复可以使用,但作为物资所有者(商品销售者)往往强调其物资属商品(产品),整理、修复后的物资销售困难或要降价销售。在处理此类问题时,查勘定损人员要实事求是,合情合理地处理。做到物尽其用,准确核定

实际损失费用,在对损坏物资进行修复安排时,应尽可能创造条件保证修复后能符合原产品的技术要求与质量标准。

1. 损余物资的处理,一般有以下几种处理办法

(1)对于不需要再加工或一时不能处理或修复的,可在当时作价折算,由被保险人自行处理。

(2)对于能及时加工整理或修复的,可在修复后作价折归被保险人,由被保险人降价销售处理,有关修复、检测费用由保险公司承担。

(3)损余物资虽有残余价值,但被保险人已无法利用时,可共同协商作价转售他人或其他单位。

(4)如果被保险人确实无法自行处理或折价无法协商一致的,保险人也可收回损坏物资,另行处理。

2. 损余物资处理的管理

(1)严格遵守国家有关规定和制度,坚持"物尽其用"的原则。损余物资达不到报废标准的不应按报废处理,能加工或修复使用的应尽量利用,合情合理核定修复费用,减少损失。

(2)本着实事求是的精神,按照条款规定,对于受损财产的残余部分应根据可利用程度,合情合理地折归被保险人。经技术鉴定无法修复或不能利用的,在核实品名、数量、质量后,按废品折价由被保险人处理,折价款均从赔款中扣除。对于易变质、易腐烂的(如食品、水果类等)物品,在保险公司有关领导同意后,应尽快与被保险人协商现场变价处理。被保险人未经保险人同意,不得以任何借口擅自削价处理。对于双方达不成协议,无法折价的,可报经公司有关领导批准后收回处理。

(3)收回的损余物资要严格按规定办理手续,开列清单,列明损余物资的品名、数量、损失程度、残值数额等,并由被保险人盖章。填制《损余物资回收单》一式三份,一份附赔案卷内,一份交财会部门做表外账目入账,一份交保管人员核实,登记留存。收回的损余物资要妥善保管,及时处理,防止损失及流失。

(4)对收回的损余物资进行处理时,要填制《损余物资处理单》一式三份。损余物资处理后的收入,必须按规定冲减赔偿,不得挪作他用和转移。

(5)损余物资如因工作需要留作保险机构内部使用的,须事先报经上级公司批准,并合理作价,按照财务会计制度登记账册,不得擅自无偿占用。不准将损余物资作为福利措施在保险机构内部发放给个人。

第二节 索赔的基本程序

买车险就是为了在出险时获得保险公司的赔偿,被保险人如果了解保险公司的索赔手续,就可以更快地取得赔款。还要了解保险公司的拒赔规定,就能在车辆使用或索赔时避免不当行为,减少被拒赔的可能性。如果投保车辆万一发生不测,遭受意外事故或自然灾害,被保险人及驾驶人应积极采取措施进行施救并保护好现场,同时向保险公司报案并通知有关部门,然后提出索赔申请。索赔的基本程序是:

一、报案、定损和修理

(一)通知出险和提出索赔要求

保险事故发生后,被保险人首先要立即报案,通知公安交通管理部门和保险公司,然后提出索赔请求。被保险人或受益人应当将保险事故发生的时间、地点、原因及造成的损失情况,以最快的方式通知保险人,便于保险人及时调查核实,确认责任。同时,被保险人或受益人也应当把保险单证号码、保险标的、保险险种险别、保险期限等事项一并告之保险人。如果保险标的在异地出险受损,被保险人应向原保险人及其在出险当地的分支机构或其代理人报案。这就是通知出险。报案的基本要求为以下几个方面。

(1)如果是在本地出险,被保险人或驾驶人应立即前往(或电话通知),向所投保的保险公司报案,报案时,应向保险公司工作人员出示保险单正本。保险公司工作人员检验保险单后,将提供《机动车出险登记表》《机动车保险出险通知书》和《机动车保险索赔须知》,被保险人要根据事实详细填写有关内容并签章。

被保险人若用电话报案,事后应及时补填《机动车出险登记表》和《机动车保险出险通知书》。

(2)如果是在外地出险,被保险人或驾驶人应及时向当地相应的保险公司报案(根据各保险公司的规定,在全国范围内任何一家保险公司的分支机构均有为其他公司代办理赔业务的责任),并在48h内通知承保的保险公司,在当地公司根据实际情况查勘定损完毕后,被保险人即可向承保公司办理索赔。

(3)保险车辆被盗抢,应在24h内向出险地公安刑侦部门报案;必须48h内通知保险公司,并携带保险单和机动车保险证向保险公司索取出险通知单,由被保险人按表内各栏规定如实填写,字体要端正清楚,如属单位车辆的要盖公章,私人车辆的要签名。

根据被保险人填具的《机动车出险登记表》,保险公司工作人员将使用计算机查抄保险单和批单。填写出险通知书,也就是索赔申请书。对于上门报案的,由保险公司的接待人员指导报案人当场填写。对于其他方式报案的,在事故查勘、核定损失时,由保险公司的专业人员现场指导填写,若被保险人是单位的,还需加盖单位公章。

报案时须注意以下几个问题:
①报案期限:保险事故发生后48h内通知保险公司;
②报案方式:到保险公司报案,电话(传真)报案,业务员转达报案;
③报案内容:被保险人名称、保单号、保险期限、保险险别、出险时间、地点、原因、出险车辆牌号、厂牌车型、人员伤亡情况、伤者姓名、送医时间、医院名址、事故损失及施救情况、车辆停放地点、驾驶人、报案人姓名、与被保险人的关系以及联系电话。

(二)合理施救,保护事故现场

合理施救是被保险人承担的一项义务,对于发生的保险事故,被保险人负有及时施救以减少损失和保护现场原状的责任,以避免损失扩大和便于保险公司派员查勘现场,否则,将给索赔带来困难。被保险人应当采取必要的合理的抢救措施,进行抢救,例如灭火、抢救遇险财产等,并对受损的保险标的进行必要的整理。

保险事故发生后,未经保险人查勘、核损或同意前,被保险人或受益人应当保护好事故现场,不要先行清理事故现场,也不要自行拆修、处理受损财产。否则,会给以后的理赔工作造成困难,增加定损、赔付的麻烦。

(三) 接受保险人的检验

保险人有权进行现场查勘,而被保险人负有接受检验的义务。因此,被保险人应根据保险人的要求,提出检验申请,接受保险人或其委托的其他人员(如保险代理人、检验机关)的检验,并为其进行的检验提供方便条件,用以保证保险人及时、准确地查明事故原因,确认损害程度和损失数额等。

(四) 查勘与定损

保险公司接到客户的报案后,会及时派出专业人员赶赴出事现场,对保险责任范围内的事故,保险公司工作人员将对其进行查勘、定损,协助处理和分析事故原因,了解事故损失,告知理赔注意事项。被保险人及驾驶人应积极配合保险公司的查勘人员调查取证,如实回答查勘人员提出的问题。主动与保险公司的定损人员一道确定事故车辆的损失情况并在评估单上签字后,将车辆送到修理厂修理。

因保险事故受损或造成第三者财产损坏,应当尽量修复。修理前被保险人须会同保险公司核定损失,确定修理项目、修理方式和费用。

(五) 事故车辆的修理

受损的保险车辆需进厂修理的,一律要经保险公司查勘估价,经核损认可,出具估价单。定损后由被保险人自行选择修理厂修车或到推荐的修理厂维修。若客户未经保险公司认可自行修理,修理费用保险公司有权重新核定甚至拒绝赔偿。对在外地出事并已委托代查勘定损的车辆,其估价单须经保险公司核定认可后,方可维修。

二、索赔时应提供的单证

索赔时要带全所需的必要单证。被保险人或受益人在提出索赔时,应当根据有关法律和保险合同的规定,被保险人应在公安交通管理部门对交通事故处理结案之日起10日内,向保险人提供事故的相应的索赔单证,如事故证明、裁决书、赔偿调解书等,保险人才会接受其索赔。

被保险人应妥善保管各种必要单证,如修理保险车辆、赔偿第三者受损财产时开具的发票以及抢救治疗受伤人员时医院开具的票据等,以便在索赔时提供给保险公司。积极配合有关部门办理理赔手续,并根据保险公司的需要提供这些资料,以便保险公司确定保险赔偿责任。

一般情况下,被保险人应提供的单证是:

(一) 基本单证

1. 证明保险标的或当事人身份的原始文件

(1) 保险单或保险凭证的正本,已交纳保险费的凭证,如账册、收据、发票、装箱单等;车辆行驶证；

(2)当事人的证件如身份证、工作证、户口簿、驾驶证复印件等。

2.证明保险事故的有关文件

(1)出险通知书、保险事故调查检验报告；

(2)因交通事故造成的损失应提供公安交通管理部门的事故责任认定书、事故调解书或其他证明材料；

(3)因火灾造成的损失应提供公安消防部门的火灾证明；

(4)因全车盗抢造成的损失由出险地县级以上公安刑侦部门出具的盗抢案件证明；

(5)因气象原因造成损失的应由气象部门提供证明。

(二)保险车辆施救、修理单证

(1)现场及车损照片、各种费用(如施救、保护费用)清单、修理估价单等；

(2)汽车维修业专用发票；

(3)定损单、结算清单、修理材料清单。

(三)第三者赔偿费用的有关单证

(1)对第三者的赔偿费用清单、第三者财产损失赔款收据、赔款委托书等；

(2)现场照片、财产损失清单、损害鉴定证明；

(3)修车发票；

(4)误工费、护理费、赡、抚养费等证明；

(5)医药费凭证、治疗诊断书；

(6)伤残鉴定书；

(7)事故中死亡者的死亡证明书；

(8)其他证明材料。

(四)其他按规定应当提供的文件

交通事故的必要单证见表12-1。

交通事故的必要单证 表12-1

单 证 名 称	单方肇事事故	双方车损事故	人员受伤事故	人员死亡事故	获 取 渠 道
责任认定书	√	√	√	√	交警部门
调解书或判决书		√	√	√	交警、法院
行驶证、驾驶证	√	√	√	√	自备
住院、出院证明			√	√	治疗医院
医疗费用收据			√	√	治疗医院
伤残鉴定证明			√		治疗医院
伤残补助说明			√		公安机关
死亡、销户证明				√	公安机关
修车发票	√	√	√	√	修理厂
赔偿对方的凭证		√	√	√	接受赔偿方

三、领取赔款

保险公司在赔偿时是以事实为依据,依照条款按责赔偿。因此,被保险人在处理事故时要实事求是地承担责任,超过应负责任的损失,保险公司不负责赔偿。

交管部门结案后,被保险人可携带出险证明、事故责任认定书、事故调解书、损失技术鉴定书或伤残鉴定书、有关原始单据以及其他证明及材料到所投保的保险公司办理索赔。

(一)领取赔款时应提供的单证

被保险人领取赔款时须提供:出险登记表;被保险人身份证;公章;取款人身份证。如有疑问,可向理赔人员咨询。

(二)向保险人开具权益转让书

由于车辆保险具有补偿性,被保险人不能在补偿其保险车辆损失的范围以外获取利益,因此,在车辆保险的索赔和理赔中适用代位追偿和委付制度。对于涉及第三者赔偿责任的时候,被保险人应当向保险人开具转移其向第三者索赔权给保险人的书面转让文件,用以证明保险人在向被保险人赔付后享有的向第三者追偿的权利。

此外,在推定车辆保险的保险标的全损的情况下,被保险人也可以向保险人申请委付,但是,被保险人必须出具转移保险标的的一切权利给保险人的书面文件。

(三)确认赔偿金额、领取保险赔款

被保险人提供齐全、有效的索赔单证后,保险公司即根据条款、单证进行赔款理算,然后向被保险人说明赔偿标准和计算依据,若被保险人对赔款没有异议的,即可领取赔款。一般情况下,赔款金额经双方确认后,保险公司在 10 日内一次赔偿结案。赔款收据应填上开户银行账号、盖上财务公章。如为私人车辆,则由被保险人签名,经保险公司审核无误后,凭本人身份证到保险公司领取赔款。

在被保险人领取了保险赔款后,其据以索赔的保险单是否继续有效,要根据具体情况来处理。对于车辆损失险来说,被保险人领取了全部保险金额赔偿后,其保险单的效力终止;对于第三者责任保险,责任险保单因其无责任限额,在领取了部分保险金额赔偿后,根据保险合同的约定,保险单继续有效,故原则上是在保险人赔付后继续有效至保险期限届满,若该类保单规定了累计限额的,则在扣除赔款额后的余额范围内继续有效。

四、索赔时应注意的问题

(1)保险车辆发生的损失是第三方造成的,应由其负责赔偿时,被保险人首先应向第三方索赔。如遇第三方不予支付的情况,应向人民法院提起诉讼,然后携带人民法院的受理证明,请求保险公司先行赔付。

(2)如果保险车辆的事故属单方性质,在及时报案并经承保公司现场查勘后,在办理索赔时被保险人可不必提供事故证明。

(3)如果保险车辆被盗,被保险人应办理被盗车辆的封档手续。查找 60 日无下落,向承保公司索赔。封档手续如下:被保险人持案发地派出所证明到车管所领取封档表,持表到派

出所、所属分局刑警队、公安局主管处室分别盖章,然后送车管所封档签章。

(4) 保险索赔必须在索赔时效内提出,超过时效,被保险人或受益人不向保险人提出索赔,不提供必要单证(表 12-2)和不领取保险金,视为放弃权利。机动车保险(属于财产保险)的索赔时效为 2 年(详见《保险法》第二十六条)。索赔时效应当从被保险人或受益人知道保险事故发生之日算起。

车辆被盗抢事故的必备单证及获取途径　　　　　　表 12-2

单 证 名 称	获 取 途 径
事故报案证明、失窃证明	公安交警部门、停车场
车辆未破获证明	公安侦破部门
车辆档案封存证明	公安车辆管理部门
养路费报停证明	养路费征收部门
行驶证、营业执照或身份证复印件	自备
购车原始发票、购置附加费证原件	自备
被保险人开具的权益转让书	自备
在市级以上报刊上刊登的《寻车启事》	自备报刊
全套车钥匙	自备

五、当事人在索赔和理赔中的权利和义务

为保证索赔理赔工作的顺利进行,保险立法及具体的保险合同规定了各方当事人在索赔和理赔过程中的应当享有的权利和承担的义务。

(一) 被保险人的权利和义务

1. 权利——索赔权

如果被保险人履行了所承担的各项义务,就有权在保险单许可的范围内要求保险人赔偿保险事故造成的损失或给付保险金。保险人对于其保险责任项下的款项应当迅速赔付,不得以其权利(诸如代位求偿权或分摊权等)尚未实现为由而暂缓赔付。否则,将构成违约。

2. 义务

(1) 发生保险事故的通知义务:被保险人在发生了保险事故后,应当立即通知保险人,将发生保险事故的事实以及损害发生的情况通知保险人及其代理人(详见《保险法》第二十一条)。其目的是让保险人能够及时地调查保险事故发生的原因,查证损失情况,并采取适当的措施来防止损失的扩大。用以避免因延误时间而增加调查的困难,防止被保险人隐瞒或消灭证据等欺诈行为。

如果被保险人在保险事故发生后,经过一段合理的时间,并且能够通知而没有向保险人及其代理人发出通知的,即违反了这一义务,保险人有权因此而拒绝赔偿。

(2) 施救的义务:虽然被保险人的损失可以从保险人那里得到约定的赔偿,但是,出于保护社会财富,防止被保险人谋取不当利益的道德危险的要求,保险立法规定了此项义务,即被保险人在保险事故发生时,应当采取必要的合理的措施进行抢救,防止或减少保险标的的

损失。(详见《保险法》第五十七条)

3. 提供索赔单证的义务

为了获取保险人的赔付,被保险人在提出索赔要求的时候,应当按照有关保险法和保险合同的规定,向保险人提交有关的索赔单证,以此证明保险事故发生的事实和损失数额(详见《保险法》第二十二条)。否则,保险人将拒绝接受其索赔请求。

(二)保险人的权利和义务

1. 义务

保险人在索赔和理赔过程中的主要义务是:应当根据被保险人或受益人的索赔要求,及时正确地进行理赔,依据法律和保险合同的规定,向被保险人或受益人予以赔付。如果,保险人应当赔付而未予赔付,或故意拖延赔付,或所赔付的数额小于应当赔付的范围的,均构成违约行为,其依法要承担违约责任。

2. 权利

(1)调查权。为使审核损失,确定责任的工作得以顺利进行,法律赋予保险人调查损失的权利。基于这一权利,保险人得以进入事故现场,调查事故发生的原因及造成的损失情况。必要时,保险人有权聘请专门机构和人员评估损失。并且,保险人有权审核被保险人或受益人提交的索赔单证是否真实、齐全。

(2)代位求偿权。代位求偿权表现为如果第三者对于保险标的的损失依法负有赔偿责任时,保险人在向被保险人进行赔付时,有权要求被保险人将其享有的对第三者的赔偿请求转移给保险人自己。然后,保险人得以代被保险人代位向第三者追索赔偿。

保险人取得代位求偿权的前提是向被保险人履行了保险赔偿义务。

如果被保险人作为受害人已经从第三者处得到了赔偿,且所得赔偿的数额等于或大于保险人依保险合同所应赔付的数额时,被保险人在保险合同中的索赔权随之消灭,则保险人也就不存在代位求偿的权利。

(3)分摊权。分摊权存在于重复保险的财产保险合同中。具体来讲,如果投保人就同一保险标的的分别向两个或两个以上的保险人投保,导致各个保险合同的赔偿总额超过了被保险人的实际损失的,则构成重复保险。在重复保险的情况下,被保险人只向其中一个保险人提出索赔请求时,该保险人有权向其他保险人要求,按一定的分摊方法承担各自的赔偿责任。保险人要求其他保险人分摊损失的权利即为分摊权。

第三节 赔款计算及基本程序

计算赔款是理赔工作的最后环节,也是理赔工作的关键、重要一步。保险车辆肇事后经现场查勘、调查、定损以至事故车辆修复后,由被保险人提供单证、事故责任认定书、损害赔偿调解书、车辆估损单、修理清单和修车发票以及各种其他赔偿费用单据,经保险责任审定、损失费用核定后,应按车辆损失险、第三者责任险、施救费、车辆附加险等分别计算赔款数额。

一、机动车损失险的赔偿计算

在机动车保险合同有效期内,保险车辆发生保险责任范围内的事故而遭受的损失或费用支出,保险人按以下规定赔偿。交通事故的经济赔偿部分,以《道路交通事故处理办法》及出险当地的道路交通事故处理规定为原则计算赔款。计算赔款的方法如下:

(一)车辆全部损失的赔款计算

机动车全部损失是指保险标的因碰撞、倾覆或火灾事故造成车辆无法修复即整车损毁;或保险标的受损严重,车辆修复费用极高,基本上接近于保险车辆的保险金额,已失去修复价值,或按国家有关汽车报废条件,达到报废程度,由保险公司的查勘定损人员推定全损。

在车辆全损的赔款计算中应注意掌握和区分:车辆的实际价值和车辆的保险金额。在车辆全损的赔款计算中,不论车辆损失险按保险价值或实际价值或由被保险人与保险人协商估价投保确定保险金额的,若保险金额等于或低于出险时的实际价值,在赔款计算中则以保险金额为最高赔偿限额进行赔款计算;若保险金额高于出险时的实际价值时,则以不超过出险当时的实际价值进行赔款计算。车辆残值应根据车辆损坏程度、残余部分的有用价值与被保险人协商作价折归被保险人,并在赔款计算中扣除。

车辆出险时实际价值的确定:机动车发生事故推定全损后,如何确定发生事故前车辆原有的实际价值,目前我国还没有一个比较准确的核定方法。因为车辆的使用条件、环境以及车辆的维护修理情况千差万别。同样一种车型,同时投入运行,但其使用强度以及车辆状况的差异,也就使车辆的实际价值可能差异很大。现在确定车辆实际价值的通常做法是按照国家关于汽车使用更新报废条件中的使用年限,比照现行车辆重置价值采取按使用年限折旧的方法予以确定。也可以按各地汽车交易市场同一车型、同一使用年限的车辆交易平均价格参照确定。

车辆全损赔付款计算公式为:

$$保险赔款 = 车辆核定损失 \times 按责任分担损失的比例 \times (1 - 免赔率)$$

(1)保险车辆发生全部损失后,如果保险金额等于或低于出险时的实际价值时,按保险金额计算赔款。即

$$赔款 = (保险金额 - 残值) \times 事故责任比例 \times (1 - 免赔率)$$

(2)保险车辆发生全部损失后,如果保险金额高于出险时车辆的实际价值时,以出险当时的实际价值计算赔偿。即

$$赔款 = (实际价值 - 残值) \times 事故责任比例 \times (1 - 免赔率)$$

在计算时应注意以下两点:

①免赔率是指机动车保险每次赔款计算中,应按规定扣除的按责免赔比例。免赔率的高低与被保险人承担的事故责任成正比。负全部或单方事故责任的免赔20%,负主要责任的免赔15%,负同等责任的免赔10%,负次要责任的免赔5%。

②计算公式中的按责任分担损失的比例是根据国务院第89号令《道路交通事故处理办法》第35条规定:交通事故责任者应当按照所负交通事故责任承担相应的损害赔偿责任。交通事故责任认定划分为:全部责任;主、次责任;同等责任。全部责任(含单方事故)承担事

故所造成的全部损失;主、次责任通常情况下按 7:3 比例分担事故所造成的全部损失,也有按9:1、8:2 或 6:4 比例分担损失的。同等责任按 5:5 分担事故所造成的全部损失。

【例 12-1】 甲、乙两车都在某保险公司投保了机动车损失险,两车均按保险价值投保,保险金额都为 40000 元。两车在不同事故中出险,且均被承保的保险公司推定全损。甲车投保时为新购车辆,即其实际价值与保险金额相等,残值作价 2000 元;乙车投保时该车已使用了两年,出险当时实际价值确定为 32000 元,残值作价 1000 元。试核定两车的损失。

解 甲车损失 = 保险金额 − 残值 = 40000 − 2000 = 38000(元)
乙车损失 = 实际价值 − 残值 = 32000 − 1000 = 31000(元)

【例 12-2】 甲、乙两车发生严重碰撞事故,甲车被推定全损,该车在某保险公司投保,车辆损失险保险金额为 8 万元,出险时车辆实际价值被确定为 6.5 万元,残值作价 3000 元。根据交通事故处理机关认定甲方负主要责任,承担 70% 的事故损失。试计算保险公司应支付甲车车辆损失险的赔款。

解 甲车车损保险赔款 = (实际价值 − 残值) × 按责任分担损失的比例 × (1 − 免赔率)
= (65000 − 3000) × 70% × (1 − 15%)
= 62000 × 70% × 85%
= 36890(元)

(二)车辆部分损失的赔款结算

车辆部分损失是指保险车辆出险受损后,尚未达到"整体损毁"或"推定全损"的程度,仅发生局部损失,通过修复,车辆还可继续使用。

机动车部分损失的赔款计算,也应区分两种不同情况分别计算:

(1)投保车辆以新车购置价确定保险金额的车辆,发生部分损失后,按实际修理费用计算赔偿。但每次以不超过保额或出险当时的实际价值为限,如果有残值应在赔款中扣除。其计算公式为:

保险赔款 = (实际修复费用 − 残值) × 事故责任比例 × (1 − 免赔率)

(2)保险金额低于新车购置价的车辆,按照保险金额与新车购置价的比例计算赔偿修理费用。但每次以不超过保额为限,如有残值应在赔款中扣除。其计算公式为:

保险金额赔款 = (修理费用 − 残值) × 事故责任比例 × (保险金额/新车购置价) × (1 − 免赔率)

修复费用的确定以保险公司查勘定损人员出具的事故车辆估价单估损金额为准。残值是指部分损失车辆更换下来的零部件的残余价值,通常情况下按所更换配件价值的 2% 计算,但所更换的配件无残余价值(如:风窗玻璃、灯具、橡胶塑料件等)的则考虑不予扣除残值。

保险车辆损失赔偿及施救费用以不超过保险金额为限。如果保险车辆按全损计算赔偿或部分损失的一次赔款金额与免赔金额之和等于保险金额时,车辆损失险的保险责任即行终止。但保险车辆在保险期限内,不论发生一次或多次保险责任范围内的损失或费用支出,只要每次的赔款加免赔金额之和未达到保险金额,其保险责任就仍然有效,保险人应按原保险金额继续负责。

(三) 施救费的计算

施救费用的赔偿是保险赔偿责任的一个组成部分,是在施救费用核定的基础上进行计算的。通常保险人只承担为施救、保护保险车辆及其财物而支付的正常、必要、合理的费用,保险人在保险金额范围内按施救费赔偿;但对于保险车辆装载的货物、拖带的未保险车辆或其他拖带物的施救费用,不予负责。施救的财产中,含有本保险合同未保险的财产,如果两者费用无法划分,应按本保险合同保险财产的实际价值占总施救财产的实际价值的比例分摊施救费用。计算公式为:

保险车辆施救费 = 总施救费 × 保险金额/(保险金额 + 其他被施救财产价值)

【例 12-3】 某保险车辆的保险金额 40000 元,车上载运货物价值 30000 元,发生属保险责任范围内的单方事故,保护与施救费用共支出 1000 元。试计算应赔付的施救费用。

解 保险车辆施救费赔款 = 1000 × 〔40000/(40000 + 30000)〕= 571.43(元)

二、第三者责任险的赔偿计算

(一) 赔偿的依据

保险车辆发生第三者责任事故时,应按《道路交通事故处理办法》及有关法规、条例规定的赔偿范围、项目和标准以及保险合同的规定进行处理,在保险单载明的赔偿限额内核定、计算赔偿金额,对被保险人自行承诺或支付的赔偿金额,保险人有权重新核定或拒绝赔偿。计算赔款数额时,按以下两种情况采用不同的公式来计算:

(1) 当被保险人应负赔偿金额超过保险赔偿限额时:

保险赔款 = 赔偿限额 × (1 − 免赔率)

(2) 当被保险人应负赔偿金额等于或低于赔偿限额时:

赔款 = 应负赔偿金额 × (1 − 免赔率)

【例 12-4】 甲车投保了车辆损失险及第三者责任险(限额 5 万元),在保险有效期内出车时,因雾大路滑,超速且占道行驶,与对面驶来的乙车相撞,造成对方车辆损坏严重,驾驶人受重伤,经交通事故处理机关现场查勘认定,甲车负全部责任。甲车投保的保险公司经对乙车查勘定损,核定车辆损失为 40000 元,乙车驾驶人住院医疗费 15000 元,其他费用(护理费、营养费、误工费等)按规定核定为 5000 元。以上两项,交通事故处理机关裁定甲车(即被保险人)应承担赔偿费用为 60000 元,已超过第三者责任险赔偿限额,试计算甲车保险公司应赔付甲车第三者责任险的赔款金额。

解 保险赔款 = 赔偿限额 × (1 − 免赔率)
            = 50000 × (1 − 20%)
            = 40000(元)

假如甲车造成乙方的损失恰好是 50000 元,则甲车保险公司应付甲车赔款数为:

保险赔款 = 被保险人应负赔偿金额 × (1 − 免赔率)
        = 50000 × (1 − 20%)
        = 40000(元)

假如甲车造成乙方的损失应负赔偿金额是 40000 元,则甲车保险公司应付甲车赔款数为:

$$保险赔款 = 被保险人应负赔偿金额 \times (1 - 免赔率)$$
$$= 40000 \times (1 - 20\%)$$
$$= 32000(元)$$

【例 12-5】 甲、乙两车在行驶中不慎发生严重碰撞事故。经查证,两车均投保了车损险和第三者责任保险,其中甲车车损险保险金额为 30000 元,新车购置价为 50000 元,第三者责任险限额为 50000 元;乙车车损险保险金额为 80000 元,保险价值为 80000 元,第三者责任险限额为 50000 元。经交通事故处理机关现场查勘分析认定甲车严重违章行驶,是造成本次事故的主要原因,应承担本次碰撞事故的主要责任,负担本次事故损失费用的 70%。乙车措施不当,负本次事故的次要责任,负担本次事故损失费用的 30%。经甲、乙双方保险公司现场查勘定损核定损失如下:

甲车:车损为 20000 元,驾驶人住院医疗费 10000 元,按规定核定其他费用(护理费、误工费、营养费等)2000 元。

乙车:车损为 45000 元,驾驶人死亡,按规定核定费用为 25000 元(含死亡补偿费、被抚养人生活费),一乘车人受重伤致残,其住院医疗费为 20000 元,按规定核定其他费用为 25000 元(护理费、误工费、营养费、伤残补助费及被抚养人生活费)。以上两车总损失费用为:147000 元,按交通事故处理机关裁定。

甲车应承担赔偿费用为:147000 × 70% = 102900(元)

乙车应承担赔偿费用为:147000 × 30% = 44100(元)

试计算双方保险公司按保险责任应支付的保险赔款。

解 甲车承保公司应支付甲车赔款:

车损险保险赔款 = 车辆核定损失 × 按责任分担的比例 × (保险金额/保险价值) ×
$$(1 - 免赔率)$$
$$= 20000 \times 70\% \times (30000/50000) \times (1 - 15\%)$$
$$= 14000 \times (30000/50000) \times (1 - 15\%)$$
$$= 8400 \times 85\%$$
$$= 7140(元)$$

第三者责任保险赔款:

甲车应承担乙车的赔偿费用为:(45000 + 25000 + 20000 + 25000) × 70% = 80500(元)

因其已超过第三者责任保险赔偿限额,所以甲车承保公司应付甲车的第三者责任保险赔款数为:

$$保险赔款 = 赔偿限额 \times (1 - 免赔率)$$
$$= 50000 \times (1 - 15\%)$$
$$= 42500(元)$$

总计应支付甲车赔款为:7140 + 42500 = 49640(元)

乙车承保公司应支付乙车赔款:

$$乙车车损险保险赔款 = 45000 \times 30\% \times (1 - 5\%) = 12825(元)$$

第三者责任险保险赔款：

$$乙车应承担甲车赔偿费用为:(20000 + 10000 + 2000) \times 30\% = 9600(元)$$

$$保险赔款 = 9600 \times (1 - 5\%) = 9120(元)$$

$$总计应支付乙车赔款为:9600 + 9120 = 18720(元)$$

（二）第三者责任险的保险责任为连续责任

即保险车辆发生第三者责任事故，保险人赔偿后，每次事故无论赔款是否达到保险赔偿限额。在保险期限内，第三者责任险的保险责任仍然有效，直至保险期满。

（三）第三者责任事故赔偿后，对受害第三者的任何赔偿费用的增加，保险人不再负责

三、车辆上人员责任险的赔款计算

1. 车上人员责任险的保险责任

被保险人投保了车上人员责任险后，则保险人负以下赔偿责任。

（1）保险车辆因发生规定范围内的灾害事故，致使车上人员伤亡，依法应由被保险人承担的经济赔偿责任。

（2）被保险人对上述人员伤亡进行抢救、施救所发生的合理费用。

（3）已投保机动车全车盗抢险的被保险人，在本车被劫时车上人员伤亡。

2. 车上人员责任险的赔款计算方法

被保险人凡发生车上人员责任险范围内的各项损失，保险人按责任限额以及被保险人在事故发生过程所应承担的责任，扣减相应比例免赔率进行赔付款计算。具体计算方法如下：

人员伤亡。车上人员伤亡按人分别计算，每辆车给付的人数以不超过保险车辆的额定座位（包括驾驶人）为限。如实际载客人数超过额定座位时，以额定座位数与实际载客数的比例付给。

（1）当被保险人应承担的受伤人员医疗费、抢救费超过限额时（含车上人员死亡）：

$$赔付款 = 赔偿限额 \times (1 - 免赔率)$$

（2）当被保险人应承担的受伤人员医疗费、抢救费低于限额时：

$$赔付款 = 实际费用 \times (1 - 免赔率)$$

按人分别计算后的合计数，即是保险人应支付被保险人的赔款数。

四、盗抢险的赔款计算

投保了盗抢险的保险车辆，在保险期间被盗窃或被抢劫，若满60日后仍未找到，保险人在取得车辆权益转让书后，按车辆保险金额或出险时车辆实际价值计算赔偿，并扣除相应的免赔率。

① 当车辆保险金额高于或等于车辆出险时的实际价值时：

$$赔付款 = 实际价值 \times (1 - 免赔率)$$

②当车辆保险金额低于车辆出险时的实际价值时：

$$赔付款 = 保险金额 \times (1 - 免赔率)$$

被盗抢车辆在60日内找回，但车辆遭受部分损失（碰撞、车上装备丢失以及其他机械方面的损坏），保险人比照车辆损失险赔付款计算方法进行计算。

五、车上货物损失险的赔款计算

①当被保险人应承担的车上货物损失（含施救费）超过限额时：

$$赔付款 = 赔偿限额 \times (1 - 免赔率)$$

②当被保险人应承担的车上货物损失（含施救费）低于限额时：

$$赔付款 = 实际损失费用 \times (1 - 免赔率)$$

第四节 理赔案卷的制作和管理

一、理赔案卷制作

(一) 编制损失计算书

理赔人员完成保险责任的确定、损失费用的审核后，应按理赔计算原则及方法编制《机动车损失计算书》。

编制计算书时应注意以下几个问题。

(1) 有关证明和单证材料要齐全，如报案登记表、出险通知书、查勘理赔工作报告、原始单据、第三者人身伤亡的医疗费单据、赔偿第三者的收款收据、施救费用清单和单据、查勘费用单据、汽车修理项目清单和费用单据、公安交通管理部门出具的责任认定材料、现场照片以及修车协议书（车辆估损单）等有关材料。如果保户原始单证入账无法提供，可用加盖财务公章的抄件或复印件，并注明原始凭证入账日期和会计凭证编号。

(2) "机动车损失计算书"是支付赔款的正式凭证，各栏要根据保险单、查勘理赔工作报告及有关证明单证详细核对填写，项目要齐全，计算要准确，数字、字迹要清晰，不可有任何涂改。损失计算要列明计算公式，经办人员盖章。

(二) 赔案综合报告书

赔案综合报告是对一个赔案整个处理过程简明扼要的文字表述，要求文字表达准确、简练，内容要全面。任何人（包括赔案复核人、审核人）看了赔案综合报告后，能够对保险标的的承保情况、事故发生情况、保险责任确定以及损失费核定情况有所了解，并能清楚整个赔案处理是否准确合理。

赔案综合报告书包含的要素为以下几种。

(1) 保险标的的承保情况：包括被保险单位或被保险人、车辆损失险投保金额、车辆重置价、第三者责任险限额、附加险投保情况、保险有效期限等。

(2) 事故情况：包括事故发生时间、地点、事故类型（碰撞、倾覆或其他自然灾害），交通事故处理机关经查勘事故现场后,分析认定事故责任情况以及损害赔偿调解,经济损失分担情况(包括承担比例及损失赔偿费用)。

(3)保险责任确定情况:保险公司查勘定损人员现场查勘调查情况以及依据保险条款对是否属于保险责任的确定。

(4)损失费用核定情况:损失费用核定应分项表述。如:车辆损失费用核定情况、施救费用核定情况、第三者损失费用核定情况(人、车、物)、附加险损失费用核定情况。在分项表述时应重点表述核减、剔除费用的原因及依据。

(5)赔款分项计算情况及总赔款数。

赔案综合报告一般情况下要求全用文字表述,但考虑到理赔内勤的工作量以及要做到让综合报告简单明了,对一些基本通用情况,如保险标的的承保情况及事故处理情况中的事故发生时间、地点、事故类型等,可采用表格形式,其他要素则采用文字表述形式。

(三)赔案材料的整理与装订

机动车保险理赔案卷内的理赔材料,一般排列顺序如下:

(1)赔案审批单;
(2)赔案综合报告书及赔款计算书;
(3)出险通知书;
(4)机动车保险单抄件;
(5)保险车辆出险查勘记录(现场查勘报告);
(6)事故责任认定书、事故调解书或判决书及其他出险证明文件;
(7)保险车辆损失估价单(含附加车上责任险损失估价单);
(8)第三者责任损失估价单(车、物);
(9)事故损失照片(含事故现场照片、车辆损失照片、物资损坏照片);
(10)损失技术鉴定书或伤残鉴定书(含病历、诊断证明);
(11)有关原始单据。要求分类排列:
①车辆修复原始发票及修理厂修理清单;
②车辆施救票据;
③物资损坏修复费用票据;
④人员受伤医疗票据;
⑤其他赔偿费用票据;
要剔除不合理的费用单据,应另行粘贴,以便退还给被保险人。
(12)赔款收据;
(13)权益转让书;
(14)其他有关证明、材料。

案卷装订时,原始单据、照片一律要求贴在粘贴单上,要排列整齐有序。各种材料每页应在其右上角空白处依序编号。案卷目录应能反映出案卷内各种材料的数量(特别是原始票据数量),做到编排有序,目录清楚。案卷装订应按各保险公司有关档案装订的规定进行,案卷装订要整齐牢固、美观大方。

二、理赔案卷的管理

理赔案卷应做到一案一档,防止一档多案。理赔案卷在入档之前,理赔内勤人员要认真进行"理赔档案保管登记簿"登记。

登记的主要内容有:归档日期,案卷序号,赔案编号,被保险人姓名等。登记簿要指定内勤人员专人管理,便于查找调阅案卷。

案卷管理是一项长期、细致的工作,应指定专人负责管理。通常当案卷整理、装订完毕并分类编号登记后,应按类号装盒归档,有序陈放,并按业务档案的管理规定进行妥善保管。

思考与练习题

1. 简述汽车保险责任审定的主要内容。
2. 损余物资如何处理?
3. 索赔的基本程序是什么?
4. 索赔时应提供哪些单证?
5. 领取赔偿时应提供哪些单证?
6. 赔偿时应注意哪些问题?
7. 什么叫分摊权?
8. 甲、乙两车都在某保险公司投保了机动车损失险,两车均按保险值投保,保险金额都为80000元,两车在不同事故出险,都被承保的公司推定全损。甲车投保时实际价值为80000元,残值3200元,乙车投保时使用两年,出险时价值为76000元,残值2500元,试核定甲、乙车的车损。

第十三章 汽车保险与理赔案例分析

第一节 机动车交通事故责任强制保险案例

案例 13-1 尚未办理交强险的新车上路行驶

【案情】

王某驾驶尚未办理交强险的新车上路行驶,在一路口将闯红灯的行人李某撞伤。交管部门认定,李某负事故的主要责任。但是,后来双方就赔偿事宜未能达成一致,李某遂将王某诉至法院。法院经审理判决,王某在交强险责任限额内全额赔偿李某医疗费10000元、残疾赔偿金110000元。王某对自己只是承担事故次要责任,但却要全额赔偿对方表示不解。

【评析】

法院的判决并无不当。首先,王某驾驶尚未办理交强险的车辆上路行驶属违法行为。根据《机动车交通事故责任强制保险条例》第二条:"在中华人民共和国境内道路上行驶的机动车的所有人或者管理人,应当依照《中华人民共和国道路交通安全法》(以下简称《道路交通安全法》)的规定投保机动车交通事故责任强制保险。"

以上规定表明,只要未办理交强险,不管是什么机动车,在什么时间,在什么地点,均不得上路行驶。

其次,王某应当在交强险限额内承担全部赔偿责任。《道路交通安全法》第七十六规定:"机动车发生交通事故造成人身伤亡、财产损失的,由保险公司在机动车第三者责任强制保险限额范围内予以赔偿。"也就是说,在正常情况下,虽然李某负事故的主要责任,但其可以通过交强险理赔获得赔偿。可是由于王某没有投保交强险,使李某失去了获得理赔的机会。

根据《最高人民法院关于审理道路交通事故损害赔偿案件适用法律若干问题的解释》第十九条:"未依法投保交强险的机动车发生交通事故造成损害,当事人请求投保义务人在交强险责任限额范围内予以赔偿的,人民法院应予支持。投保义务人和侵权人不是同一人,当事人请求投保义务人和侵权人在交强险责任限额范围内承担连带责任的,人民法院应予支持。"

对于限额之内的损失,如果投保义务人未依法投保交强险,便必须独自担责。只有限额以外部分,才能按照事故责任来分担。因此,法院判令王某在交强险责任限额内全额赔偿李某医疗费10000元、残疾赔偿金110000元是正确的。

案例 13-2　乘客下车时被车门夹脚摔倒受伤,应获交强险赔偿

【案情】

2015年,胡某乘坐范某驾驶的巴士公司公交车下车时,被车门夹脚后摔地致9级伤残,交警认定范某全责。胡某诉请范某、巴士公司、保险公司赔偿。

【评析】

法院认为:①胡某乘坐范某所驾公交车,在下车过程中发生本案交通事故,交警部门确定当时胡某属行人,并做出事故责任认定书,认定范某承担事故全部责任,胡某无责任,法院对此予以确认。保险公司称胡某在事发时属于车上人员,本案不属交通事故,不在"交强险"理赔范围的意见,法院不予采纳。②《道路交通安全法》第七十六条规定:机动车发生交通事故造成人身伤亡、财产损失的,由保险公司在机动车第三者责任强制保险责任限额范围内予以赔偿。

本案事故车辆已投保"交强险",故保险公司应在"交强险"保险金额范围内对赔偿金承担赔付责任,即在死亡伤残赔偿限额范围内赔付护理费、住院伙食补助费、营养费、交通费、精神损害抚慰金、残疾赔偿金、鉴定费等,在医疗费用赔偿限额范围内赔付医疗费。另因事故车辆还购买了第三者责任险,故保险公司对超出"交强险"保险金额赔偿金部分,应根据商业第三者责任险保险合同约定,在商业第三者责任险范围内进行赔付,不足部分再由巴士公司承担。判决保险公司赔偿胡某8万余元。

实务要点:公交车上乘客离开车辆下车过程中受伤,因已完成下车动作,故应认定属于机动车保险合同中理赔的"第三者"和"受害人"范围。

案例 13-3　非经营性车辆替代性交通费损失的认定与赔付

【案情】

非经营性车辆替代性交通费损失,属交强险理赔范围,因交通事故造成非经营性车辆无法继续使用,所产生的通常替代性交通工具的合理费用,可纳入交强险理赔范围。

案情简介:2016年,王某驾驶机动车与郑某所驾机动车相撞,交警认定郑某全责。王某修车费用2000元已由保险公司在交强险限额责任范围内赔偿。关于王某车辆修理期间使用中断造成的替代性交通费损失,王某诉请保险公司、郑某赔偿900元。

【评析】

法院认为:①《最高人民法院关于审理道路交通事故损害赔偿案件适用法律若干问题的解释》第十五条规定:"因道路交通事故造成下列财产损失,当事人请求侵权人赔偿的,人民法院应予支持……(四)非经营性车辆因无法继续使用,所产生的通常替代性交通工具的合理费用。"《中华人民共和国侵权责任法》第十九条规定:"侵害他人财产的,财产损失按照损失发生时的市场价格或者其他方式计算。"②关于"通常替代性交通工具的合理性费用",应系已经发生且确有必要发生的替代性交通费用,法院在审核该笔费用产生必要性时,应综合考虑被侵权人年龄、职业及日常出行实际情况等因素来综合认定,同时以诚实信用原则为基础,遵循必要性、合理性原则,根据事故车辆本身价值大小和一般使用用途及日常生活经验来确定通常替代性交通工具。在非经营性车辆无法继续使用期间认定上,应根据交警部门出具的处理事故的扣车天数证明、车辆维修机构出具的进出场日期证明、修理工时证明、提车单或重新购置车辆票据等证据综合认定合理的"中断期间"。对非经营性车辆的替代性交通费用计算应以事故发生时、事故发生地价格为标准。③本案中,根据王某车辆损坏及维修事实,结合维修天数(5天)、日常需要出行实际情况(以出租车作为"中断期间"替代性交通工具)、王某住址至工作单位距离(约15km)及实际需要(按每天两次搭乘计算),并参照侵权行为地出租车费用市场价格,经核算,酌情认定300元的替代性交通工具合理费用。因保险公司已在交强险范围内支付王某2000元修理费,交通费损失已超交强险财产责任限额,故判决郑某赔偿王某交通费300元。

实务要点:因道路交通事故造成非经营性车辆无法继续使用,所产生的通常替代性交通工具的合理费用,可作为财产损失纳入交强险理赔范围。

案例13-4 两辆机动车造成交通事故的交强险分配

【案情】

2015年3月7日,李某驾驶一五菱之光客车搭乘受害者曾某跨过公路中心线左转时,遇张某驾驶一重型自卸货车直行,两车发生碰撞,造成曾某受伤,双方车辆损坏的交通事故。该起事故经交警大队认定李某承担事故主要责任,张某承担事故次要责任,曾某不负事故责任。其中,李某驾驶的客车在某保险公司投保了交强险,张某驾驶的重型自卸货车在另一家保险公司投保了交强险和50万元的商业第三者责任险。

【评析】

该起案件中,曾某向两保险公司主张赔偿时,对于交强险部分的分配问题,存在四种意见:第一种意见认为两保险公司承担的赔偿额应在一个交强险限额内按各投保车辆在此次事故中的责任比例计算;第二种意见认为两保险公司承担的赔偿额应在一个交强险限额内各按50%计算;第三种意见认为两保险公司承担的赔偿额应在两个交强险限额内按各投保车辆在此次事故中的责任比例计算;第四种意见认为两保险公司承担的赔偿额应在两个交强险限额内各按50%计算。上述四种意见在《最高人民法院关于审理道路交通事故损害赔偿案件适用法律若干问题的解释》(以下简称《解释》)(简称"解释")实施之前,争议较大,随着2012年12月21日《解释》开始实施,主要的争议为第三种意见和第四种意见。法院同意第四种意见,理由如下:

(1)交强险具有强制性。根据《机动车交通事故责任强制保险条例》第二条"在中华人民共和国境内道路上行驶的机动车的所有人或者管理人,应当依照《中华人民共和国道路交通安全法》的规定投保机动车交通事故责任强制保险"及第十条"投保人在投保时应当选择从事……,被选择的保险公司不得拒绝或者拖延承保"的规定,可以看出交强险具有强制性,包括购买和承保。

(2)交强险责任限额固定。根据《机动车交通事故责任强制保险条例》第三条"交强险是指由保险公司对被保险机动车发生道路交通事故造成本车人员、被保险人以外的受害人的人身伤亡、财产损失,在责任限额内予以赔偿的强制性责任保险"及《最高人民法院关于审理道路交通事故损害赔偿案件适用法律若干问题的解释》第二十一条"多辆机动车发生交通事故造成第三人损害,损失超出各机动车交强险责任限额之和的,由各保险公司在各自责任限额范围内承担赔偿责任;损失未超出各机动车交强险责任限额之和,当事人请求由各保险公司按照其责任限额与责任限额之和的比例承担赔偿责任的,人民法院应予支持"的规定,可以看出发生事故后,在保险公司投保的车辆不管在该次事故中是主要责任还是次要责任,其交强险责任限额是一样的,并不会因是主要责任或次要责任,其责任限额就会相应减少。

(3) 交强险不同于商业三责险。保险公司经营商业三责险的目的是盈利,所以当赔付商业三责险部分时,保险公司均是按事故责任比例承担赔偿责任;而交强险部分,因法律赋予交强险的理念是不盈不亏,这就决定了交强险部分不能按事故责任比例计算赔偿数额。第三种意见虽然看起来符合一定的常理,但并不符合交强险的理念。

法院判决两驾驶人在交强险范围内均应承担赔偿责任,两保险公司在两交强险范围内分别承担50%责任。

案例 13-5　驾驶人在车外被本车撞伤撞死,本车交强险应否理赔?

【案情】

2015年10月2日,43岁的妇女张某驾驶小型普通客车回家,在家门口停好车后下车,因忘拉驻车制动器操纵杆,张某的车辆倒滑,碾压住刚好走到车后的张某。经交警部门认定,张某负事故全部责任。随后,张某被送到医院治疗一个多月。2016年12月,张某经司法鉴定,构成十级伤残。

因张某车辆在许昌某保险公司投有交强险和商业三者险,张某将保险公司告上法庭,要求赔偿其医疗费、误工费、残疾赔偿金等共计11万余元。而保险公司则辩称,张某本人既是驾驶人,也是受伤人员,张某不是车下的"第三者",不属于三责险赔偿范围。

【评析】

魏都区法院经审理认为,保险公司应否赔偿张某的关键在于能否认定张某系车外的"第三者"。该院认为,机动车辆是一种交通工具,任何人都不可能永久的置于机动车上,涉案机动车保险合同所涉及的"第三者"和"驾驶人"均为特定时空下的临时身份。判定是否属于"第三者"应以发生交通事故时这一特定时间是否处于投保车辆之上为依据,在车上为"车上人员",在车下应为"第三者"。"第三者"与"车上人员"不是一成不变的,二者可以相互转化。

本案中,原告张某在事故发生前作为驾驶人应当属于车上人员,但事故发生时张某并不在车上,其应当属于第三者身份。保险公司作为保险人,应当在交强险保险限额内赔偿张某损失。

综上,法院依据事故给张某所造成的各项损失,依法判决被告许昌某保险公司赔偿张某各项损失共计110185元。

案例 13-6　被车载跌落货物砸伤,交强险是否赔偿?

【案情】

王某为了经营需要购买了一辆重型半挂牵引车,并为该车在某保险公司投保了交强险及100万元不计免赔商业三者险。2016年2月24日,王某驾驶大货车途经加油站,加油后发现车载货物发生倾斜,遂将货车停靠路边,并请随车的刘某下车检查。刘某下车后因离车偏近,被车上跌落的货物砸伤,经鉴定构成人体损伤十级伤残。2017年7月27日,刘某以王某、某保险公司为被告诉至江苏涟水县人民法院,请求判决两被告赔偿医疗费、残疾赔偿金等各项损失合计 11 余万元。但某保险公司认为,刘某是被车上货物所砸伤,本起事故不属于交通事故,应当驳回原告刘某对某保险公司的诉讼请求。

【评析】

一审法院认为,交通事故是指车辆在道路上因过错或者意外造成人身伤亡或财产损失的事件。本案王某将装载货物发生倾斜的车辆临时停靠后,货物倒塌致人损伤,属于因过错造成他人人身伤害的事件,该事件属于交通事故。另《中国保险行业协会机动车综合商业保险示范条款》第二十二条规定:"保险期间内,被保险人或其允许的驾驶人在使用被保险机动车过程中发生意外事故,致使第三者遭受人身伤亡或财产直接损毁,依法应当对第三者承担的损害赔偿责任,……负责赔偿。"

一审法院认为,使用机动车既包括驾驶机动车行驶,也包括机动车临时停车检修、装载货物、检查等。虽然本案事故发生时车辆处于停止状态,但该停止状态属于使用车辆的一个环节,事故发生时,车辆仍处于使用状态,本案事故属于交通事故,应当适用道路交通安全法的规定进行赔偿。故判决被告某保险公司在交强险限额内赔偿刘某各项损失 11 余万元。

一审判决后,某保险公司不服,向江苏淮安市中级人民法院提起上诉,请求撤销一审判决,依法改判其不承担赔偿责任。某保险公司的上诉理由为:第一,交通事故是指汽车等机动车或者非机动车辆造成的人员死伤或物损事件,而本案并非机动车使用过程中造成他人损伤,而是王某的车载货物在车辆静止状态下将刘某砸伤,不属于交通事故;第二,交强险合同中的受害人是指因被保险机动车发生交通事故遭受人身伤亡或者财产损失的人,但不包括被保险机动车本车车上人员、被保险人,本案事故并非交通事故,且刘某系车上人员,一审判决上诉人在交强险限额内承担赔偿责任错误;第三,一审法院援引的《中国保险行业协会机动车综合商业示范条款》第二十二条也明确规定,保险人承担保险责任前提之一是使用机动车过程中发生意外事故致使第三者遭受人身伤亡或财产损失,而本案虽然使用了机动车,但并非机动车致人损伤,而是车上货物将他人砸伤。

二审法院审理后认为,交通事故是指车辆在道路上因过错或者意外造成的人身伤亡或者财产损失的事件。"车辆"系交通事故的必要构成要素及事故成因。在道路上发生的人身损伤若脱离"车辆参与"的要件,应当界定为生命权、健康权等人身损害赔偿纠纷。本要刘某是在车辆停止后,下车查看货物的过程中,被车载货物砸伤,在缺乏"车辆"这一必要案件的情况下,本起事故并非机动车在道路上因过错或者意外造成,不能定性为交通事故。刘某以发生交通事故为由要求某保险公司与王某承担交通事故赔偿责任没有法律依据,但不影响刘某基于其他法律关系主张权利。据此,二审法院判决撤销一审判决,驳回刘某的诉讼请求。

第二节 机动车损失险案例

案例 13-7 车停路边被烧毁,保险公司应赔车损险

【案情】

2016 年 2 月 5 日,原告李某购置了一辆小型客车,并于当日向被告某保险公司投了车辆损失险,投保金额为 56000 元。同年 4 月 3 日 14 时 20 分,李某驾驶该车停放在施秉县城某街道边，因街边门面发生火灾，将李某车辆烧毁。火灾事故发生后，李某向某保险公司提出理赔，某保险公司以烧毁该车的火源系外部火源为由而拒绝赔偿。于是李某向法院起诉，法院审理后判决某保险公司赔偿李某车辆损失保险金56000元，被烧毁的车辆残值归某保险公司所有。

【评析】

根据《中华人民共和国保险法》第十四条规定"保险合同成立后，投保人按照约定交付保险费，保险人按照约定的时间开始承担保险责任。"依照双方签订的保险合同，李某承担向某保险公司缴纳保险费的义务，保险公司应该对保险车辆可能遭受的危险承担提供保障的义务。李某投保的车辆因火灾事故被烧毁，有权依照保险合同的约定要求保险公司支付车辆损失保险金，保险公司不能以烧毁该车辆的火源是外部火源为由拒绝承担保险责任。第五十九条规定"保险事故发生后，保险人已支付了全部保险金额，并且保险金额等于保险价值的，受损保险标的的全部权利归于保险人。"保险公司承担赔偿责任后，被烧毁的车辆残值就应当归某保险公司所有。

案例13-8 车辆损失险不以保险车辆一方负有责任为赔偿前提

【案情】

原告陈某诉称：原告为其所有的粤RWY802车在被告处投保机动车损失保险等产品保险，保险期间为2015年12月9日至2016年12月8日，原告缴纳保险费6296.73元。2016年2月17日17时10分，原告车辆行驶至大学西路金碧路路口段时，发生碰撞，导致车辆车头、右侧、右车尾等部分损坏。原告事故车辆维修费为15431元，被告尚未支付原告任何车辆维修费及其他相关费用。因此，向法院提起诉讼，请求判令：被告支付原告车辆维修费15431元、车辆价格鉴定费1121元，两项合计16552元。

被告清远某财保公司辩称：本案标的车粤RWY802号在被告处购买了"机动车损失保险"，保险限额为94800元。事故发生在保险期间。根据交通事故责任认定书，本次交通事故中，粤R78875车辆驾驶人林某承担事故全部责任，粤RWY802车辆驾驶人陈某不负事故责任。依据《中华人民共和国侵权责任法》第四十八条"机动车交通事故赔偿责任的法律适用机动车发生交通事故造成损害的，依照道路交通安全法的有关规定承担赔偿责任"以及《中华人民共和国道路交通安全法》第七十六条第（一）款"机动车之间发生交通事故的，由有过错的一方承担赔偿责任，双方都有过错的，按照各自的过错比例分担责任。"之规定，被告所承保的粤RWY802号是承担无责责任，按交通事故责任认定书可知在本次交通事故中理应承担无责赔偿。根据被告与被保险人签订商业保险合同的特别约定可知，①本保险单第一受益人为：丰田汽车金融（中国）有限公司；②当一次事故的保险赔款大于人民币10000元时，保险人必须征得第一受益人的书面同意后方可对被保险人支付（第三者责任险的保险赔款除外）。综上，此事故被告不需承担相应的赔偿费用，希望法院追加此事故中应负全责的粤R78875的驾驶人以及其承保的保险公司作为被告。

清远市某区人民法院经公开审理查明：原告以其本人为被保险人，为其粤RWY802号客车在被告处投保车上人员责任险、第三者责任保险、车身划痕损失险条款、机动车损失保险等商业险和交强险，并缴纳了保险费。保险单载明保险期间自2015年12月9日起至2016

年12月8日24时止;其机动车损失保险(A)责任限额为94800元;不计免赔率(M)覆盖A/B/D11/D12。保险单上记载的新车购置价94800元。2016年2月17日案外人陈某驾驶保险车辆行驶至大学西路金碧路路口段时,与案外人林某驾驶的车辆发生碰撞,导致车辆部分损坏的交通事故。清远市公安局交通警察支队市区大队出具《事故认定书》认定对方车辆的林某负事故的全部责任。为确定车辆损失,原告委托清远市物价局价格认证中心进行鉴定,清远市物价局价格认证中心于2016年2月25日出具《清远市道路交通事故车辆损失价格鉴定结论书》,认定更换零配件19项,费用为15021元;修理项目12项,费用为5450元,鉴定损失总价为20471元。原告实际支付的维修费为15431元,为此次确定车损支付定损费1121元。

【评析】

清远市某区人民法院经审理后认为:原告向被告投保车上人员责任险、第三者责任保险、车身划痕损失险条款、机动车损失保险,被告向原告出具保单的行为,未违反法律、法规的强制性规定,保险合同依法成立并生效,双方均应恪守履行。案外人陈某驾驶保险车辆在保险期间内发生保险事故造成车物损失,经清远市公安局交通警察支队市区大队出具《事故认定书》认定,本院予以确认。原告主张被告支付实际支付的15431元维修费及定损费1121元,未超过清远市物价局价格认证中心出具的《清远市道路交通事故车辆损失价格鉴定结论书》认定的金额,且经保险车辆的抵押权人书面授权,被告应当在机动车损失保险范围内予以支付。被告关于保险事故由对方负全责不应支付保险金的抗辩,本院认为,车辆损失险不是责任险,不以保险车辆一方负有责任为赔偿前提,主张不予赔偿不符合保险的基本理念,且《中华人民共和国保险法》第六十条已赋予被告在支付保险金之日起获得代位权,故对被告的该项辩称,本院不予采纳。

清远市某区人民法院依据《中华人民共和国保险法》第十三条、第十四条、第十七条、第六十条及《中华人民共和国合同法》第六十条的规定,判决被告于本判决生效之日起10日内向原告支付保险赔偿金16552元。

案例13-9　许某诉甲保险公司财产保险合同纠纷案

【案情】

2015年6月,许某就陈某所有的机动车向甲保险公司投保了交强险和机动车辆保险,保险期限为一年。2015年7月20日,许某允许的驾驶人沈某驾驶保险车辆发生单车事故,交警部门认定沈某对交通事故负全责。事故发生后,许某及时向甲保险公司报案,并与保险公司就车损修复问题进行了多次协商。因磋商未果,许某于2015年8月1日委托某评估公司对保险车辆车损修复费用进行了评估。许某支付了评估费,并按照评估价格对保险车辆进行了维修。随后许某向甲保险公司申请理赔,甲保险公司以评估价格与其定损价格差距太大为由拒赔。许某遂起诉至法院,请求判令甲保险公司赔偿车辆修理费等5万余元。

【评析】

法院认为,许某提供的价格评估报告书系有资质的评估机构依法做出,而甲保险公司在诉讼中才提供保险车辆定损报告,该定损报告既无定损日期及定损依据,又无保险公司、查勘定损人及被保险人签章,且未附车损照片等材料。从证据证明效力而言,许某提供的价格评估报告书高于甲保险公司的定损报告。甲保险公司未能提供证据证明价格评估报告书在程序上或实体上存在错误,法院对该车损评估结论予以采纳。故判决支持许某的诉请。

提示:发生车损事故,保险公司接到报案后应及时到达事故现场并定损。保险公司与被保险人对定损价格有争议的,应尽量争取协商解决,不应相互推诿。若协商不成的,保险公司或被保险人单方委托评估时,应自觉恪守诚信,通知对方到场及时查看车辆情况、获取原始资料,使双方在评估过程中相应的权利得到保障,提高评估报告的客观性和双方对评估报告的认可度。

案例 13-10 驾驶重型自卸货车追尾碰撞同方向驾驶的小型汽车

【案情】

2015 年 5 月 30 日柳某为自己的小型汽车在某保险公司投了交强险和商业险,车辆损失险的保险金额为 142640 元,车损险不计免赔险,保险期限自 2015 年 5 月 30 日起至 2016 年 5 月 29 日止。

在保险期内,林某驾驶重型自卸货车行至某路口时,追尾碰撞同方向柳某驾驶的小型汽车,致使其小型汽车失控碰撞到路边的电线杆,造成驾驶人柳某、供电设施和车辆损坏的交通事故。交警部门认定:林某承担此次事故的全部责任,柳某不承担任何责任。

事故发生后,柳某及时向保险公司报保险,保险公司派出工作人员对事故车辆进行现场查勘,但未在合理期限出具小型汽车的定损报告。为此,柳某将小型汽车的车损委托了专门机构进行鉴定。经鉴定,柳某的各项损失合计 104009 元。然而,当柳某向保险公司索赔时却遭到了拒绝,于是柳某将保险公司诉至法院,要求支付保险理赔款。原告观点:柳某认为,自己投保了车辆损失险,保险公司应按照合同的约定承担赔偿责任。被告抗辩:保险公司则表示,根据双方签订的机动车保险条款规定,保险公司赔付车辆损失是依据保险车辆驾驶人在事故中所负的事故责任比例进行赔偿,即"按责赔偿,无责免赔"。在本案中,柳某对此次交通事故不负责任,故柳某的车辆损失应向负全部责任的肇事车主林某主张,而不是向保险公司主张。

【评析】

法院判决:法院依法判决保险公司在车辆损失险的赔偿限额内赔偿 102009 元给原告。法院判决保险公司承担赔偿责任的原因及法律依据:①柳某与该保险公司签订的《机动车交通事故责任强制保险单》和《机动车辆保险单》是双方自愿签订的,是双方的真实意思表示,合同内容未违反法律法规的强制性规定,合同合法有效,依法予以确认,双方应按合同履行。②柳某与该保险公司签订是格式条款合同,且该格式条款合同是由保险公司提供的,按照事故责任比例赔付的保险条款明显排除了投保人、被保险人或者受益人应充分获得保险赔付的权利,因此该条款违背了诚信原则,应认定为无效条款。

案例 13-11 保险车辆的理赔款是否应该扣除交强险财产损失限额内的问题

【案情】

2014 年 5 月,车主王某在某保险公司处投保了机动车损失险、第三者责任险及不计免赔率等险种。该保险单载明:被保险车辆车损险保险责任限额 56000 元,交强险和车损险保险期间自 2014 年 5 月 29 日至 2015 年 5 月 28 日止。

2015年4月,王某驾驶汽车与张某驾驶的汽车发生交通事故,两车受损。经交警部门认定,该次事故张某负主要责任,王某负次要责任。几天后,物价部门作出评估鉴定,认定王某的车辆因本次交通事故造成的损失为11500元。王某遂将该车辆送至维修厂进行维修,并为此支付维修费11500元。2015年10月,王某起诉至法院,要求判令某保险公司依法支付保险理赔款11500元。

审理中被告某保险公司认为,该车辆损失险的赔付首先应扣除交强险财产损失限额内2000元,其次应按事故责任的比例来承担理赔责任,即该次事故中王某在事故中承担次要责任,保险公司应该将车辆损失费11500元在扣除2000元后再按照30%的比例来承担理赔责任。

【评析】

经法院审理后认为,首先,关于涉案被保险车辆的理赔款是否应该扣除交强险财产损失限额内2000元的问题。根据被告某保险公司与王某的书面约定,被保险机动车的损失应当由机动车交强险部分赔偿,保险人不负责赔偿。因该条款系免责条款,现被告某保险公司未能提供证据证明对该免责条款已在投保时向投保人或被保险人尽到了明确说明义务,该条款对王某不生效。

其次,法院认为车辆损失险是一种损失补偿保险,被保险人获得赔偿的依据应该是其实际发生的损失,而非其承担的赔偿责任,否则该保险失去其作为车辆损失保险的设立目的。尽管双方签订的保险条款规定:保险人依据被保险机动车驾驶人在事故中所负责任比例,承担相应的赔偿责任。但该条款系保险人提供的格式条款中免除保险人依法应当承担的义务或者加重投保人、被保险人责任,排除投保人、被保险人依法享有的权利的条款,应属无效条款。

综上,原告王某的被保险车辆在行驶中发生交通事故,造成被保险车辆的损失,属于原告王某投保的车辆损失险的保险责任范围,被告某保险公司应予以理赔,于是依法判决被告某保险公司应当支付原告王某保险赔偿金人民币11500元。

案例13-12　赔偿车辆贬值等损失

【案情】

2016年8月,韩某驾驶其同年7月刚买的小轿车与李某驾驶的小客车发生交通事故,造成韩某车辆损坏。经认定,李某负全责。后韩某将李某所在单位和某保险公司诉至法院,请求判令其赔偿车辆贬值等损失共计49983元。北京市顺义区人民法院审理了此案,最终判决保险公司赔偿韩某车辆贬值损失等各项损失共计45650元。

原告韩某诉称:2016年8月,在顺义区龙塘路北河路口,韩某驾驶新购置的小轿车由西向东行驶时,适有被告某单位驾驶人李某驾驶的小客车由东向南行驶,两车相撞,造成原告车辆严重毁损。经交通支队认定,李某负事故全部责任。经查,被告车辆投保了交强险和商业三者险。原告车辆系2016年7月新购置的,该车损坏相当严重,经鉴定贬损38000元。车辆修理期间,原告无法使用车辆产生交通费11983元。为维护原告合法权益,故诉至法院,请求判令被告赔偿原告上述损失并负担本案评估费和诉讼费。

被告单位辩称:已为原告垫付了车辆修理费47762元,车辆修理完毕,使用功能已完全恢复,不同意再赔偿车辆贬值损失。车辆贬值损失不属于赔偿范围,且评估报告不能证明原告车辆贬值系本次交通事故造成,车辆使用也会造成贬损。交通费数额过高,不合理。

被告保险公司辩称:原告主张的车辆贬值损失属于保险除外责任,不同意赔偿。交通费属于原告自行扩大损失,亦不属于商业三者险赔付范围。诉讼费及评估费不同意负担。

法院经审理查明,保险公司主张车辆贬值损失及交通费属于间接损失为保险责任免除部分,但未提交相关证据证明已交付保险条款并对该免责事由进行了提示和说明。

【评析】

法院认为,被告单位驾驶人李某负事故全部责任,其所驾车辆事发时在某保险公司投保了交强险和商业三者险。鉴于原告损失均为财产损失且交强险财产损失赔偿限额已用尽,故法院确定由某保险公司在商业三者险剩余保险限额内根据保险合同予以赔偿,仍有不足部分由某单位对其职员李某履行职务期间造成他人损失承担赔偿责任。

关于韩某请求的车辆贬值损失,韩某的车辆于2016年7月购买,2016年8月即发生本案所涉交通事故,且车辆受损程度较重,车辆维修后局部修复痕迹明显,上述损害后果对车辆的市场价值造成了不利影响,且评估机构对车辆贬值出具了评估意见,该鉴定机构具有合法鉴定资质,被告方虽不认可评估意见但未提交证据予以反驳,故法院依据评估报告确认车辆贬值损失为38000元。关于韩某请求的交通费,实为非经营性车辆因无法继续使用,所产生的通常替代性交通工具费用,属于财产损失赔偿范围。但其请求数额过高,法院结合车辆用途、修理时间等因素予以酌情支持。对于上述损失,保险公司主张为间接损失,属于商业三者险免赔范围,但未提交相关证据,故法院对该辩解意见不予采信。评估费作为诉讼相关费用,法院结合案情予以确定。

最终,法院判决被告保险公司在商业三者险范围内赔偿韩某车辆贬值损失、交通费共计45650元,评估费由被告单位负担。

第三节 第三者责任险案例

案例13-13 被保险机动车驾驶人在事故中所负的责任比例赔偿案

【案情】

曹先生将自有出租车向某保险公司投保了第三者责任险30万元,并附加不计免赔率特约条款,保险期限为2015年4月11日至2016年4月10日。2015年11月26日,曹先生雇佣的驾驶人高某在驾驶该出租车营运过程中将刘某撞伤,刘某当即被送至医院,经住院治疗后已治愈。本案由公安交警部门出具裁决书:肇事驾驶人高某负此事故的主要责任,伤者刘某负此事故的次要责任。伤者刘某共花费医疗费、住院伙食补助费、护理费、交通费等合计65000元。故被保险人曹先生到保险公司要求理赔。

【评析】

根据机动车第三者责任险约定,保险公司按照被保险机动车驾驶人在事故中所负的责任比例进行赔偿。因本案事故责任认定书中记载,被保险机动车驾驶人高某负此事故的主要责任,故保险公司正常理赔时承担伤者刘某上述合理费用的70%。

理赔结果:根据交警部门的事故责任认定,保险公司核对伤者医疗费等合理费用,赔偿刘某 45500 元。

案例 13-14　解放轻型货车投保了车损险

【案情】

某市轮胎厂为其解放轻型货车投保了车损险 5 万元、第三者责任险 20 万元、车上人员责任险三个座位各 2 万元,并附加不计免赔率特约条款,保险期限为 2016 年 9 月 3 日至 2017 年 9 月 2 日。

2016 年 8 月 17 日,张某驾驶该货车行驶到一处盘山道的弯路时,路人黄某看到车速放缓,便扒上车偷盗车上所载轮胎,张某从后视镜发现黄某后,一时分神,将货车驶入反道,与对面驶来的丰田轿车迎面碰撞。事故造成两车严重受损,张某重伤致残,黄某死亡,丰田轿车驾驶人刘某重伤的后果。经过交警现场查勘,认定张某遇紧急情况采取措施不当,应负事故的全部责任。

事故发生后,某市轮胎厂向保险公司索赔如下:货车损失 13000 元、货车驾驶人张某医药费和伤残补偿费 54000 元、丰田轿车损失 23600 元、丰田车驾驶人刘某医药费 28000 元、黄某家属提出的死亡赔偿金 15 万元,共计 268600 元。保险公司同意赔付两车损失和车上人员损失 84600 元,其中对货车驾驶人张某赔付 20000 元,对黄某家属不予赔偿。

由于索赔金额与赔付金额差距较大,协商未果,某市轮胎厂和黄某家属将保险公司诉至法庭。理赔焦点:某市轮胎厂认为货车已投保了三个座位的车上人员责任险,并及时足额缴付了保险费,保险公司应当在事故发生后给予足额赔偿。黄某家属认为事故的发生是导致黄某死亡的直接原因,所以向轮胎厂提出赔偿要求,而轮胎厂只能向保险公司转嫁风险。

【评析】

经过法庭调查和听取双方当事人辩护,参阅当时签订的保险单、相关保险条款,法院最后判定保险公司胜诉,保险公司赔偿货车及丰田轿车两车损失及双方车上人员损失共计 84600 元,其中对货车驾驶人张某只赔付 20000 元。黄某的损失不在保险责任范围内不予赔偿。

其理由为:保险公司认为保险合同中车上人员和第三者有本质区别:第三者是指因被保险机动车发生意外事故遭受人身伤亡或者财产损失的人,但不包括被保险机动车本车上人员、投保人、被保险人和保险人。车上人员是指保险事故发生时在被保险机动车上的自然人。

法院认为,丰田车上的受伤人员为本案中货车的第三者,按保险合同应得到足额赔偿。而货车驾驶人张某是保险标的车上的驾驶人,按所签订的保险合同应属于车上人员责任险范围,只能得到每人的最高赔偿限额 20000 元,保险公司对此作出赔付,履行了保险合同义务,不存在违约和欺诈行为。

偷盗者黄某不能被认定为车上人员,保险公司车上人员责任保险条款第五条已做出明示,被保险机动车辆造成下列人身伤亡,不论在法律上是否应当由被保险人承担赔偿责任,保险人均不负责赔偿,其中第三分项注明违法、违章搭乘人员的伤亡。黄某的情况应属违法搭乘,所以不能得到保险公司的赔偿。

案例 13-15　刘女士驾车回家不慎将自己的儿子撞伤,保险公司拒赔

【案情】

刘女士驾车回家,快到自家车库门口时,儿子看见妈妈回来了,就飞奔过来迎接,结果刘女士在倒车时,不慎将自己的儿子撞伤,在医院治疗期间,花费了几万元的医疗费。刘女士之前投保了保额为15万元的商业第三者责任险,就向保险公司报了案,认为应该得到赔偿,向保险公司提出了索赔请求,没想到,刘女士的索赔遭到了保险公司的拒绝。

【评析】

刘女士的遭遇,是所有驾驶人和车主都可能遇到的问题,都会认为保险公司这样做是不合理的,因为自己的家人不在车上,就应属于第三者,而且事故也属于意外事故,并不是故意行为造成,所以保险公司应给予赔偿。

因此本案理赔的关键就在于刘女士的儿子是不是属于第三者。各保险公司的机动车第三者责任险条款,在"责任免除"一栏中,明确注明"保险车辆造成下列人身伤亡和财产损毁,不论在法律上是否应当由被保险人承担赔偿责任,保险人均不负责赔偿",所列出的第一项便是"被保险人或其允许的驾驶人及他们的家庭成员,以及他们所有或代管的财产"。所以,保险公司给出意见为:商业第三者责任险不能自己赔偿给自己。

案例 13-16　第三者责任险赔偿案例

【案情】

2017年3月17日20时10分许,张某驾驶陕KZL833号奥迪轿车,在靖边县长庆路由南向北行驶,行至长庆路南段时,将横过道路的行人李某碰撞倒地,又被后面冯某驾驶的陕K25889号别克轿车碰撞,造成车辆损失,行人李某受伤的交通事故。经靖边县交警大队事故认定书认定,张某、冯某应负此次事故同等责任,李某不负此事故责任。原告张某所有的陕KZL833号奥迪轿车在被告公司投保了交强险和第三者商业险,原告要求被告公司承担赔偿责任,但被告公司拒绝赔付。

现诉请:①依法判令被告公司赔偿原告实际损失100000元;②诉讼费由被告承担。

【评析】

陕西省某法院经审理认为,原、被告双方签订机动车保险合同是双方在平等、自愿、意思表示真实的情况下签订,内容不违反法律、行政法规的强制性规定,应为有效合同。

按照规定机动车发生交通事故后首先应在交强险范围内赔偿,不足部分在第三者责任险范围内赔偿。陕KZL833号奥迪轿车发生交通事故后,被告已按规定在交强险范围内予以赔偿,不足部分应在第三者责任险内赔偿。因陕KZL833号奥迪轿车投保第三者责任保险限额为100000元,所以被告应按约定在责任限额内赔偿,故原告的诉讼请求本院予以支持。

由被告中国人民财产保险股份有限公司靖边支公司在本判决生效后15日内赔偿原告第三者责任保险金额100000元。

案例 13-17　冯某因犯交通肇事罪,被判处有期徒刑三年

【案情】

冯某于2017年2月12日为自己所有的豫B×××××面包车投保了机动车交通事故责任强制保险和机动车商业第三者责任险,其中,机动车第三者责任险期限责任限额为5

万元。2017年4月20日,冯某驾驶投保的豫B×××××面包车与钱某骑驶的自行车相撞,造成自行车乘坐人刘某受伤后经抢救无效死亡、钱某受伤的交通事故。

事故发生后,冯某驾车逃逸。经公安交警部门认定,冯某酒后驾驶机动车,发生事故后驾车逃逸,应承担事故的全部责任。事故发生后,冯某与刘某家属钱某签订赔偿协议,冯某赔偿钱某27.5万元。冯某因犯交通肇事罪,被判处有期徒刑三年,缓刑三年。2017年2月22日,冯某与被告保险公司就交强险部分达成赔偿调解协议,由保险公司赔偿原告冯某12万元。后冯某再次将保险公司起诉到某省某县人民法院,要求支付第三者责任险5万元。

【评析】

某县法院经审理认为,原告冯某在保险期限内发生交通事故,并赔偿被害人家属27.5万元。现原告要求被告在商业三者险责任限额内赔偿5万元,而保险公司称依据商业保险合同规定,驾驶人饮酒、逃逸造成对第三者的人身伤亡或者财产损失,保险人不承担保险责任。

法院判决:某县法院判决,保险公司赔偿原告冯某保险金5万元。保险公司不服,提起上诉,请求法院撤销原判,驳回原告诉请。南阳市中级人民法院于2017年4月24日判决:撤销原判,驳回冯某的诉讼请求。

第四节　盗抢险和附加险案例

案例13-18　起火原因不明,拒绝理赔

【案情】

2016年3月,张先生买了辆奥迪A6,当天到保险公司投了车辆损失险、第三者责任险两项主要险种,再加车上责任险、新增加设备损失险、不计免赔特约险、车辆划痕险等一共交了7000多元。某天,张先生开车送孩子上学。车至校门口,车头发动机舱盖四周突然冒出浓烟。他关掉点火开关跑下车,在旁人帮助下打开发动机舱盖,用学校大厅存放的灭火器同时喷射灭火,后110和119急救赶到现场,消防部门出具《火灾原因认定书》,认定起火原因不明。之后张先生向保险公司报案,公司因"起火原因不明",拒绝理赔。

张先生把保险公司告到西湖法院。他说,汽车烧毁,自己花了115072元修理费;修车后要换车使用,各项费用花了36000元,这些钱,保险公司都要赔。

【评析】

车险种类多,主要有基本险和基本险后的附加险。基本险包括车辆损失险、第三者责任险;而附加险项目常见的有玻璃单独破碎险、自燃损失险等。按《机动车辆保险条款》规定,车辆损失险只对汽车在以下5类情况发生的损坏负责:碰撞、倾覆;火灾、爆炸;外界物体倒塌、空中运行物体坠落、保险车辆行驶中平行坠落;雷击、暴风、龙卷风、暴雨、洪水、海啸、地陷、冰陷、崖崩、雪崩、雹灾、泥石流、滑坡;运载保险车辆的渡船遭受自然灾害(只限于有驾驶人随车照料者)。张先生虽然投了车辆损失险,但汽车燃烧时,原因不明,很容易被视为自燃,想把汽车损失归结到上述5类原因,举证很难。除非当时投保有特殊约定,把车辆自燃险包括在内,否则索赔很难成功。

案例 13-19　二手车保险赔付金额的确定

【案情】

2016 年 1 月 29 日，田某花 12.3 万元从北京市二手车交易市场购买了一辆长春奥迪 100，并向某保险公司投保了车辆损失险、第三者责任险、盗抢险、不计免赔特约条款。投保时，田某选择奥迪车的新车购置价 32 万元作为保险金额，缴纳保险费 5488 元。同年 6 月 3 日该车发生火灾，全部被毁。事故发生后，田某向保险公司提出索赔，经过现场勘察，保险公司只同意按照奥迪车的实际价值 12.3 万元承担责任。理由是：依据《中华人民共和国保险法》，保险金额不能超过保险价值，超过的部分无效，即使保险金额高于车辆实际价值，也只能以车辆的实际价值 12.3 万元理赔。但田某认为自己是按 32 万元投保和缴纳保险费的，保险公司理当赔付 32 万元。双方争执不下，于是田某将其保险公司告上法庭。

【评析】

在为二手车投保时，如果投保人选择按当时的新车购置价确定保险金额，一旦发生部分损失，被保险人能得到保险限度内全部修理费用的赔偿；但一旦发生全部损失，被保险人只能得到出险时实际价值的赔偿"全损"与"分损"时赔偿数额计算基础的不同，导致实际中的纠纷频出。法院经过审理判决：保险公司按车辆的实际价值，即新车购置价扣减折旧金额后承担责任，赔付 22 万元。

本案的判决结果是否违背了损失补偿原则？根据损失补偿原则，保险事故发生后，被保险人有权获得补偿，但保险人的补偿数额以使标的物恢复到事故发生前的状态为限。本案中田某购买车辆时仅花费了 12.3 万元，但其却得到 22 万的赔偿，是否获得了额外利益？

需要注意的是，本案中保险条款规定"按投保时车辆的新车购置价确定保险金额的：发生全部损失时，在保险金额内计算赔偿，保险金额高于保险事故发生时保险车辆实际价值的，按保险事故发生时保险车辆的实际价值计算赔偿。"而在保险金额如何确定一部分，规定："保险金额可以按投保时保险车辆的实际价值确定。"本保险合同中的实际价值是指同类型车辆新车购置价减去折旧金额后的价格。

理论上讲，出现在一份保险合同中的术语应作相同的解释，因此可以认为在发生全部损失时，"按保险事故发生时保险车辆的实际价值计算赔偿"中的实际价值也是指新车购置价减去折旧金额后的价格。根据合同自由原则，依照当事人双方的自由意愿订立的保险合同对当事人具有法律约束力，当事人必须严格遵守，按照约定履行自己的义务；依法成立的合同受法律保护。

案中，保险公司在制定保险条款、订立保险合同时自愿选择按照出险时的实际价值，即新车购置价扣减折旧后的金额赔付，虽与损失赔偿原则不符，但也应按此条款理赔。

案例 13-20　停放在自家楼前的捷达车被盗案

【案情】

2015 年 7 月 18 日，张某向为自己的捷达车投保了交强险、车辆损失险、全车盗抢险等。2016 年 3 月 10 日早 7 时，张某发现停放在自家楼前的捷达车被盗丢失，立即向当地公安机关报案，同时向保险公司报案。

两个月后，经过侦查，仍然没有破案，所以被保险人向保险公司申请索赔。保险公司根据盗抢险条款，认定符合"被保险车辆被盗窃、抢劫、抢夺，经出险当地县级以上公安刑侦部门立案证明，满 60 天未查明下落的全车损失"条件属于保险责任。

【评析】

张某按照盗抢险索赔要求，向保险公司提供了保险单、机动车行驶证、机动车登记证书、机动车来历凭证、车辆购置税完税证明、车辆停驶手续和出险当地县级以上公安刑侦部门的盗抢立案证明及车辆管理机关车辆档案封存证明，保险公司确认索赔单证齐全有效，按照被保险车辆盗抢险保险金额计算理赔，实行 20% 免赔率向张某赔款，张某向保险公司出具了权益转让书。

2016 年 6 月 23 日，公安机关通知保险公司和张某，被盗捷达车已找回，张某看到车辆没有损坏，同意收回车辆，将赔款返还保险公司。保险公司与侦破被盗车辆的公安机关办理车辆交接有关手续后，收回赔款，将捷达车和有关手续归张某退回权益转让书。

案例 13-21 未保车辆自燃险案

【案情】

2015 年 7 月 17 日，车主孙某向某保险公司报案称其投保的本田轿车在农村沥青路上行驶时与路边放置的石块发生撞击后起火，造成全车损毁严重。承保公司在接到报案后迅速前往现场查勘并协助施救，因为出险地离市区较远，所以当消防车赶到时本田车完全烧毁，没有任何修复价值。根据车辆自身情况无法判断起火原因，车主说是由于避让其他车辆时不慎撞到了路边的石块后造成起火出险的。根据该案的具体情况，调阅了该车的承保情况。该车于 2015 年 1 月 12 日投保，该车车损险保额 10 万元，第三者责任险保额 20 万元，车上人员附加险每人 1 万元共计保 5 人，并投保了不计免赔险，但是未保车辆自燃险。

保险公司对此案的分析认为，起火原因和部位是这起赔案的关键。因此保险公司派出了资深的查勘人员对现场作了细致的勘察后，发现虽然出险车辆与石块存在撞痕，但是非常轻微，其损失程度和部位都不足以成为车辆起火的直接原因。虽然当时天气炎热，具备因天气原因造成车辆自燃的常见外因，但车辆的撞击点为右前部，其内部构件不易因撞击而成为起火因素。因此保险公司拒绝赔偿所有损失。

【评析】

理赔结果，保险公司对此案作了拒赔处理，并对车主陈某进行了严肃的批评教育。案件点评，面对专业的查验报告，以及公安部门的调查，车主又不能自圆其说，只好承认了车辆是在行驶过程中突然发现发动机舱盖下面冒出火苗造成了自燃，于是在慌乱状态下靠边停车时将右前轮及右前翼子板撞到了石块上。因为损失车辆烧毁严重，自己又没保车辆自燃险，当时怀着一丝侥幸的心理报了假案。

案例 13-22 面包车投保了交强险、车辆损失险、第三者责任险赔付争议案

【案情】

2015 年 5 月，张某为自己拥有的一辆 7 座金杯面包车投保了交强险、车辆损失险、商业第三者责任险 15 万元、车上人员责任险(4 座)每座 1 万元，该车在同年 8 月 15 日由于发生交通事故，造成驾驶人张某及车上的 5 名乘客不同程度受伤，车辆受损。经交警部门裁定，张某负有此次事故的全部责任，并承担事故造成的全部经济损失。于是张某带着保险单证到保险公司办理索赔,经保险公司理赔人员对单证审核后,除对车辆损失部分按照保险双方达成的维修价额赔偿外,对车上人员受伤赔付产生争议。争议的原因为:该车投保的车上人员责任险为4座,且没有约定是哪4个座位,因为事故中各受伤人员的受伤程度不同,各自医疗费也不同,其中驾驶人张某花费医疗费为3000元,其余5人分别为2000元、2500元、3000元、4000元、5000元,因此选择不同的赔偿对象,会导致赔偿结果是不一样的。

理赔关键:现行的《机动车辆保险条款》中,对于车上人员责任险并没有要求被保险人在投保时要约定哪个或哪些座位,因此,被保险人较多地采用了选择座位数,而不约定哪一座位的投保方式来投保。因此,在发生保险事故时,对于车上人员受伤,均视为投保座位上的人员受伤,当受伤人数多于投保座位数时,要求将发生医疗费用较高的伤员视为投保座位上的人员,以此要求保险公司赔偿,本案就属此例。

在实际上,投保车上人员责任险时,除驾驶人可以在约定栏约定外,其余的座位均无法明确,所以,在发生保险事故时,只能按照出险人数、投保座位数和每座最高赔偿金额来确定保险赔偿。

【评析】

理赔结果,此案例赔偿结果为:保险公司除赔偿车辆损失部分以外,对于车上人员责任险的赔偿为15000元,即选择对除驾驶人外赔付金额较高的3人进行赔偿。

案件点评:对于此案例,被保险人按照选择座位数投保与按核定座位数投保的最大区别在于保险费率的不同,由于费率的不同,也就是保险公司承担的风险也不同,既然被保险人是按照选择座位数来投保,并缴纳了保险费,既然没有约定是哪几个座位,那么保险公司在赔偿时,就应以赔偿金最高的乘客为依据进行理赔,但每座不应超过每座责任限额,以投保的座位数为限。

案例13-23　窃贼盗车驾驶肇事所造成的第三者损失不予以补偿

【案情】

王某购得一辆捷达车自用,并向保险公司投保了车辆损失险和第三者责任险。投保3个月后,王某的车被盗走。不久,市交通部门通知王某:他的捷达车在被盗后在某地与他人轿车相撞,王某的车翻入沟中,全部损毁,窃贼逃跑;他人轿车被撞坏,驾驶人受伤。这起事故是由于窃贼驾驶时的疏忽所致,窃贼负有事故的全部责任,但窃贼逃逸后一直没有下落。事故发生后,受伤驾驶人要求王某赔偿自己的经济损失,王某同时也向保险公司要求赔偿轿车的全部损失及第三者损失。保险公司认定:同意对王某的车辆全损进行赔偿,但窃贼盗车后,在外地肇事,并致一人受伤,这不属于《机动车辆保险条款》规定的第三者责任,保险公司不负赔偿责任。

理赔关键:《机动车辆保险条款》第一条规定,由于碰撞、倾覆、火灾、爆炸等原因造成保险车辆的损失,保险公司负责赔偿。在保险合同有效期内,保险车辆发生保险事故遭受的全部损失,按保险金额赔偿。在本案中,王某的轿车被盗用,在窃贼驾驶车辆过程中,致使该车发生保险事故,其损失符合条款中规定的"碰撞、倾覆"责任。

《机动车保险条款》第十条规定,被保险人或其允许的驾驶人在使用车辆过程中发生意外事故,致使第三者遭受人身伤亡或财产的直接毁损,被保险人依法应当支付的赔偿金额,保险公司依照保险合同的规定予以补偿。根据此条规定,窃贼盗车驾驶肇事所造成的第三者损失是不予以补偿的。因为,事故是由于窃贼盗用他人机动车肇事,而窃贼不属于《机动车辆保险条款》中规定的被保险人,也不是经被保险人允许的驾驶人,所以由此造成的第三者损失,保险人不能予以赔偿。

【评析】

本案窃贼除应依法被追究刑事责任外,还要承担经济责任:即赔偿王某轿车的全部损失,以及被撞驾驶人所遭受的经济损失。由于保险公司已经赔偿王某轿车的车损,所以可以从王某处取得代位求偿权向窃贼追偿,但第三者的损失是由窃贼造成的,商业第三者责任险不进行赔偿,应由保险公司给付交强险的赔款。

案件点评:本案例是一起比较典型的按条款要求来进行赔偿的案例,在处理此类案件时,要仔细分析各项损失所属的责任和应赔偿的范围,以及在何种情况下要获得代位求偿。

第五节 机动车保险欺诈案例

案例 13-24 "倒签单"案件

【案情】

2016 年 9 月 30 日 18 时 20 分许,平安某财险分公司接到报案称"浙 B××××车在某路段由于车速过快,驶下路基撞在公路边牧民房屋围墙上,造成该车和三者围墙损失的交通事故"。公司查勘员接到报案后,发现报案所称出险地点较偏远,交通不方便,车辆难于到达,就与报案人联系让驾驶人自拍现场照片,并要求驾驶人自己联系车辆将该事故车施救到修理厂。

【评析】

该案件在平安省分公司核损中发现,该事故中的肇事车辆与承保验车照片车辆不符,后经平安某财险分公司理赔中心再次调查了解到该车出险的准确日期为 9 月 9 日,车主通过非法手段获取《事故证明》。出险后车主于 9 月 14 日,将肇事车前风窗玻璃下的 VIN 码条撕下放到相同型号的车辆上,到保险公司投保,保险公司未坚持验车承保的业务操作流程,该车蒙混过关,投保成功。然后在 9 月 30 日报案。通过大量的调查核实工作,提取并固定了相关证据。经调查该事故车辆属于是先出险后投保。在强有力的证据面前,客户最终承认这是一起骗赔案件,放弃了索赔。

案例 13-25 浙江温州 285 万元车险欺诈案告破

【案情】

2017 年 6 月 5 日 9 时 30 分许,冯某驾驶浙 A 迈凯轮标的轿车行驶至浙江省海宁市硖许公路永福至西站路段时,突然车辆失控,车辆碰撞道路绿化带后侧滑至路旁排水沟,与树木发生碰撞导致标的车报废的单方道路交通事故。该起事故经浙江省海宁市交通警察大队处理,冯某负该事故的全部责任。

【评析】

案件损失大,驾驶人却未在出险后第一时间向保险人报案。承保地苍南人保财险接到相关案件通知后,当即成立专案组,于2017年6月8日前往案发地进行现场查勘,约谈驾驶人做谈话笔录,保留了第一手证据资料,并从中发现诸多疑点:事发点是该路段唯一一处废弃的支路口、唯独事发点没有电子眼、车辆损失如此严重却没有安全气囊弹出、驾驶人未受伤却不报案等,初步确定了反欺诈方向。

通过调查,得知本案存在租赁的情况。专案组在承保标的历史理赔情况排查中以及在58同城、新浪微博等处均发现涉案车辆用于租赁的事实,及时搜集了证据并进行了证据公证提取,防止被保险人删除。在此后相当长一段时间里,证据公证成为本案稽查"规定动作",起到了事前预防和事中证明的关键作用

2017年8月17日,被保险人以财产保险合同纠纷为由,向事故发生地浙江省海宁市人民法院起诉中国人民财产保险股份有限公司温州市分公司,以被告错误为由要求撤诉。撤诉同时当即又以财产保险合同纠纷为由再次向浙江省海宁市人民法院起诉中国人民财产保险股份有限公司苍南支公司。

第二次诉讼期间,专案组利用现有成熟的大数据平台、数据分析及与苍南当地交警部门沟通之下,调查到涉案车辆在事故发生当日已经严重受损,且在广东省汕头市存在交通违法,间接证明了涉案车辆存在套牌嫌疑重大线索。后又运用大数据调查,发现并取得浙江省义乌市人民法院已经审结的刑事案件中存在的保险标的用于租赁的书面证据。

2018年7月31日,被保险人向浙江省海宁市人民法院申请撤诉并承诺不再向委托人进行追诉。由于被保险人在诉讼过程中作了与温州人保财险调查结果不同的虚假陈述,被浙江省海宁市人民法院以在人民法院诉讼期间虚假陈述为由对其按法律规定的最高金额给予人民币10万元的司法处罚决定。至此,"6·5迈凯轮案"成功告破。

案例13-26 伪造现场车险欺诈案

【案情】

被保险人刘某,车牌号为桂BV××××,车型为豪情HQ7131轿车,车辆起保日期为2015年5月21日,投保险种:交强险、商业三者险及其不计免赔特约险,未投保车损险及其他险种。2015年12月22日,驾驶人潘某向华安保险公司报案称:其驾驶保险标的桂BV×××号车在来宾市金秀瑶族自治县某镇公路上行驶变道时与三者桂B8×××号宝马车发生碰撞,造成三者车撞向路边树木双方车辆受损的交通事故。

【评析】

标的车只保交强险及商业第三者险,且刚起保第二天即出险,而且出险后标的几乎物无损,但三者损失比较严重,投保险种具有针对性;三者车为高档老龄车,使用年份较长,虽然车辆的实际价值低,但若正常定损维修仍会产生较高的维修费用;该案事故发生地点为偏僻的乡村路上,没有任何目击证人及监控录像,且双方车辆受损程度差异太大,三者车受损严重但没有任何人员受伤的情况与常理明显不符。事故发生后双方当事人仅向交警部门报案,却在交警处理现场近尾声时才向公司报案,且报案经过对损失轻描淡写,仅描述碰撞损失较小的标的左前部及三者右后部,对于碰撞损失严重的三者车前部撞树这一情况有意规避,企图误导我华安保险公司工作人员不查勘事故现场;交警提供的现场照片显示三者车车

头撞上路边大树,但未发现有大量油水泄漏;且现场两车均无制动印痕,两车直接碰刷部位只是轻轻贴在一起;这一切布局让人感觉是三者车为避让占道的标的车而撞到路边树木;三者车在交警处理完现场后即拖回柳州市某汽车修理厂,不按正常的保险理赔流程通知公司对三者损失进行确认定损,第二天早上即自行委托物价评估损失,按照物价评估单向公司索赔;该车修复后,公司进行了验车,发现修好的桂B8×××号车辆与正常的事故车辆修复后的情况差距明显;按照物价部门出具的损失评估单上列明所更换项目与桂B8×××号车实际更换的配件对比基本一致,但几乎没有一件新件。

该案最终经我华安保险公司调查后确认,三者宝马桂B8×××号车于2015年11月份在中国人民财产保险公司报案称在来宾市小平阳路段撞大树出险,经中国人民财产保险公司调查认定该车为故意制造虚假赔案,已经被中国人保财险公司拒赔。而该案系三者宝马桂B8×××号车在未维修的情况下,利用标的车刚投保的商业三者险,用拖车把三者宝马桂B8×××号车拖到事故现场后,利用两车摆设虚假的双方碰撞事故现场。公司在调取柳州市至事故现场路段的监控录像以及对该案外围多方调查取得实质性证据后对该案作出了拒赔处理。

案例13-27 以免费维护为名,行诈骗车险赔款之实

【案情】

2015年10月,车主梁先生接到某自称保险公司员工的杨先生来电,称公司近期回馈老客户,赠送一次免费维修。梁先生在指引下把车开到海珠区某修理厂进行维修后,发现该修理厂出具的维修委托书和车辆定损单与保险公司往常格式版本不同,疑是诈骗遂致电该保险公司客服热线要求解释。经取证核实,这是不法人员假借保险公司名义实施的一起诈骗,该修理厂利用梁先生私家车制造了两起虚假的双方事故,索赔总金额6000元左右。

【评析】

诈骗人员常冒充保险公司工作人员(甚至伪造保险公司工作人员的名片和工作证,以取得客户信任),以提供免费车辆翻新、免费维护等服务为诱饵,骗取车主资料和车辆,到银行利用车主的身份证原件以车主的名义开户,用于办理保险索赔。随后驾驶车主车辆故意制造交通事故,到保险公司理赔服务点完成定损后,谎称是客户的代办人到保险公司办理理赔手续,在车主不知情的情况下成功骗取保险金。理性对待"促销回馈",勿贪蝇头小利。车主应熟悉并牢记投保保险公司的客服热线号码,凡是保险公司的促销活动及员工信息,都可以通过保险公司的全国统一客服热线进行验证,非官方渠道发布的内容请勿采信。

注意保护个人信息,关注出险记录。在修理厂进行车辆维护或修理时,也应对修理厂要求提供车辆信息及车主身份信息的行为增强警惕,如查询到与事实不符的报案记录,应及时告知保险公司。如果车辆确有出险,应尽量自主拨打保险公司报案热线,如实描述事故经过,不能任由甚至配合修理厂扩大损失或伪造事故。

参 考 文 献

[1] 薛金陵.汽车保险与理赔[M].合肥:安徽科学技术出版社,2013.
[2] 汤沛,邬志军,张国芳.汽车保险与理赔[M].长沙:中南大学出版社,2016.
[3] 周燕.汽车保险与理赔实务[M].北京:机械工业出版社,2016.
[4] 林绪东,蒋玉秀.汽车保险定损与理赔实务[M].北京:机械工业出版社,2016.
[5] 曾鑫.汽车保险与理赔[M].2版.北京:人民邮电出版社,2016.
[6] 吴冬梅,杜晶.汽车保险与理赔[M].北京:人民交通出版社股份有限公司,2016.
[7] 王富饶,尤佳.汽车保险与理赔[M].2版.北京:清华大学出版社,2017.
[8] 李金艳,张红英.汽车保险与理赔[M].北京:机械工业出版社,2016.
[9] 张洪涛,王国良.保险核保与理赔[M].北京:中国人民大学出版社,2006.
[10] 石社轩.汽车保险与理赔[M].郑州:黄河水利出版社,2013.
[11] 付菊,李玉菲.财产保险核保核赔[M].北京:中国金融出版社,2013.
[12] 张晓明,欧阳鲁生.机动车辆保险定损员培训教程[M].北京:首都经济贸易大学出版社,2007.
[13] 郭颂平,赵春梅.保险基础知识[M].北京:首都经济贸易大学出版社,2014.
[14] 中国法制出版社.中华人民共和国保险法[M].北京:中国法制出版社,2018.
[15] 乔治·E·瑞达,迈克尔·J·麦克纳马拉.风险管理与保险原理[M].12版.刘春泽,译.北京:中国人民大学出版社,2015.
[16] 王俊娜.我的第一本保险业入门书[M].北京:人民邮电出版社,2015.
[17] 梁军,焦新龙.道路交通安全法知识讲座——汽车保险与理赔[M].2版.北京:人民交通出版社,2009.
[18] 王健康,周灿.机动车辆保险实务操作[M].北京:电子工业出版社,2013.
[19] 吴高盛.《中华人民共和国合同法》释义及实用指南[M].北京:中国民主法治出版社,2014.
[20] 宁波市交通安全教育学校.机动车驾驶人安全教育读本[M].北京:中国档案出版社,2009.
[21] 段文军.保险学概论[M].成都:西南财经大学出版社,2012.
[22] 刘子操,刘波.保险学概论[M].5版.北京:中国金融出版社,2014.
[23] 魏华林,林宝清.保险学[M].2版.北京:高等教育出版社,2006.
[24] 邹志洪.机动车交通事故责任强制保险法律实务指引[M].北京:法律出版社,2006.
[25] 中国法制出版社.机动车交通事故责任强制保险条例(最新修订)[M].北京:中国法制出版社,2012.